“国家重点基础研究发展计划（973）项目”成果书系

特大跨桥梁安全性设计与评定基础理论丛书 | Tedakua Qiaoliang Anquanxing Sheji yu Pingding Jichu Lilun Congshu

总主编 张建仁

Nonlinear Performance and Design Method for The Beam of Long Prestressed Concrete Cable-stayed Bridge

大跨径预应力混凝土斜拉桥主梁非线性行为与设计方法

颜东煌 袁 明 刘 昀 著

人民交通出版社股份有限公司

北 京

内 容 提 要

本书从斜拉桥体系的受力特点出发，研究如何将部分预应力设计应用于混凝土斜拉桥上，使其在保证安全的前提下结构受力更为合理。本书首先对部分预应力混凝土（PPC）结构的研究现状和将部分预应力技术应用于混凝土斜拉桥设计的理论进行了全面评述，然后考虑混凝土材料非线性，对PPC斜拉桥进行局部节段模型试验和全桥预应力设计参数分析。在此基础上，又对破坏后的模型加固后重新进行承载力试验，并对其进行基于ABAQUS的塑性损伤模型有限元模拟，还研究考虑了随机车流密集程度的斜拉桥PPC主梁疲劳可靠度。最后提出了适用于PPC斜拉桥设计的实用简化方法。

本书可供土木工程、市政工程等领域的工程师、科学技术人员和高等院校师生学习参考。

图书在版编目（CIP）数据

大跨径预应力混凝土斜拉桥主梁非线性行为与设计方法 / 颜东煌等著. — 北京：人民交通出版社股份有限公司，2021.8

ISBN 978-7-114-16911-3

Ⅰ.①大… Ⅱ.①颜… Ⅲ.①长跨桥—预应力混凝土桥—斜拉桥—主梁—非线性—桥梁设计 Ⅳ.①U448.351

中国版本图书馆CIP数据核字（2020）第206748号

特大跨桥梁安全性设计与评定基础理论丛书
Dakuajing Yuyingli Hunningtu Xielaqiao Zhuliang Feixianxing Xingwei yu Sheji Fangfa

书　　名：大跨径预应力混凝土斜拉桥主梁非线性行为与设计方法
著 作 者：颜东煌　袁　明　刘　昀
策划编辑：孙　玺
责任编辑：李　瑞
责任校对：孙国靖　宋佳时
责任印制：刘高彤
出版发行：人民交通出版社股份有限公司
地　　址：（100011）北京市朝阳区安定门外外馆斜街3号
网　　址：http://www.ccpcl.com.cn
销售电话：（010）59757973
总 经 销：人民交通出版社股份有限公司发行部
经　　销：各地新华书店
印　　刷：北京虎彩文化传播有限公司
开　　本：787×1092　1/16
印　　张：10.25
字　　数：223千
版　　次：2021年8月　第1版
印　　次：2021年8月　第1次印刷
书　　号：ISBN 978-7-114-16911-3
定　　价：60.00元

前　言

Foreword

中国混凝土斜拉桥发展很快，但成桥运营期间的检测、维护工作却未能跟上快速发展的步伐，因而在使用过程中受施工、材料质量及使用环境的影响，不少混凝土斜拉桥出现了裂缝，其中典型裂缝包括中跨跨中的主梁底板、腹板裂缝等。这些裂缝的产生主要是由于主跨跨中梁段受到斜拉索产生的预压应力最小，而运营期收缩徐变又会导致此区域的主梁轴力、弯矩和下缘压应力的明显减小，如果此梁段成桥时的压应力不够，便极有可能使此梁段的下缘出现拉应力甚至主梁开裂。混凝土斜拉桥主梁开裂后结构发生的内力重分布比梁式桥更明显，裂缝开展、结构破坏的速度更慢，在静载作用下，斜拉桥全桥结构的整体刚度、弯曲变形等使用性能不会受到大的影响，整体结构的极限承载力也不会改变（主要受斜拉索强度控制）。因此，能否在部分区域（跨中）梁段按部分预应力混凝土（PPC）设计以有效减小主梁压应力、节约成本且不会影响其正常使用要求和结构安全，使得整体静力受力性能更为高效合理，是很多科研人员希望解决的问题。

从研究部分预应力在大跨径混凝土斜拉桥中应用的可行性出发，本书探索了混凝土斜拉桥主梁非线性性能和相应的设计计算方法，其主要内容如下：第1章为绪论，在对国内外部分预应力混凝土斜拉桥设计、试验研究的基础上，介绍了作者的设计构思和本书的基本内容；第2章介绍了基于分层梁单元的混凝土斜拉桥非线性计算方法；第3、4章对混凝土斜拉桥进行了非线性试验设计、模型制作及试验数据采集和分析，分析了混凝土斜拉桥开裂的非线性受力特点和极限承载力；第5章针对多座大跨径混凝土斜拉桥实桥，进行了不同预应力度和普通钢筋配筋率设计下结构的正常使用状态和承载能力状态分析；第6章提出采用“应力平衡法”确定部分预应力混凝土斜拉桥的主梁合理状态；第7章对大跨径PPC斜拉桥的主梁疲劳性能进行了探讨。

本书的出版工作先后得到了国家重点研究基础发展计划（973计划）资助项目

(2015CB057706)、国家自然科学基金资助项目(51178059、51108046、51678068)等多方支持。在本书完稿之际,作者要对上述支持表示诚挚的感谢。

在长期的共同研究过程中,相关研究生分别做出了自己的贡献,其中博士研究生刘昀、罗媛、刘国坤、袁晟、黄练等参与了部分研究工作,硕士研究生黄筱琪、张德培、邹恺为等完成了试验的设计、操作和数据采集。

由于时间仓促及作者水平有限,本书难免有诸多不足之处,敬请各位读者批评指正,交流切磋。

编　者

2020 年 3 月

目　录

Contents

第1章　绪　　论

斜拉桥由于在200～800m跨度范围内具有突出优势，自产生后发展迅速，截至2014年12月，全球已建成114座主跨超过400m的斜拉桥。近年来，随着我国交通建设的发展，斜拉桥的设计和施工技术已处于国际先进水平。世界上主跨400m以上的斜拉桥超过一半在中国（59座）；主跨长度排名前10位的斜拉桥中国占据了6席；23座主跨超过600m的斜拉桥有18座位于中国。根据我国交通基础建设和市政建设的新规划，我国还将建设大量的跨海湾、海峡和大江大河以及跨山区峡谷的大跨径桥梁，这必将对斜拉桥的设计和施工技术提出更高的要求[1]。

早期，大多数斜拉桥都采用钢结构主梁，双箱或单箱配以正交异性板。20世纪70年代以后，预应力混凝土斜拉桥大量兴起。我国一直以混凝土斜拉桥为主，20世纪90年代已建成的斜拉桥中除少数钢斜拉桥与结合梁斜拉桥外大多是PC（Prestressed Concrete，预应力混凝土）斜拉桥。2002年建成的荆州长江公路大桥主跨为500m，是当时世界上最大跨径的肋板式混凝土斜拉桥；广东金马大桥主跨283m，采用斜拉桥和刚构协作体系，是当时世界上最大的独塔混凝土斜拉桥。但是随着跨度的增大，主梁的应力特别是压应力偏大，结构的延性降低，因此主跨500m以上的斜拉桥主梁通常都采用钢梁、组合梁或混合梁形式[2]。

由于混凝土的抗拉强度低，设计人员担心拉应力过大导致结构出现裂缝后影响桥梁的使用性能甚至安全性，以往的混凝土斜拉桥通常采用全预应力的设计方法。但是，斜拉桥是一种由塔、梁、索三种基本构件组成的组合桥梁结构体系，塔、梁以受压为主，而索作为支承体系受拉，主梁呈多点弹性支承连续梁受力，相比梁式桥受力更为复杂，且有以下受力特点：

（1）斜拉索的水平分力给主梁在很大范围内提供了足够的预压应力，但是在跨中一定范围内此预压应力不够（合龙段甚至没有），因而在作用组合下出现下缘拉应力峰值。

（2）压应力过大会降低斜拉桥的安全性。早期斜拉桥采用的都是稀索体系，在受力上表现为主梁以受弯为主的特性。而主梁的弯矩与梁自身的刚度有关[3]，其值随梁自身刚度的增大而增大，当斜拉桥跨度增加，结构自重在总荷载中所占比例越来越大。现在普遍采用的密索体系斜拉桥，由于索距减小，主梁弹性支撑点增加，主梁内力减小且较均匀，梁高相应减小，梁体截面刚度减小，主梁具有以受压为主的受力特性[4]。

（3）主梁应力可调[5]。一般梁式桥在结构尺寸、材料和施工方法确定时结构的恒载内力也随之确定,无法人为地进行大的调整。斜拉桥是高次超静定结构,其自重引起的内力和变形可以通过调整斜拉索的张拉力实现。由于斜拉索力的可调性,主梁在施工阶段弯曲受力和成桥阶段的恒载弯矩都可以进行优化,使弯矩最小或处于某一合理范围,因而在作用组合下主梁的弯矩以活载为主,并且主梁弯曲受拉通常以正弯矩控制,即下缘受拉控制。

(4)斜拉桥活载效应占总荷载效应的比例相比梁式桥更大。桥梁中全部荷载同时作用的情况并不经常,常见的是许多梁在大部分时间里只承受恒载,或者恒载加上一部分活载。在这些情况下,部分预应力梁一般不承受弯曲拉应力。

鉴于以上特点,若在混凝土斜拉桥上采用全预应力的方法配置钢束将导致:欲满足梁体在各种情况的内力变化,为了照顾局部梁段下缘的拉应力峰值增加大量的预应力束;为了照顾施工过程的受力所增加的大量预应力束在运营阶段成为负担;跨径越大,拉索越多,往往成为斜拉桥跨径的制约因素[6];为满足活载的作用而设计的全预应力结构,在活载卸除的时间里,得不到外荷载平衡的预应力弯矩反而变成结构的负担,成为不利因素[7]。

本书主要内容为研究应用部分预应力技术,在部分梁段采用部分预应力设计,将预应力减小到有利而无害的程度,使混凝土斜拉桥在性能上和经济上都更为合理。开展部分预应力混凝土斜拉桥正常使用极限状态的研究,对于完善大跨径混凝土斜拉桥的设计理论、确保该类桥梁的设计合理和结构安全具有十分重要的意义。

1.1 部分预应力混凝土桥梁的概述

1.1.1 部分预应力混凝土桥梁的发展

在混凝土预应力发展初期,一般都规定在运营阶段混凝土不允许出现拉应力,即“全预应力”[8]。但是随着“全预应力”混凝土结构的大量使用,逐渐暴露出来由于预加力过大而引起的一些如反拱过大、结构长期处于高压状态下导致的不安全、某些桥梁按全预应力设计困难等缺陷[9,10]。而且,即使是按全预应力设计的混凝土结构,也普遍存在着开裂现象。如由于预应力筋对混凝土压力过大,锚下混凝土横向拉应变超出了极限拉应变,导致锚下局部应力高而引起锚下混凝土开裂;又如由于预应力筋对混凝土压力过大,导致梁中出现沿力筋方向的裂缝,再加上徐变的影响,最终导致与预应力筋平行的纵向裂缝。而这些裂缝是不可恢复的,比部分预应力构件中可恢复的、适当宽度的裂缝对混凝土构件的耐久性影响更大。完全靠预加力使结构的任何部位和任何方向都不开裂,基本上无法满足。如果强求按全预应力设计,除了技术上的难题,也会导致经济上不合理。此外,张拉和锚固高强预应力筋的锚具张拉设备等成本是高强钢筋本身价格的3.5~4倍[11]。为克服全预应力构件的缺点而提出的部分预应力混凝土便是结构工程师追求安全性与经济性的最佳平衡结果[12,13]。

所谓部分预应力混凝土(PPC),是指在预加力和外荷载作用下,允许出现拉应力甚至允许开裂的预应力混凝土[14]。从结构设计目的的角度来看,部分预应力是介于全预应力和普通钢筋混凝土之间的一种结构[15-17]。此概念最初是1939年由奥地利工程师恩披格(V·Emperger)提出的,他建议引进少量非预应力筋的部分预应力[18,19],以减小裂缝宽度和挠度。而后英国的阿勃雷斯(P. W. Abeles)在修建跨线桥时,为降低梁高进一步提出了在钢筋混凝土结构中附加少量预应力钢筋和在使用荷载下允许出现拉应力甚至细微裂缝的"部分预应力"的设计概念[20-22]。20世纪50年代和60年代初,阿勃雷斯设计了许多部分预应力结构,且大部分结构通过70年代的检查证明情况并没有恶化[23,24]。1951年在结构工程师学会出版的《预应力混凝土第一次报告》中确认了部分预应力混凝土的设计。1959年,英国《预应力混凝土实用标准规范》规定,当结构最大使用荷载比常用荷载大很多时,混凝土中的最大拉应力允许值为5.2MPa。

1962年,国际预应力混凝土协会(FIP)和欧洲混凝土委员会(CEB)首次提出了部分预应力混凝土构件(PPC)为全预应力构件(PC)和钢筋混凝土构件(RC)之间的中间状态,三者连起来构成统一的加筋混凝土系列。1970年的CEB-FIP国际预应力会议上,对预应力混凝土和钢筋混凝土之间的整个范围进行了预应力分级,确定了部分预应力混凝土结构在配筋混凝土结构中的地位。按照预应力作用于混凝土的大小,可将钢筋混凝土分为全预应力、有限预应力、部分预应力和普通钢筋混凝土四个等级[25]。全预应力要求在最不利荷载组合作用下混凝土不出现拉应力;有限预应力指在最不利荷载组合作用下混凝土可以有拉应力但是不超过限值,且在荷载长期组合作用下混凝土无拉应力;部分预应力指在最不利荷载组合作用下混凝土可以开裂但裂缝宽度不超过限值;普通钢筋混凝土则可看成是预应力为零的状态。

国际桥协前主席Thurlimann教授于1982年中美桥梁和结构工程会议上指出:从设计上讲,部分预应力混凝土设计理论将是今后预应力混凝土结构发展的理论支柱。

部分预应力混凝土结构在国外的公路、铁路桥梁结构上已有大量应用[26,27]。20世纪50年代,丹麦许多结构尤其是桥梁结构都是按部分预应力设计的。1968年瑞士的第一座部分预应力混凝土桥——Weinland桥在苏黎世完工。瑞士建筑师和工程师协会发行的SIA标准(162)中对部分预应力做了规定,部分预应力成为瑞士正式的设计方法,超过3000座桥按此规定进行设计并且取得了令人满意的结果。德国、日本的部分高架轻轨线也采用PPC结构。

我国从1970年开始对部分预应力构件进行研究,修建了一批部分预应力桥梁。1981年中国土木工程学会首次发布了《部分预应力混凝土结构设计建议》,随后交通部于1985年颁布了《公路桥涵设计规范》,正式确定了部分预应力混凝土可用于桥梁相关构件的设计。从此,部分预应力混凝土在我国桥梁设计上开始得到应用。从20世纪80年代起,部分预应力结构开始应用于铁路桥梁工程。从1985年开始,在深圳铁路高架桥、广深线、大秦线、宣杭线、浙赣复线、京九线、南昆线上修建了多座部分预应力梁桥[28,29]。

1.1.2 部分预应力混凝土桥梁的特点

部分预应力设计考虑结构物的使用功能(如使用阶段的变形等),允许适当地选择预应力度,同时通过在不同部位配置相应的普通钢筋来控制裂缝的发生和扩展,给设计提供了更多可能[30]。减小一部分预加力,同时配置适量的纵向普通钢筋作为抗拉主筋,可以提高结构的延性、控制垂直于主筋方向裂缝的扩展,使裂缝的分布合理,从而可减小混凝土在过大压应力下产生的压缩徐变以及上拱。

部分预应力混凝土结构的特点可归纳为[31-35]:

(1)在使用荷载下容许结构出现拉应力甚至开裂。

(2)在使用荷载下,结构处于弹性工作状态;荷载作用时开裂,卸载后裂缝闭合且情况良好。使用了普通钢筋后,构件的强度有所提高,还能控制裂缝的形式和裂缝宽度。研究表明[36],裂缝闭合后的残余裂缝宽度很小,对构件的耐久性及使用性能不会产生不良影响。

(3)与传统的全预应力混凝土结构相比,具有相同的强度安全度[37]。

(4)避免了全预应力结构梁体混凝土由于过大预应力而产生的纵向裂缝和锚下端块裂缝,改善了结构受力状态,增加了结构塑性。

(5)相比全预应力,在超静定结构中,其预应力产生的反拱度小,徐变少,裂缝间距和宽度都比较小,梁的挠度特性有明显的改善。

(6)在超静定结构中,部分预应力混凝土结构的挠度、延性及能量吸收都比全预应力混凝土要好。预应力值降低后,特别是增配非预应力钢筋后,在极限荷载作用下,部分预应力构件通常显现出比全预应力构件更强的延伸性。结构破坏时由于较好的韧性,即使因超载破坏也能够为事故提供充分的预兆,工作性能也往往比全预应力梁要好;在地震或爆炸荷载等极端动态荷载下能吸收更多的能量,抗震、抗爆性能好[38]。

(7)相比全预应力,部分预应力材料经济,可以节约大量预应力钢筋,简化构件的端部构造,减少张拉锚固等施工工序,节约锚夹具。预应力钢筋减少后,用于承受梁在未加荷载阶段压应力而设的底面翼缘尺寸就可以减小甚至完全取消,从而简化模板结构和费用,与此同时,结构变得更加美观,而且可以减小主梁的压应力,从而降低混凝土强度等级[39]。

(8)与钢筋混凝土结构相比,其挠度与裂缝值均较小,尤其是裂缝开展后,其恢复性能较好。

(9)由于低碳钢不像预应力钢绞线那样在温度升高时强度迅速降低,加入预应力构件中可以改善耐火等级。

按部分预应力设计构件让设计者在预应力的选择上有了更多自由,同时也对预加应力的准确度提出了严格的要求[40]。全预应力的抗裂储备大,预加力的偏差对其使用性能的影响相对较小。而部分预应力抗裂储备小,B 类部分预应力甚至允许开裂,预加力的偏差对结构使用性能会有严重影响,因此提高预加力的精确度更为重要。如果预加力值控制精度低,由于施工过程中各种操作不当导致预应力损失,理论和实践就难以达到真正统一,那么即使按正确理论设计的结构物,也将因施工质量控制不当而影响其应有的价值。

部分预应力混凝土构件是预应力度为 $0<\lambda$(λ 表示预应力度)<1 的构件,它根据预应力度大小的不同分为如下两种类型[41]:

A 类:在使用荷载的短期组合下,受弯构件混凝土的正截面拉应力不能超过0.8 倍混凝土抗拉强度,轴心受拉构件混凝土正截面拉应力不能超过0.5 倍混凝土抗拉强度。

B 类:在使用荷载的短期组合下,正截面中的混凝土拉应力超过 A 类限值,但裂缝宽度不超过规范规定限值。

1.1.3 部分预应力混凝土截面设计方法

预应力混凝土受弯构件的截面尺寸,通常参考已有设计资料及桥梁总体布置设计确定,因此截面设计的主要内容是确定预应力钢筋和非预应力钢筋的用量及其布置[42,43]。部分预应力构件的设计基本理念和传统的钢筋混凝土或预应力混凝土没有本质的不同,目的都是在外荷载作用下保证提供足够的强度和延性,实现运营期全过程能满足正常使用的目的。不过允许混凝土开裂后,确定满足最理想结构受力状态下预应力大小的方法相应增多。总的来说,部分预应力构件设计的一般做法是:先根据构件的使用性能如挠度、裂缝等确定正常使用极限状态的要求,在此基础上设计预应力筋;然后再根据承载能力极限状态的要求,计算所需的力筋总量;如果预应力的数量不足以满足要求,那么就需要补充其他的普通钢筋。

部分预应力与全预应力混凝土结构的不同之处在于,部分预应力混凝土构件截面同时配置了预应力筋和非预应力筋[44-46]。如果截面尺寸及材料确定后,就可根据截面上合弯矩为零和水平方向合力为零的静力平衡条件得到两个方程。由于这两个方程中含有 3 个未知量 A_p(预应力筋面积)、A_s(普通钢筋面积)和 x(截面中性轴到受压边缘的距离),理论上可以有无数解满足条件。为解决这一问题,设计者可以根据结构的具体要求补充条件,建立第三个方程:

(1)限制挠度;

(2)限制最大裂缝宽度;

(3)平衡部分外荷载;

(4)给定一个部分预应力指数值,如预应力度或预应力比率。

从不同角度和不同方法出发选取补充条件,便形成不同的设计方法。目前设计常采用的方法有预应力度法、预应力比率法、名义拉应力法、荷载平衡法等[47-50]。

1. 预应力度法

预应力度(λ)为消压弯矩和使用荷载作用下控制截面的弯矩的比值。用预应力度法进行推算时,不仅考虑了构件的极限强度条件,也考虑了恒载作用时的主要使用条件,同时预应力度的选取也考虑了荷载的特征。缺点是对于部分预应力混凝土B类受弯构件,采用此方法不易看到预应力度大小与裂缝宽度之间的关系,造成选择上的困难。

在此基础上,又有人提出应力比的预应力度法[51],提出预应力度用有效压应力和由标准恒载、活载、短期效应组合外荷载在混凝土中产生的拉应力的比值确定,这样在预应力度的选择时包含了应力和抗裂系数的概念。

2. 预应力比率法

预应力比率(PPR)是在极限状态下,预应力筋所提供的极限抵抗弯矩与预应力筋和非预应力筋共同提供的抵抗弯矩的比值。

由于在工程实际中应用的部分预应力梁中大多数都采用包括预应力筋和非预应力筋的混合配筋,采用预应力比率法易于理解,比预应力度法更直观简便,能迅速地初步估算预应力及非预应力筋的用量。但预应力比率的选用与荷载使用性能有关,因而选择亦具有一定的经验性和不确定性。

3. 名义拉应力法

由英国学者阿勃雷斯首先提出的名义拉应力法将裂缝宽度与假想的混凝土名义拉应力联系起来,计算非常简单。名义拉应力是当混凝土开裂时,仍假定混凝土截面未开裂,而按匀质截面计算出混凝土的最大假想拉应力。通过材料力学方法计算混凝土截面边缘的名义拉应力,同时根据大量试验数据建立名义拉应力与最大裂缝宽度的关系,并以此来限制名义拉应力的大小。此方法将弯曲裂缝宽度近似地看成混凝土名义拉应力的单因素函数,使构件的允许弯曲裂缝宽度与通过试验得出的综合性的混凝土允许拉应力相对应,以此来建立允许弯曲裂缝宽度值与预应力的关系。

名义拉应力法无须计算钢筋应力和开裂截面应力,并且与用开裂截面经典分析方法求得的钢筋应力和裂缝宽度相比,名义拉应力法是偏于安全的。这种方法特别适合限制裂缝宽度条件下,估算预应力及非预应力筋的用量。但裂缝宽度控制值对应的混凝土容许名义拉应力是通过试验获得的,是综合了各种影响开裂的因素的虚拟值,具有较大的统计性,因而存在一定的局限性。

4. 荷载平衡法

荷载平衡法利用预应力抵消、平衡结构上部分荷载作用,当构件只受到所抵消的荷载作用时,梁只受到均匀的压应力,没有弯矩,挠度为零。这样便可建立预应力与所平衡荷载的关系,从而估算出预应力筋和非预应力筋的用量。

荷载平衡法的关键是要确定平衡荷载的大小。林同炎建议需要被平衡的荷载为梁的自重加一半活载,这样当结构有一半活载作用于其上时完全不产生弯矩,而如果活载是短期性的荷载,将会产生严重反拱。

采用平衡荷载的方式,考虑了在使用荷载作用下预施应力大小的影响,而且其影响不仅与张拉力大小有关,还与力筋线形轮廓有关。其优点在于可以根据构件使用阶段功能(挠度、裂缝和应力等)要求来选择适当的力筋线形和张拉力大小,以抵消部分或全部外荷载来满足设计上的要求。但当力筋线形为直线时,此预应力度的表达式毫无意义。用这种方法也不易区分全预应力、部分预应力及普通钢筋混凝土的类别。但这种方法对于计算超静定结构比较方便。

以上各设计方法均有使用上的困难,因此在实际设计时通常采用多种方法结合、多次试算反复逼近的方法。

1.2　材料非线性分析方法

部分预应力混凝土梁在使用荷载阶段或偶然超载时产生的裂缝通常都比较小,分布也比较均匀,而且当导致裂缝产生的荷载卸去之后,裂缝通常可以完全闭合[52]。对于部分预应力混凝土斜拉桥,由于其结构的重要性,人们对其开裂后的性能更为关注。预应力桥梁力学性能的研究方法分为两大类:一是以有限元为工具进行理论分析;二是以试验为基础展开研究。

由于裂缝的存在,对部分预应力混凝土斜拉桥进行分析就必须考虑其材料非线性。材料非线性的考虑反映在单元弹塑性刚度矩阵的建立中,所取单元模式及材料类型不同,材料弹塑性的考虑方法也不同,目前主要有[53]以下几种。

1. 塑性铰法

塑性铰法[54,55]认为,结构内某截面达到其极限承载力后便可视为形成塑性铰,随着加载的继续,塑性铰逐渐增多。当塑性铰达到一定数量,结构变成几何可变体,此时作用的荷载便为极限荷载。

该方法刚度矩阵为显式表达,因而计算简单。缺点是对于复杂结构,无法追踪结构的弹塑性变形直到破坏的全过程,不能考虑塑性铰处的弹性卸载;当采取的截面及材料形式不同时,极限弯矩无法用一个公式或一个屈服面来简单地表达或求解,因而对结构是否失效的判定造成困难。

为了克服塑性铰法的缺点,提高计算精度,在传统塑性铰法的基础上,Kim[56]等提出的三铰梁模型法,Attalla 等[57]提出的伪塑性铰法,Krishnan[58]提出的改进塑性铰法,曾庆元、任伟新[59]等提出的内力塑性系数法，颜全胜[60]提出的内力塑性系数法与单元分块变刚度积分结合法，戴公连[61]提出的钢筋混凝土结构面内极限承载力分析的单元端部截面内力塑性系数法，王荣辉、梁硕等[62,63]提出的单元节点截面内力塑性系数法，任伟新[64]提出的通过刚体-弹簧模型平面框架结构内力塑性屈服面方程法，刘(Liew)[65]提出的精细化塑性铰法，文颖、曾庆元[66]提出的杆系结构弹塑性分析的单元节点截面增量内力塑性系数法等方法分别从不同角度出发，在简化计算、提高效率和计算精度等方面取得了各自的成果。

2. 分层法

根据采用单元类型的不同，分层法有分层梁单元法、分层板单元法和分层壳单元法等。

欧文(Owen)和菲格拉斯(Figueiras)[67]采用9节点拉格朗日单元进行高斯积分，将钢筋混凝土板、壳沿厚度方向分层，通过考虑混凝土和钢筋组合材料特性来进行弹塑性分析。

张翔、黄赤和贺栓海[68]将结构离散为考虑剪切变形影响的梁单元，纵向采用高斯积分，在梁高方向进行截面分层，通过截面上内、外力的平衡关系考虑大跨度混凝土桥梁材料的弹塑性。

加拿大塞夫(Seif)、迪尔格(Dilger)[69]将塔柱和主梁离散为梁单元，将单元在截面高度方向分层，假定单元横截面应变沿高度线性分布，选定单元横截面上正应力沿梁高分布曲线，利用混凝土应力-应变本构关系曲线计算单元弹塑性刚度矩阵，分5段变刚度模型来考虑单元弹塑性。

郭彦林、梅占馨[70]将板分为5层，以考虑材料塑性沿板厚度的过渡，建立了大挠度弹塑性样条有限条法，以分析加筋板结构在轴向荷载作用下的弹塑性性能。

伏魁先、刘学信等[71]做斜拉桥的面内整体失稳分析时，将单元沿纵向分层来考虑材料的弹塑性。

周凌远[72]提出了基于分布式塑性梁理论的梁单元截面网格模型计算方法，将网格模型法与柔度法相结合，实现了基于柔度的网格模型法，来考虑材料非线性。

3. 分段分块变刚度积分法[73]

分段分块变刚度积分法将单元划分为几段，将每段内的弹塑性刚度视为常数，再将各段内单元横截面又划分成若干小块，分别计算各截面刚度，之后采用数值积分法求出单元弹塑性刚度矩阵。

另外，蒲黔辉[74]在其博士论文中对PPC连续梁的材料非线性进行了研究，提出了计算弯矩重分布方法和塑性铰区长度的计算公式，可用于变截面和不同配筋的PPC连续梁，还介绍了14片两跨连续梁和4片三跨连续梁的试验情况。他认为，连续结构混凝土是否开裂及其裂缝发展情况是关系到弯矩重分布的一个至关重要的标志，并建议对PPC混凝土连续梁进行大量理论和试验研究。

1.3　斜拉桥模型试验研究概述

考虑到混凝土斜拉桥理论分析的复杂性及分析时存在的困难，对其进行模型试验研究可以避开理论分析时的一些假设和误差，便于直接获得实际结构的受力特性和使用性能，从而指导设计和施工[75]。

国内外主要通过以下两种方法进行斜拉桥的模型试验：一是进行全桥模型试验获得其极限承载力；二是由于整体模型的规模和缩尺比例过大难以操作，采用局部节段模型分析关键部位的受力特点。

针对斜拉桥整体结构的弹塑性性能和极限承载力的模型试验已有不少成功的例子。最早在1976年，结合阿根廷Zarate-Brazo Largo公铁两用斜拉桥，进行了一个比例为1:33.3的缩尺模型试验。试验结果略大于理论分析结果，竖向挠度实测结果与理论计算结果误差在5%～15%；索力实测结果与计算误差为5%～20%[61]。

1991年瓦尔特(Walther)等进行了模型长度为4.86m+10.32m+4.86m的混凝土斜拉桥模型试验，板式截面，模型宽0.7m，梁高0.025～0.04m。Walther等综合此次试验和1985年的另一次试验，发现混凝土斜拉桥结构破坏不是整体破坏，而是危险截面处的局部破坏。从整体稳定性来看，对于密索体系(5～10m索距)，主梁一般不致发生屈曲破坏，桥梁的破坏荷载由拉索强度控制，在结构达到破坏时，仅在跨中及靠近支座处出现较小的裂缝。

为研究静载下桥梁结构的实际性能，瑞士研究专家Walther等对全长152m的混凝土斜塔曲线斜拉桥沙夫豪森桥(Schaflhausen)进行了现场静载测试和1:20比例的缩尺模型破坏试验[76]。通过数学模型、缩尺模型和实桥的试验结果可知，当承受超载时，桥台和纵向桥面板边梁的主塔分支处最先出现裂缝；在极限承载状态下，锚固索的应力已达到了其屈服强度的90%，斜拉索接近破坏，桥面板的最大变形为主跨的1/66。

1994年，颜全胜[60]结合某独塔钢斜拉桥，进行了两跨(3m+3m)的模型试验，结果显示整体结构失效始于索力过大造成拉索滑脱导致的全桥破坏，钢丝滑脱前的实测值与理论值误差在10%以内。

1996年，同济大学杨勇[77]结合黄山太平湖大桥，进行了一个按1:40比例缩尺的单索面斜拉桥模型试验，结果表明，该桥的破坏形态为加载区截面顶板被剪坏而丧失承载能力，并且试验结果与理论分析结果吻合良好。

1997年，长沙铁道学院戴公连[61]进行了一座2×6m独塔双索面混凝土斜拉桥模型试验，结果表明，该桥的破坏形态为加载区梁截面顶部混凝土被压溃而丧失承载能力，并且试验结果与理论分析结果吻合良好。

目前可调查到的有关混凝土斜拉桥的节段模型大多采用较小的缩尺比例且主要研究的是

主梁应力的横向分布。

周绪红等[78]对湘潭市湘江三桥采用1:3的比例制作了3个索距节段模型，研究分离式双主肋断面主梁截面有效分布宽度，得到了主梁节段模型的开裂荷载和极限荷载，并研究了主梁在预应力作用下混凝土桥面板上缘应力的分布及传递角度。

叶梅新等[79]采用1:4的局部模型，将斜拉索索力分解为水平和竖向两个分力，通过桥面分布荷载、边界条件荷载和斜拉索荷载的同步协调加载来保证模型截面应力与实桥等效，研究了单索面混凝土斜拉桥边跨变宽段受力状态，得到了模型变宽段内的顺桥向弯矩与实桥相应荷载下的弯矩基本相似，各工况荷载作用下模型截面应力与实桥截面应力等效及设计的模型加载方案正确的结论。

王斐峰、叶见曙等[80]制作了1个标准梁段（长7.5m，宽32.8m）的足尺模型，对主梁边箱在横向预应力作用下的受力特点进行分析，得出在张拉横向预应力钢束后，主梁边箱斜腹板中部会出现高拉应力区及混凝土裂缝，可以采取在边箱上翼板内增设纵向预应力束、增设边箱斜腹板内纵向非预应力钢筋等措施改善边箱斜腹板的受力情况以避免混凝土出现裂缝的结论。

李德建、戴公连等[81]结合湘潭市湘江三桥，采用1:3.2的比例，从整体结构中取出16m长梁段作为隔离体，将该梁段整体分析的截面内力作为外载，等效地作用在具有相同应力条件下的主梁节段上，进行了肋板式截面主梁节段模型试验研究，从而观测梁段在实桥中的应力分布及工作行为，得出了轴力及弯矩作用下截面应力传递角度及有效分布宽度。

许崇法、盛可鉴[82]选取6个标准梁段，采用1:20的缩尺比例，用有机玻璃制作试验模型，分析了双箱梁桥面板的受力及其有效工作宽度，发现边箱桥面板的实测有效工作宽度接近于英国和德国规范值，而边箱之间桥面板的有效工作宽度接近于美国规范值。

1.4 斜拉桥加固及试验研究

随着国民经济的发展，交通运输量大幅度增长，行车密度及车辆载重越来越大，运营期间公路桥梁的荷载量远超设计值，现有的部分桥梁已经满足不了使用要求。在长期的重载交通作用下，预应力混凝土斜拉桥出现裂缝、梁体腐蚀、变形过大等病害；此外，即使在斜拉索和预应力的共同作用下，混凝土斜拉桥梁体开裂问题仍然不可避免，病害严重的甚至影响使用和行车安全，增加了这一桥型的运营和维护难度。而对于处在交通干线控制性节点的特大桥，拆除重建病害桥梁显然在经济及资源利用方面不符合国情，因此，桥梁加固的研究显得尤为重要。

目前，国内外关于混凝土斜拉桥加固的研究较多，主要分为两类：一类是对实际工程的有限元数值计算结果与实际加固效果进行对比，大多数采用粘贴钢板、贴碳纤维布及增大梁截面等方法对主梁进行加固，改善其受力性能，获得了较好的加固效果；另一类是采用加固试验辅以有限元计算结果对比，一般对主梁受扭开裂后的加固承载力进行分析，加固后再次加载，

承载力明显得以提升。已有研究都取得了较好的效果,但仍存在以下问题:

(1)试验构件截面形式较为简单或边界条件过于简化,无法准确模拟实际工程的复杂结构形式。

(2)对于大跨径桥梁如斜拉桥、悬索桥,模型试验往往采用常规比例模型,和大比例模型相比,常规比例模型试验结果偏保守。

(3)为了安全起见,实际桥梁加固常采用全截面加固,不仅增大了结构自重,而且过度补强会造成浪费,经济性不好。

随着交通量持续增长,桥梁超载运行导致病害频发,结构损伤程度增大,因此,桥梁加固对于延长桥梁使用期限、提升桥梁结构承载能力有着积极意义。

为了尽快解决对旧桥、危桥进行加固的技术难题,有关学者做了很多关于受损伤桥梁结构的受力性能试验,取得了一定的成果。目前,桥梁结构加固的主要形式如下:

第一种方法是对桥面进行加固。该方法针对的位置是桥梁主梁顶部,其操作为:首先凿除掉旧桥面,然后埋设钢筋,再浇筑一层混凝土,让新浇筑的部分和原主梁形成一个整体,这样实际上是以增大主梁的截面高度来提升主梁的抗压强度,能够更好地分配桥梁横向荷载,提高桥梁的承载能力。

第二种方法是外包混凝土加固。这种方法是通过增大结构几何尺寸,对增大部分进行截面和配筋处理,提升桥梁的强度、刚度和稳定性。这种方法还可以减小裂缝的宽度。其适用范围非常广,几乎适合所有混凝土桥梁,适合桥梁的墩台和基础加固。但该方法的不足之处是增大了结构的自重,在计算加固后结构承载能力时要考虑加固部分的作用,如果极限承载力无法承受,那么外包混凝土加固就不适用。

第三种方法是粘钢加固。这种方法是用黏结剂把钢板粘贴在桥梁结构受拉侧,以提高结构的整体性,同时也可提高结构的承载能力和耐久性。这种方法的特点是,对原有结构不会造成损伤且施工容易,但必须保证黏结剂的质量,否则无法保障加固质量。

第四种方法是喷锚混凝土加固。这种方法是,首先在待加固区域进行植筋,植筋的密度、深度和钢筋直径的选用必须符合相关规定,然后喷射适量厚度的混凝土材料,凝固后与原有结构形成一体,共同承担外部荷载。

第五种方法为对结构受力体系进行处理。这种方法是以桥梁结构中的受力体系为加固对象,对其进行必要的处理,进而提升其承载能力。该方法的原理是尽量减少截面内力来改变结构内的受力体系。

第六种方法是施加体外预应力。这种方法是针对梁式桥采用的方法,可以控制桥梁裂缝,减小裂缝宽度或者使其完全闭合。此外,还能控制梁下部的挠度,使挠度趋于减小。

此外,研究人员还在探索桥梁加固时采用的新材料、新工艺。近年来,超高性能混凝土(以下简称 UHPC)研制成功,通过在混凝土中添加合适配比的钢纤维,使 UHPC 在强度、韧性、抗裂性方面比普通混凝土有大幅度提升。UHPC 作为一种具有超高力学性能和超高耐久性的水泥基复合材料,自 1993 年被研制成功以来,便引起了桥梁界的极大兴趣和高度重视。在桥梁工程领域,UHPC 已被应用于主梁结构、拱桥主拱、华夫板桥面结构、桥梁接缝及旧桥加固等方面。据不完全统计,截至 2016 年年底,世界各国已有超过 400 座桥梁采用 UHPC 作为主要或部分建筑材料,其中用于旧桥加固的超过半数。

1.5 部分预应力混凝土桥梁疲劳性能研究现状

据交通运输部公布的数据[126],我国 2017 年公路货运量同比增长 10.1%,其中湖北省增长率达 20.3%,远高于欧盟发达国家(1.5% ~2%)。随着我国交通运输的迅速发展,公路车流量与载质量持续增长,车辆超载现象普遍且难以有效控制。目前高速公路存在大量的重载现象,如图 1-1 所示。在持续增长的重载车流作用下,既有桥梁的运营安全问题日益突出,已出现超载车辆导致桥梁倒塌的案例,如图 1-2 所示。车辆超载数据见表 1-1[127]。

图 1-1 高速公路的重载车流

a)杭州钱塘江三桥引桥

b)天津塘沽京晋高速公路匝道桥

图 1-2 超载车辆导致的桥梁倒塌事故

造成桥梁垮塌的超载情况 表1-1

序 号	桥 梁	超 载 情 况
1	哈尔滨阳明滩大桥	将近500t的三车组合
2	漯河市107国道澧河桥	单车重约260t的两车组合
3	杭州钱塘江三桥引桥	单车重约128t
4	郑州中州大桥跨京广铁路桥	将近200t的两车组合
5	吉林S302锦江桥	单车重约144t
6	赣粤高速城南互通	将近456t的四车组合
7	聊城马颊河大桥	单车重约183t

从力学性能看,PPC桥梁的结构性能介于普通钢筋混凝土与全预应力混凝土桥梁之间,具有强度高、延性好的优点,一般不会发生强度与刚度破坏。但是,现有研究表明PPC梁开裂后的疲劳应力迅速增长,易引发PPC结构的疲劳问题。针对PPC桥梁,由于其预应力度小于全预应力桥梁,在重载车流的长期作用下,即便是A类结构(A类结构的定义见现行《公路钢筋混凝土和预应力混凝土桥涵设计规范》)的桥梁也会出现裂缝。PPC桥梁出现裂缝后,非预应力筋的应力重分布,加之重载车流产生的高应力幅效应,将引发一系列的疲劳与耐久性问题。

除车辆重载外,路面平整度劣化、车流量、车流密集程度等因素均会对桥梁的疲劳损伤产生影响。其中,路面平整度劣化将放大车-桥耦合振动效应,加大应力幅,而应力幅与疲劳损伤呈指数关系,从而加速缩短桥梁的疲劳寿命。车流量增加将扩大疲劳应力循环次数,车流密集程度增长也将产生大量的高幅应力。因此,在我国交通运输行业蓬勃发展的情况下,持续增长的重载车流荷载使得混凝土桥梁疲劳问题更为突出,成为影响其在桥梁工程领域中进一步推广应用的瓶颈。编者通过随机车流参数的模拟分析桥梁的疲劳可靠度,评估PPC桥梁服役期的疲劳安全水平,可为PPC梁桥的设计、加固和交通管制等提供理论依据,为PPC结构在桥梁工程中的推广应用奠定基础。

国外早期对于PPC梁的静载与疲劳试验研究较为简单,埃伯利斯(Abeles)试验研究结果表明,当疲劳荷载循环至一定次数卸载后,PPC梁位移恢复性能较好,证明PPC梁具有良好的抗疲劳性能[128,129]。1974年,Abeles等[130,131]在上述研究的基础上对52片PPC梁进行了静载及疲劳试验,具体研究了非预应力钢筋及预应力钢筋与混凝土黏结性能对PPC梁疲劳的影响。研究结果如下:非预应力钢筋的布设改善了梁的抗疲劳性能;梁内有效预应力以及钢筋混凝土之间的黏结性能随着疲劳荷载的循环不断减少退化;混凝土与钢筋之间的黏结性能将影响PPC梁钢绞线的疲劳强度。本内特(Bennett)[132,133]与戴夫(Dave)针对PPC梁的抗疲劳性能试验研究表明,PPC梁在疲劳循环加载后对梁极限承载力并无影响且疲劳破坏均始于梁内普通钢筋而非预应力钢筋。1985 年,哈拉伊利(Harajli)等[134]对不同预应力比率与配筋率的试验梁开展了等幅疲劳试验,研究结果表明,其他条件相同的情况下,试验梁的预应力比越高,其荷载-裂缝宽度、荷载-挠度曲线增长越快,且配筋率对 PPC 梁裂缝宽度、挠度及曲率的影响略小。1986 年,哈威(Shahawi)等[135]将预应力比率作为唯一变化参数,对数根有黏结 PPC 梁进行疲劳性能研究,结果表明,疲劳断裂始于非预应力钢筋且当预应力比率为 0.4 ~0.6 时,试验梁抗疲劳性能最优。1991 年,纳曼(Naaman)等[136]研究了随机变幅荷载下混凝土梁的疲劳性能,并用峰值荷载来模拟汽车频率分布,研究结果表明,相比等幅加载,变幅疲劳循环加速了试验梁的破坏。

我国对 PPC 梁的疲劳性能研究始于 20 世纪 80 年代。1989 年,姜昭恒等[137]通过 PPC 模型静载及疲劳试验,验证了 PPC 梁在铁路桥梁中的适用性,且同样发现试验梁疲劳破坏始于非预应力钢筋。随后大量学者[138-140]集中研究了不同预应力度下 PPC 梁的疲劳性能,通过试验研究得到了在预应度及疲劳荷载循环次数变量下 PPC 梁挠度的统一计算方法。1994 年,杨梦蛟、张澍曾[141]通过 PPC 梁疲劳抗裂性能的试验研究回归得到了 PPC 梁正截面疲劳抗裂的 *S-N* 曲线方程。冯秀峰[142]与章坚洋[143]通过等幅与变幅 PPC 梁疲劳性能试验,发现梁内预应力钢筋与非预应力钢筋应力增长并不同步,且不管是等幅还是变幅加载,上述应力比值增长遵循三阶段变化规律,三阶段中第二阶段预应力钢筋与非预应力钢筋应力比值在0.6 ~0.7 内变化。2012 年,余志武等[144]以 12 片缩尺重载铁路 PPC 梁为研究对象进行疲劳试验,研究结果表明,试验梁的疲劳破坏始于梁底非预应力钢筋,且疲劳破坏前,预应力钢筋与非预应力钢筋应力比值范围为 0.6 ~0.7。2013 年,李进洲等[145]开始将研究焦点转移到 PPC 梁腐蚀疲劳的研究上,结果表明,对于受腐蚀的 PPC 梁,梁截面中性轴基本不变;而对于未受腐蚀的试验梁,在其他条件相同的情况下,最大荷载越大,梁截面中性轴高度变化越明显。2014 年,大连理工大学韩基刚[146]开展了 8 根全尺寸黏结 PPC 后张 T 梁的等幅疲劳试验。2017 年,袁明等[147]开展了混凝土梁的剪切疲劳破坏试验,研究了混凝土梁疲劳破坏过程中混凝土的剪切应力变化趋势。一些学者[148,149]研究了 PPC 梁开裂后的腐蚀疲劳问题。颜东煌等[192,193]分析研究了混凝土 T 梁桥疲劳应力谱和疲劳寿命变化规律。综上所述,现阶段关于 PPC 梁疲劳研究主要以疲劳性能试验为主,且大多集中在等幅作用下 PPC 梁挠度、刚度、裂缝及与疲劳破坏密切相关的梁内受拉钢筋应力状态的研究。而关于随机重载车流作用下 PPC 桥梁疲劳寿命及可靠度评估方面的研究较少。

混凝土斜拉桥属于索支撑的预应力混凝土(PC)桥梁类型。PC 梁的疲劳问题主要来源于两个方面:一方面为部分预应力混凝土(PPC)梁在反复加载条件下的疲劳问题;另一方面为全预应力混凝土梁在服役期内产生钢筋腐蚀或混凝土开裂后,结构缺陷所诱发的疲劳问题。前者,PPC 梁的疲劳破坏一般是混凝土疲劳开裂、受拉非预应力钢筋疲劳断裂,一般不会出现预应力钢筋疲劳断裂和受压混凝土疲劳压碎。迄今为止,国内外对这方面开展的大量研究都以试验研究为主。张伟平等[169]开展了PPC梁腐蚀疲劳试验研究，揭示了其腐蚀破坏机理。Arockiasamy等[170]通过模型梁试验研究了节段预制施工的后张法PC箱梁在反复移动荷载下的疲劳性能，发现在200万次疲劳试验条件下，节段接缝正常，无裂缝张开。Jeffery S. Volz等[171]通过全预应力混凝土梁和PPC梁对比疲劳试验，研究了PPC构件的疲劳耐久性，发现在预压的受拉区混凝土拉应力≤12 $\sqrt{f'_c}$时，弯曲裂缝宽度较小，服役期内裂缝宽度在周期荷载作用下将增加15%～30%；波纹管内灌浆可以减轻锈蚀发生后的预应力钢束疲劳行为。Alexander Lindorf等[172]研究了横向张力导致钢筋周围纵向开裂所产生的黏结疲劳问题，找到了适合黏结疲劳的*S-N*曲线。罗许国[172]通过对不同掺量高性能粉煤灰混凝土模型梁进行200万次正常使用状态疲劳试验研究，探讨C50至C80的PC梁在疲劳荷载作用下的工作性质，结果表明，其疲劳性能稳定。冯秀峰等[173]通过后张有黏结PPC模型梁试验，研究了在疲劳荷载下预应力钢筋和普通钢筋之间应力分配的发展规律，结果表明，截面开裂后，疲劳荷载下两种钢筋应力幅值比随荷载重复作用次数的增加基本符合“三阶段”的发展规律，并给出一种考虑了黏结性能差异的钢筋疲劳应力增量的计算方法。罗小勇等[174]通过自密实PC模型梁疲劳试验，发现考虑混凝土的非线性性能计算受拉钢筋的疲劳应力幅值比按初始弹性状态计算受拉钢筋的疲劳应力幅值估计梁的疲劳寿命与试验结果具有更好的吻合性，更适用于疲劳寿命估计。吕海燕等[175]发现对于全预应力混凝土梁，疲劳荷载对其疲劳性能影响很小，而对于不允许出现裂缝和允许出现裂缝的部分预应力混凝土梁，疲劳荷载对其变形有明显的影响。宋永发等[176]进行了26根无黏结部分预应力高强混凝土梁变形及裂缝研究分析。美国康涅狄格州[177]对境内2片服役27年的PC箱梁(2片旧梁由于箍筋与钢束锈蚀和渗水影响，本身存在内部缺陷)进行了室内疲劳试验，发现箱梁下缘容许拉应力限值为6 $\sqrt{f'_c}$时，加载周期超过150万次后箱梁仍呈现少量或没有退化迹象；而当箱梁下缘容许拉应力限值为9 $\sqrt{f'_c}$时，加载周期超过14.5万次后箱梁出现疲劳破坏。Naaman和Founas[178]研究了随机变幅疲劳荷载作用下PPC梁的疲劳性能，进行了26片梁的随机变幅疲劳试验。Higgins等[179,180]对多座腹板出现斜裂缝的在役PC梁桥进行了反复荷载作用下实桥和模型梁的疲劳试验，发现黏结劣化加速了斜裂缝的发展，并根据高周疲劳破坏结果对开裂后的桥梁抗剪承载力进行预测。赵灿晖等[181]研究了无黏结部分预应力混凝土(PPC)梁的抗剪强度随疲劳次数的衰减规律；发现重复荷载作用下无黏结PPC梁的斜截面破坏过程及破坏现象与有黏结PPC梁相比并无明显差别，但强度衰减较快；在此基础上提出了箍筋应力的计算公式。赵顺波等[182]分析了循环次数等因素对预应力钢纤维混凝土梁剪压区混凝土应变、箍筋应变、斜裂缝分布形状与开展宽度及斜裂缝抗疲劳性能的影响规律，提出了耐疲劳的验算方法。这些试验分别从不同预应力度、不同配筋、不同截面形式、不同高跨比、等幅和变幅等角度研究了PC梁反复加载下的疲劳性能，但是鲜见索支撑梁构件的反复加载试验报道。

而在斜拉桥疲劳试验方面,王春生、付炳宁等[183]以某大跨径斜拉桥采用的正交异性钢桥面板为工程背景,进行钢桥面板疲劳性能试验研究,足尺疲劳试验循环次数累积达到1020万次。叶华文、徐勋等[184]对由盖板、板肋和横隔板组成的箱形正交异性钢桥面板模型进行了疲劳试验分析。周建林、刘晓光等[185]以苏通大桥钢箱梁桥面板为研究对象,选取关键构造细节,开展桥面板疲劳性能试验研究。荣振环、张玉玲等[186]运用有限元分析软件ANSYS和焊接疲劳试验方法,对正交异性板关键焊接部位(槽型闭口肋嵌补段对接处及闭口肋与横梁焊接处)的疲劳性能进行研究。闫云友、宋强等[187]进行了超大孔位拉索组件疲劳试验研究。王丽、张玉玲[188]针对斜拉桥新型关键疲劳构造细节,包括索梁锚固结构焊缝剪切构造和桥面系纵横梁栓焊混合接头进行疲劳试验。苏庆田、吴冲等[189]对上海长江大桥采用的钢锚箱式索梁锚固区进行了循环荷载作用下钢锚箱式索梁锚固结构的抗疲劳性能试验。杨胜启、蒲黔辉等[194]对混合梁桥的钢-混凝土结合段进行了疲劳试验研究。这些试验均围绕斜拉桥的钢结构局部构件进行,没有涉及斜拉桥混凝土体系疲劳问题的研究。斜拉桥作为一种索-梁-塔组合体系的桥梁,结构复杂、超静定次数多,设计并开展室内的体系试验研究非常困难。但是,其组合体系的疲劳性能(特别在长索、跨中区域)仍然需要研究和设计人员掌握。

1.6 部分预应力混凝土斜拉桥的主要研究内容

国内外学者对混凝土斜拉桥的研究已经取得了丰富的成果,为进一步研究部分预应力混凝土斜拉桥力学性能奠定了很好的基础。1982年,日本的新渡大桥[83](主跨93.75m)率先将部分预应力理论引入到斜拉桥的设计中。武汉长江公路大桥[84]在设计时原本是按全预应力混凝土设计,但在设计过程中为解决主加附组合下跨中下缘拉应力过大等问题全桥统一按部分预应力原则进行设计,减少了梁部分预应力筋束数,增加了普通钢筋的含量,从总体上改善了结构的性能。东莞市南阁大桥[85](主跨108m)为斜拉桥,首次采用装配式主梁和部分预应力技术来建造,其结构受力合理,反拱小,使用性能好。

但是目前在我国,部分预应力混凝土大多仍用在中小跨度的简支梁中,斜拉桥与部分预应力混凝土结合的应用较少,对这种结构的研究也较少。若混凝土斜拉桥中主梁采用部分预应力结构,还有以下问题需要进一步研究[86]:

(1)对于大跨度桥梁,部分预应力混凝土结构易开裂,裂缝的宽度如何控制,开裂后裂纹是否稳定,对结构的变形和受力性能有何影响[87,88]。

(2)主梁的预应力减小是否会大量增加非预应力筋的数量[89],主梁的预应力度和抗弯能力对斜拉桥整体极限承载力的影响如何。

(3)部分预应力混凝土斜拉桥的主梁合理成桥状态有何特殊要求;部分预应力混凝土斜拉桥主梁截面的应力合理取值范围。

(4)部分预应力混凝土斜拉桥的主梁开裂后疲劳应力迅速增长,PPC结构的疲劳问题是否突出。

本书针对以上问题,以研究部分预应力在混凝土斜拉桥中应用的可行性,探索其非线性性能和相应的设计计算方法,主要内容包括:

(1)提出混凝土斜拉桥主梁的部分梁段在部分荷载作用下采用部分预应力混凝土的设计理念。

通过对全预应力混凝土设计和斜拉桥受力特点的综合评述,提出将部分预应力设计用于自重效应比重较小、活载效应比重较大、大部分区间压应力足够的斜拉桥,能改善整体受力性能,节约成本,简化施工,同时又不影响其正常使用要求和结构安全。

(2)建立混凝土桥梁材料非线性计算模型。

选取合适的材料本构关系,推导开裂混凝土截面的中性轴和计算参考轴之间的相对关系,提出了基于带刚臂的分层梁单元法,可以跟踪混凝土开裂、裂缝发展和截面刚度衰减全过程,在此基础上编制相应的非线性计算程序,并通过与实测数据对比验证了程序的正确性[90]。

(3)研究混凝土斜拉桥开裂后非线性性能和内力重分布规律。

根据混凝土斜拉桥施工特点,开发整套能模拟施工过程和考虑混凝土收缩、徐变和开裂的材料非线性分析的计算程序;以成桥阶段分析模型为基础,研究混凝土在承受超载开裂后的非线性性能;研究混凝土主梁开裂引起的斜拉桥主梁弯矩和斜拉索索力重分布规律;研究不同预应力度和配筋率等参数对斜拉桥正常使用和承载能力的影响规律。

(4)部分预应力混凝土斜拉桥模型试验研究。

通过对斜拉桥主梁受力特点的仿真分析,初步探明模型简化方法、局部模型误差和相关设计参数对试验结果的影响,并基于相似理论,设计局部节段模型;进行正常使用状态下索力变化、主梁的应力水平、裂缝的分布和发展情况等性能的测试;在完成正常使用状态下的各种性能试验的模型上,进行极限承载力试验,通过逐级加载,观察混凝土斜拉桥主梁在各级荷载作用下应力、挠度、裂缝变化的全过程和结构的极限承载能力等性能,并验证理论研究成果的正确性。

(5)部分预应力混凝土斜拉桥设计方法研究。

建议控制混凝土斜拉桥主梁拉、压应力界限,基于应力平衡法确定部分预应力混凝土斜拉桥主梁合理状态;提出根据控制裂缝宽度进行部分预应力估算、预应力筋布束方法和混凝土斜拉桥主梁设计步骤,并在此基础上结合实例提出简化设计的计算方法。

(6)PC斜拉桥节段模型加固试验及基于ABAQUS的CDP模型有限元模拟。

对破坏主梁进行局部加固后再进行与原主梁相同工况加载。对试验过程中的位移、索力裂缝发展情况进行监测,对前后两次试验现象和结果进行对比,研究了局部加固处理对由于重载严重破坏的PC斜拉桥主梁的影响。编者还结合ABAQUS中的模型建立有限元分析模型并进行比对,在混凝土非线性分析中引入损伤因子,分析了混凝土斜拉桥主梁损伤变化规律。

(7)研究考虑随机车流密集程度的斜拉桥 PPC 主梁疲劳可靠度。

以某主跨 420m 的混凝土斜拉桥为工程背景,分析部分预应力对斜拉桥主梁成桥状态静力的影响;采用元胞自动机模拟稀疏与密集随机车流,分析车流密集程度对斜拉桥疲劳应力谱的影响;研究了部分预应力对主梁疲劳可靠度的影响。

第2章　混凝土斜拉桥非线性计算方法

全预应力混凝土斜拉桥在使用荷载作用下不出现裂缝，其工作性能属于弹性范围，因此以往对桥梁结构的分析主要采用线性计算理论，施工阶段结构体系变化时受力和变形的累加采用线性叠加原理。结构的线性假设只是分析结构实际问题的一种简化，要满足这些假设就必须满足一些基本假定：①材料的本构（应力-应变）关系是线性关系；②几何（应变-位移）关系是线性的；③小应变；④加载过程中边界条件的性质保持不变。虽然简化计算结果和实际情况有误差，但是这种误差还在可接受范围内。然而对于部分预应力混凝土结构，由于在使用荷载作用下允许带裂缝工作，已处于非线性工作状态，因而必须考虑其材料非线性。

材料非线性的考虑方法主要根据已选取单元模式及材料类型决定。总的来说，在非线性分析的单元模式选取方面，体单元、壳单元、平面单元的计算结果精确，能考虑多种复杂受力情况，但是节点多、单元多、工作量大，不适合用于大跨度桥梁结构的整体分析。相比之下，选择梁单元可以克服前述缺点，而且既能在保证计算精度的前提下简化计算工作量，又能方便考虑施工过程、收缩徐变、荷载组合等桥梁专业计算功能，因而被更多地用于桥梁工程计算。

在选用梁单元进行分析时，带塑性铰的梁单元、不分层的等参梁单元和分层梁单元都可以用来进行混凝土材料的塑性分析。塑性铰法利用塑性铰来修正杆件进入塑性区后的刚度，但是无法考虑混凝土开裂以及开裂后截面中性轴的移动和钢筋屈服后的状态对结构行为的影响。不分层的等参梁单元通过对梁轴向和横断面上一定数量的高斯点进行高斯积分从而形成单元刚度矩阵，但是不能考虑形状不规则或有不同材质的截面形式。D. R. J. Owen 和 E. Hinton 采用分层梁单元，把原来需要多个单元才能进行分析的多层材料看成一个单元内部的层，将单元的刚度矩阵写成显式来分析铁木辛柯（Timoshenko）梁，计算精度有所保证的同时，计算规模也不会增大太多，对材料的模式也没有什么限制，但是它只分析了拉压性能相同的钢结构的弹塑性，对于混凝土则是采用壳单元、体单元进行材料非线性分析。

采用梁单元对钢筋混凝土构件进行非线性分析，用 $M\text{-}N\text{-}\varphi$ 关系进行全过程分析是一种非常有效的方法。但是该方法对于混凝土的开裂、断面进入塑性后的应力和应变计算比较困难，而且在对不规则截面进行计算[91,92]时要考虑不同中性轴位置对截面内力积分的影响，因而计算过程比较烦琐，在求解 $M\text{-}N\text{-}\varphi$ 关系时有时会出现死循环或者“溢出”。W. B. Cranston 迭代法可以提高迭代效率,但还是会出现不收敛的现象,Yen 提出的 Quasi-Newton 迭代法可以实现多个变量同时快速收敛,但是计算效率也部分依赖于迭代初值的选择。

混凝土单元出现裂缝后,中性轴上移,偏离了原计算参考轴(初始形心轴),导致简化的计算图示与实际结构物不相符合。对于没有轴压力作用的简支梁桥,截面的弯矩相对任意参考轴都相等因而并不影响计算;对于既有轴压力又有弯矩作用的构件,如混凝土框架或斜拉桥等结构,这一偏移会影响不平衡力的计算从而产生误差。为了平衡计算精度与效率的矛盾,并正确揭示裂缝宏观发展和刚度变化规律,编者在分层梁单元的基础上,从不平衡力的计算入手,推导了杆端力和截面刚度在计算参考轴和截面形心轴之间的相互转换关系,提出带刚臂的平面分层梁元法[90,191]。具体做法是将由于混凝土开裂而上移的截面形心轴相对原计算参考轴(即初始形心轴)之间的偏移模拟成长度可变的刚臂,迭代过程中截面应变-应力分布、不平衡力和截面刚度仍以参考轴为基准,而截面的内力则以开裂截面的轴线为基准。

2.1 计算方法

带刚臂的分层梁单元法基本内容包括了分层梁单元计算假定、带刚臂梁单元的基本原理、材料本构模型考虑、不平衡力精细计算、非线性问题求解的收敛准则及程序实现等。

2.1.1 基本假定

分层梁单元是把截面分成很多层,钢筋按其位置和面积单独划分为等效钢筋层(图 2-1)。由每一层的应力确定该层的切线模量、抗压刚度和抗弯刚度,从而修正单元的刚度。为简化分析,计算中作了以下假定:

(1)平截面假定;

(2)梁单元长度足够短,每个单元各层应力、应变沿轴向不变(大小为该层平均应变);

(3)不考虑钢筋和混凝土的滑移。

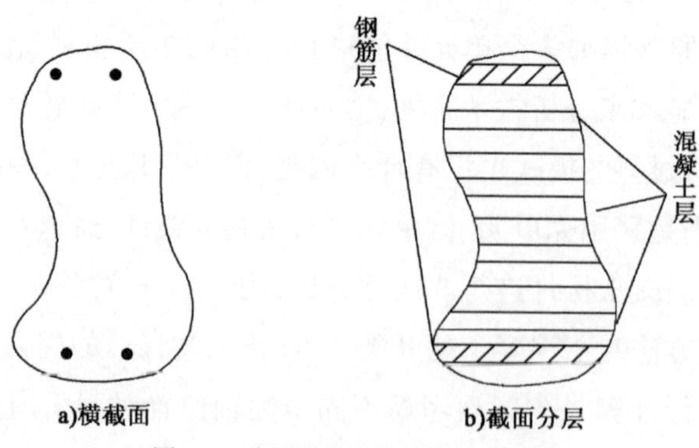

图 2-1　分层梁单元简化模型示意图

2.1.2　带刚臂梁单元的基本原理

在分析中节点和荷载作用的位置不随加载过程改变，而裂缝会导致形心移动，单元刚度矩阵中的 EI 和 EA 也会发生变化。将节点和形心通过刚臂相连的做法保证了两者之间力和位移的协调关系。

如图 2-2 所示的某单元，i、j 为节点，刚臂的另一端即内节点 a、b 为始末端截面开裂后的形心位置。设 i 节点在坐标系 $\bar{x}\bar{y}$ 中的位移向量为 $\{\delta_{\mathrm{i}}\} = \{\overline{u_{\mathrm{i}}} \quad \overline{v_{\mathrm{i}}} \quad \overline{\varphi_{\mathrm{i}}}\}^T$，$a$ 点在坐标系 $x'y'$ 中位移向量为 $\{\delta'_{\mathrm{a}}\} = \{u'_{\mathrm{a}} \quad v'_{\mathrm{a}} \quad \varphi'_{\mathrm{a}}\}^T$，刚臂 ai、bj 的长度分别是 y_{a}、y_{b}。

由刚臂受力后只产生刚体运动而本身不变形的特点可知，当 i 点发生平行移动时，a 点的位移与之相同，仅需进行坐标转换到 $x'y'$ 坐标系中：

$$\{u'_{\mathrm{a}} \quad v'_{\mathrm{a}}\}^T = [\lambda]\{\bar{u}_{\mathrm{i}} \quad \bar{v}_{\mathrm{i}}\}^T \tag{2-1}$$

式中，

$$[\lambda] = \begin{bmatrix} \cos\beta & \sin\beta \\ -\sin\beta & \cos\beta \end{bmatrix} \tag{2-2}$$

当 i 点发生角位移 $\overline{\varphi_i}$（逆时针为正）时，根据平截面假定，刚臂 ia 的位置转至 ia'（图 2-3），引起 a 点在 $x'y'$ 坐标下的位移为：

$$\{u'_{\mathrm{a}} \quad v'_{\mathrm{a}}\}^T = [\lambda]\{\overline{u_{\mathrm{i}}} \quad \overline{v_{\mathrm{i}}}\}^T = [\lambda]\{-\overline{y_{\mathrm{a}}}\,\overline{\varphi_{\mathrm{i}}} \quad 0\}^T \tag{2-3}$$

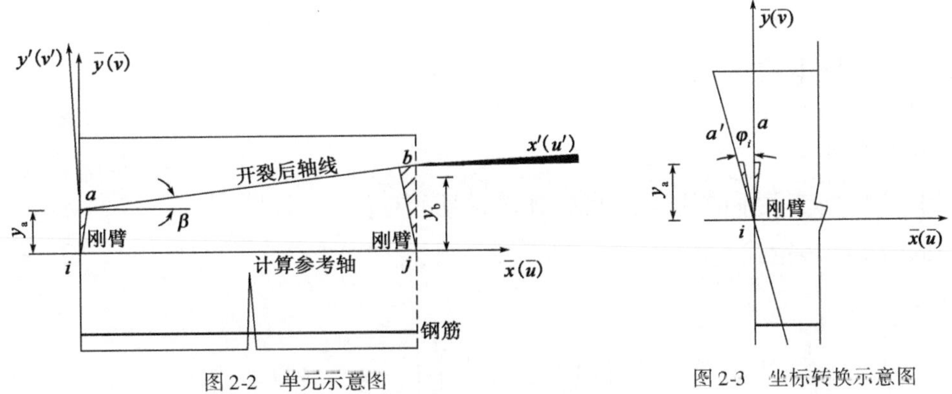

图 2-2　单元示意图

图 2-3　坐标转换示意图

又因为截面转动角度在两个坐标相等，即 $\varphi'_{\mathrm{a}} = \overline{\varphi_{\mathrm{i}}}$，故：

$$\{\delta'_{\mathrm{a}}\} = \begin{bmatrix} [\lambda] & [\xi_{\mathrm{a}}] \\ 0 & 1 \end{bmatrix} \begin{Bmatrix} \overline{u_{\mathrm{i}}} \\ \overline{v_{\mathrm{i}}} \\ \overline{\varphi_{\mathrm{i}}} \end{Bmatrix} = [A_{\mathrm{i}}]\{\overline{\delta_{\mathrm{i}}}\} \tag{2-4}$$

同理

$$\{\delta'_b\} = \begin{bmatrix} [\lambda] & \{\zeta_b\} \\ 0 & 1 \end{bmatrix} \begin{Bmatrix} \bar{u}_j \\ \bar{v}_j \\ \bar{\varphi}_j \end{Bmatrix} = [A_i]\{\bar{\delta}_i\} \tag{2-5}$$

即 a、b 的位移与杆单元节点 i、j 上的位移间的关系为：

$$\begin{Bmatrix} \delta'_a \\ \delta'_b \end{Bmatrix} = \begin{bmatrix} A_i & 0 \\ 0 & A_j \end{bmatrix} \begin{Bmatrix} \bar{\delta}_i \\ \bar{\delta}_j \end{Bmatrix} = [A_i]\{\bar{\delta}_i\}^e \tag{2-6}$$

进一步由虚功原理可得 i、j 上的杆端力 $\{\bar{F}\}^e$ 与 a、b 端的杆端力 $\{F'\}^e$ 之间的关系：

$$\{\bar{F}\}^e = [A]^T\{F'\}^e \tag{2-7}$$

从局部坐标 $x'y'$ 转换到 $\bar{x}\bar{y}$，单元 ij 的单元刚度矩阵 $[K']^e$ 和 $[\bar{K}]^e$ 之间的关系为：

$$[\bar{K}]^e = [A]^T[K']^e[A] \tag{2-8}$$

根据假定(2)，单元内应力、应变沿轴向长度方向大小不变，相当于单元轴向只取一个高斯点，即 $\beta=0$，$y_a=y_b$，故

$$[A_i] = \begin{bmatrix} 1 & 0 & -\bar{y}_a \\ 0 & 1 & 0 \\ 0 & 0 & 1 \end{bmatrix} = [A_j] = \begin{bmatrix} 1 & 0 & -\bar{y}_b \\ 0 & 1 & 0 \\ 0 & 0 & 1 \end{bmatrix} \tag{2-9}$$

2.1.3 材料本构关系

1. 混凝土本构关系

混凝土应力-应变关系的数学表达式，比较常见的有：

(1) Hognestad 表达式

上升段：

$$\sigma = \sigma_0\left[2\left(\frac{\varepsilon}{\varepsilon_0}\right) - \left(\frac{\varepsilon}{\varepsilon_0}\right)^2\right] \quad (\varepsilon \leqslant \varepsilon_0) \tag{2-10}$$

下降段：

$$\sigma = \sigma_0\left[1 - 0.15\left(\frac{\varepsilon - \varepsilon_0}{\varepsilon_u - \varepsilon_0}\right)\right] \quad (\varepsilon < \varepsilon_0 < \varepsilon_u) \tag{2-11}$$

Hognestad 建议理论分析时 $\varepsilon_u=0.0038$，$\varepsilon_0=2\left(\frac{\sigma_0}{E_0}\right)$，$E_0$ 为初始弹性模量。

（2）Saenz 表达式

$$\sigma = \frac{E_0\varepsilon}{1 + \left(\frac{E_0}{E_s} - 2\right)\left(\frac{\varepsilon}{\varepsilon_0}\right) + \left(\frac{\varepsilon}{\varepsilon_0}\right)^2} \tag{2-12}$$

式中：E_0——初始弹性模量；

E_s——$E_s = \sigma_0/\varepsilon_0$，应力达峰值时的割线弹性模量；

σ_0、ε_0——达峰值时的应力及其对应应变。

（3）Sargin 公式

$$\sigma = k_3 f_c \frac{A\left(\frac{\varepsilon}{\varepsilon_0}\right) + (D-1)\left(\frac{\varepsilon}{\varepsilon_0}\right)^2}{1 + (A-2)\left(\frac{\varepsilon}{\varepsilon_0}\right) + D\left(\frac{\varepsilon}{\varepsilon_0}\right)^2} \tag{2-13}$$

式中：A——$A = E_0/E_s$，其中 E_0 为混凝土初始弹性模量，$E_s = \sigma_0/\varepsilon_0$，应力达峰值时的割线弹性模量；

k_3——$k_3 = \sigma_0/f_c$，侧限对强度的影响系数；

D——影响下降段的参数。

为简化计算，忽略下降段，混凝土受压区的应力-应变关系采用 Hognestad 曲线，受拉区的应力-应变关系简化为线性关系，见式（2-14），如图 2-4所示。

$$\begin{cases} \sigma = \sigma_0\left[2\left(\frac{\varepsilon}{\varepsilon_0}\right) - \left(\frac{\varepsilon}{\varepsilon_0}\right)^2\right] & (\varepsilon_0 \leqslant \varepsilon < 0) \\ \sigma = \sigma_0 & (\varepsilon_u < \varepsilon < \varepsilon_0) \\ \sigma = E_0\varepsilon & (0 < \varepsilon < \varepsilon_1) \\ \sigma = 0 & (\varepsilon_1 \leqslant \varepsilon) \end{cases} \tag{2-14}$$

式中：ε_0——混凝土刚达到抗压强度时对应的应变；

ε_u——极限压应变；

ε_1——极限拉应变。

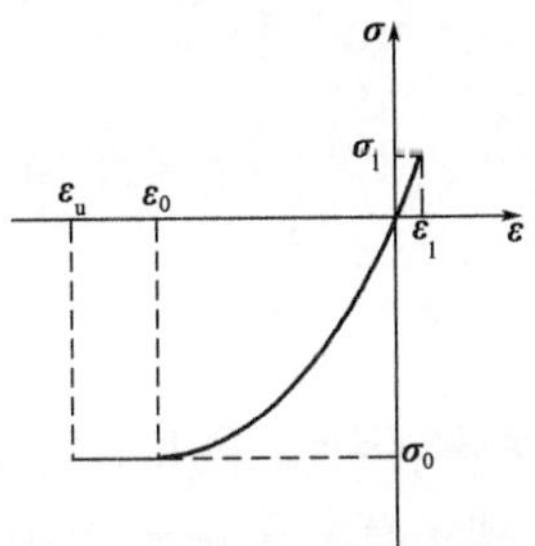

图 2-4　混凝土材料本构关系

2. 钢筋本构关系

常见的钢筋本构关系有理想弹塑性模型[图 2-5a)]、双折线弹塑性模型[图 2-5b)]、硬化弹塑性模型[图 2-5c)]和弹性-理想塑性-硬化模型[图 2-5d)]。

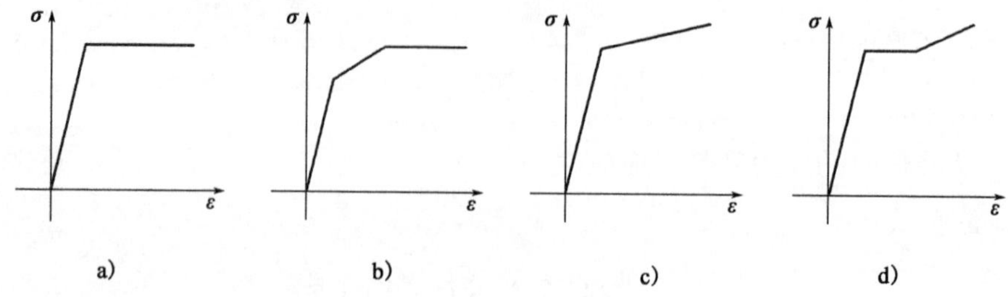

图 2-5 钢筋应力-应变关系

普通钢筋的非线性关系采用图 2-6 所示的双折线表示[式(2-15)]:

$$\begin{cases}\sigma = E\varepsilon & (|\varepsilon| \leqslant |\varepsilon_s|) \\ \sigma = \sigma_s + E_T(\varepsilon - \varepsilon_s) & (\varepsilon > \varepsilon_s) \\ \sigma = -\sigma_s + E_T(\varepsilon + \varepsilon_s) & (\varepsilon < -\varepsilon_s)\end{cases} \tag{2-15}$$

式中:ε_s——屈服应变;

σ_s——屈服应力;

E_T——屈服后切线弹性模量(取 0.001)。

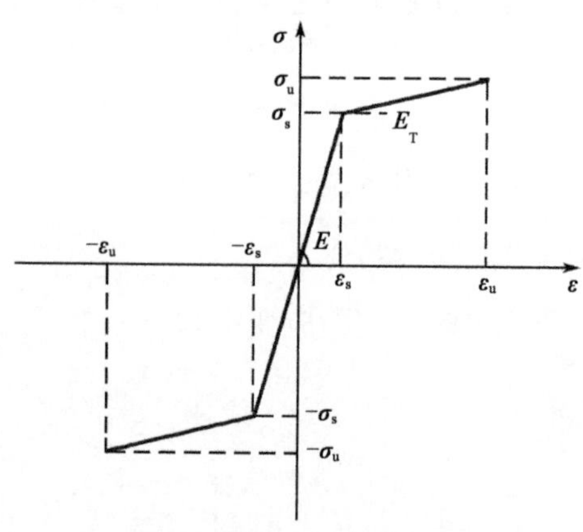

图 2-6 钢筋材料本构关系

2.1.4 不平衡力精细计算

不平衡力计算是非线性计算的关键,因此,采用全量列式法计算不平衡力。当参考轴和截面形心轴发生偏移时,在 a、b 上的杆端力是截面的真实内力,而每一次迭代后,不平衡力仍应以计算参考轴 i、j 为基准。具体计算方法如下:

(1)进行第 r 步计算后,根据当前荷载 f^e 和结构刚度,计算出单元在截止到当前计算阶段的迭代步所得参考轴处应变 $\overline{\varepsilon}$ 总量和曲率 φ 总量:

$$\varphi^r = \varphi^{r-1} + (\Delta\theta_j - \Delta\theta_i)/l, \overline{\varepsilon}^r = \overline{\varepsilon}^{r-1} + (\Delta u_j - \Delta u_i)/l \tag{2-16}$$

(2)如图2-7所示,y_0 为计算参考轴(初始形心轴)距截面下边缘高度,y_i 为各层中心距截面下边缘高度,计算每一层的应变 $\varepsilon_i^r = \overline{\varepsilon}^r + \varphi^r(y_i - y_0)$。

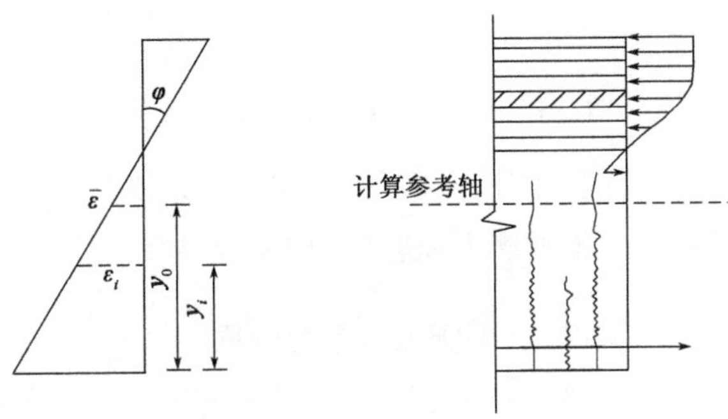

图2-7　单元应变、应力分布示意图

根据材料的本构关系,可得到每一层的切线弹性模量 $E_i^r(\varepsilon_i)$、应力 $\sigma_i^r(\varepsilon_i)$。

(3)单元在局部坐标 $x'y'$ 下的单元刚度矩阵 $[\boldsymbol{K}']^e$ 元素的计算:

混凝土开裂后,截面的形心已移至距混凝土下边缘 $\overline{y}^r$ 处:

$$\overline{y}^r = \frac{\sum E_i^r A_i y_i}{\sum E_i^r A_i} \tag{2-17}$$

此时 $EI = \sum E_i^r A_i (y_i - \overline{y}^r)^2, EA = \sum E_i^r A_i$。

当前截面形心和原计算参考轴之间的距离,即刚臂长度 $y_a = y_b = (\overline{y}^r - y_0)$。

(4)根据式(2-8)计算局部坐标 $\overline{x}$、$\overline{y}$ 下的单元刚度矩阵 $[\overline{\boldsymbol{K}}]^{er}$。

(5)计算截面应力对参考轴的合力:

$$M = \sum \sigma_i^r(\varepsilon_i) A_i (y_i - y_0) \tag{2-18}$$

$$F_x = \sum \sigma_i^r(\varepsilon_i) A_i \tag{2-19}$$

等效节点力 $p^e = \left\{ -F_x F_f - M + F_y \cdot \frac{1}{2} F_x - F_f M + F_y \cdot \frac{1}{2} \right\}$;

(6)不平衡力 $[\boldsymbol{\eta}^e]^r = p^e - f^e$。

2.1.5　非线性问题求解的收敛准则

在非线性问题增量形式的迭代计算中,必须确定迭代的收敛准则,即给出解的计算精度要求。若收敛准则选择不合适,则计算误差大,甚至会出现计算失败。实际运用中,常见的收敛准则有：

(1)位移收敛准则：

$$\| \delta_i - \delta_{i-1} \|_2 \leqslant \alpha_\delta \| \delta_i \|_2 \tag{2-20}$$

(2)不平衡力收敛准则：

$$\| F_i - F_{i-1} \|_2 \leqslant \alpha_F \| F_i \|_2 \tag{2-21}$$

(3)能量收敛准则：

$$(\delta_i - \delta_{i-1})^T \cdot (F_i - F_{i-1}) \leqslant \alpha_E (\delta_i)^T \cdot F_i \tag{2-22}$$

上述各式中，δ_i 为第 i 步迭代的结构位移列向量；F_i 为某级荷载作用下第 i 步迭代后的节点不平衡力向量；α 分别为位移、不平衡力和能量的收敛容差。

本计算采用了不平衡力收敛准则，即满足残余力的模 $\frac{\| F_i - F_{i-1} \|_2}{\| F_i \|_2} \leqslant \alpha_F$ 的要求。

2.1.6 混凝土梁非线性程序实现

本计算采用 Euler-Bernoulli 梁，根据其假定，弹性范围内的横向挠度为：

$$\omega = \frac{ql^4}{24EI}\left\{\left[\left(\frac{x}{l}\right)^4 - \frac{3}{2}\left(\frac{x}{l}\right)^2 + \frac{5}{16}\right]\right\} \tag{2-23}$$

梁单元的刚度矩阵为：

$$[\boldsymbol{K}]^e = \begin{bmatrix} \frac{EA}{L} & & & & & \\ 0 & \frac{12EI}{L^3} & & & & \\ 0 & \frac{-6EI}{L^2} & \frac{4EI}{L} & & & \\ -\frac{EA}{L} & 0 & 0 & \frac{EA}{L} & & \\ 0 & \frac{-12EI}{L^3} & \frac{6EI}{L^2} & 0 & \frac{12EI}{L^3} & \\ 0 & \frac{-6EI}{L^2} & \frac{2EI}{L} & 0 & \frac{6EI}{L^2} & \frac{4EI}{L} \end{bmatrix} \tag{2-24}$$

计算网格确定好后单元长度 L 无须改变，因此要不断修正确定单元刚度矩阵，只需确定 EI、EA 在不同时刻的值即可。由前文分析可知，确定截面中性轴的高度后，参数 EI、EA 随之确定。这样一来，用梁单元进行材料非线性分析的过程便是根据当前节点位移不停计算中性轴的位置，从而确定 EI、EA 和单元刚度矩阵的过程。

根据以上假定和基本理论，编者在 Visual Fortran 编译平台下编制了相应的计算程序，以计算分析钢筋混凝土梁从开始受力直至破坏的全过程。程序的结构组成包括 10 个模块，每个模块具有不同的运算功能，模块本身由一个或多个子程序组成，整个程序由 1 个主程序和 21 个子程序组成。非线性程序计算框图如图 2-8 所示。

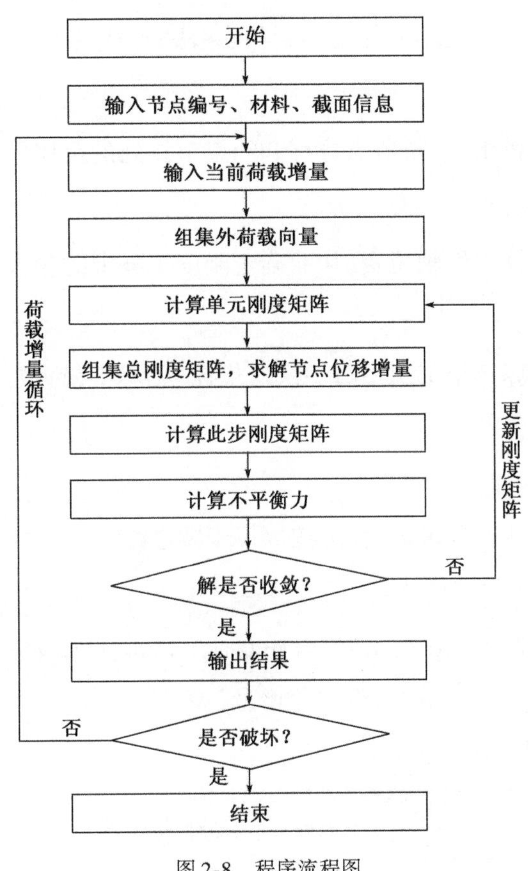

图 2-8　程序流程图

1. 初始化模块

计算开始时，将所有使用的数组和变量赋初值。

2. 总体数据输入和输出模块

桥梁整体结构输入时需要确定桥梁几何形状的数据、边界条件信息、材料特性等，并对数据进行检查。输出关心位置应力、应变、内力、位移等数据。

3. 荷载增量模块

计算每一工况下外荷载增量。

4. 工况数据输入模块

按照施工工况顺序依次输入每个工况中出现的混凝土单元、约束自由度信息，以及荷载情况(包括自重、施工荷载等)。

5. 分层数据模块

对每一类型单元截面进行划分,存储每一层的宽度、高度和材料特性号。

6. 刚度计算模块

根据当前计算参数组集单元刚度并按“对号入座法”形成总刚度矩阵。

7. 求解模块

按高斯消元法求解方程组,获得节点位移和约束节点处的反作用力。

8. 中性轴位置计算模块

根据当前单元形变计算中性轴位置,从而确定刚度矩阵中的参数 EI、EA 值。

9. 残余力模块

根据前述计算步骤计算每个工况中每一次迭代计算“不平衡力”。

10. 收敛模块

检验非线性求解结果的收敛性。

按以上程序进行非线性方程求解时,可按以下步骤进行:

(1)开始时按增量加载 $f=f+\Delta f$;

(2)重新计算单元切线刚度矩阵 $[\overline{\boldsymbol{K}}]^{er}$,并组集成总刚度矩阵 $[\boldsymbol{K}]^{r}$;

(3)求解方程 $\{\Delta f\}=[K]^{r}\{\Delta\delta^{e}\}^{r}$,得位移增量 $\{\Delta\delta^{e}\}^{r}$;

(4)计算每一截面处不平衡力 $[\boldsymbol{\eta}^{e}]^{r}$;

(5)检查残余力的模 $\sqrt{\dfrac{\sum_{i=1}^{N}(\eta_i{}^{r})^2}{\sum_{i=1}^{N}(f_i{}^{r})^2}}\times 100\leqslant$ 收敛准则是否成立,若收敛,转到步骤(1),进行下一荷载步计算,否则转到步骤(2),继续计算。

2.2 算例及试验验证

为验证程序的正确性,本算例首先选择了参考文献 93、94 和 109 提供的算例 1 和算例 2,对比分析了钢筋混凝土简支梁跨中截面的荷载-挠度关系和中性轴变化情况,对比计算了施加不同轴压力的简支梁的破坏全过程;然后以在实验室内开展的一组预应力混凝土 T 梁的加载试验为基础,对比分析了弹性和带裂缝阶段的荷载-跨中挠度关系。

2.2.1 算例 1

对参考文献 93 和 94 中的一根试验梁(L3-4)进行分析。试件为矩形截面,尺寸为 12cm ×

20cm。试验时在两个三分点施加集中力 P,试验梁两端布有箍筋,以防发生剪切破坏(图 2-9)。

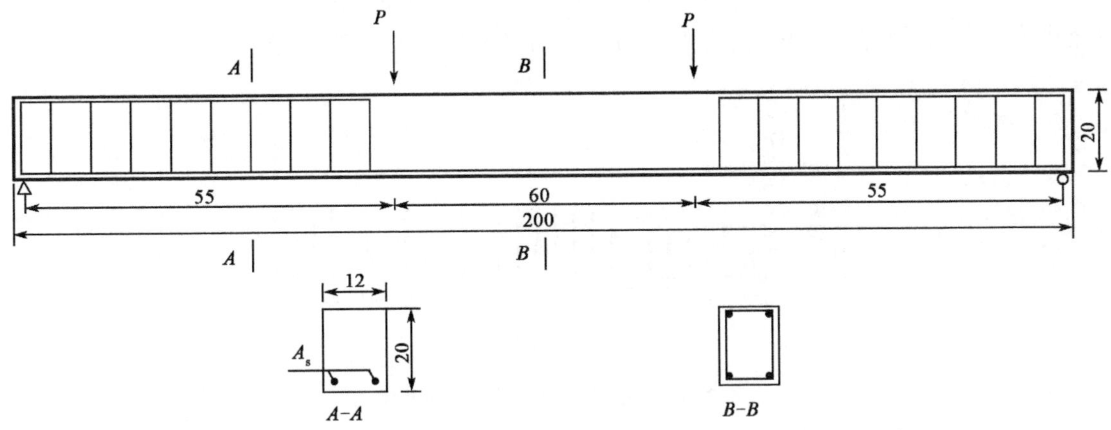

图 2-9　试验梁加载模型图(尺寸单位:cm)

试验梁材料参数:混凝土抗压强度 $f_c' = 21.9\text{MPa}$,单轴峰值应力时的应变 $\varepsilon_c = 0.002$,极限应变 $\varepsilon_u = 0.003$;纵向受拉钢筋总面积 2.26cm^2,受拉钢筋屈服强度 $f_s = 368.1\text{MPa}$。

本算例把试验梁沿长度方向均匀划分为 20 个单元,每个单元沿高度方向分成 8 层(其中 1 层钢筋层,7 层混凝土层)对试验梁进行了材料非线性分析。计算时,每一级荷载 P 增量为 1kN,跟踪全梁混凝土开裂、钢筋屈服直至结构破坏过程,绘得荷载-跨中挠度曲线,如图 2-10 所示。

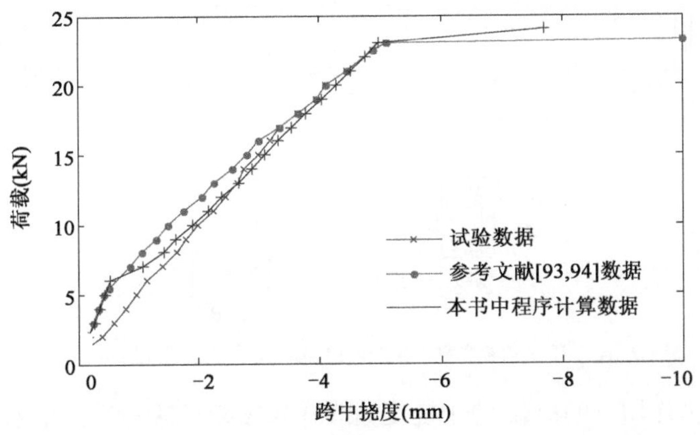

图 2-10　荷载-跨中挠度曲线程序和试验结果对比图

从计算结果看,当加载至 7kN 时,纯弯段出现裂缝,梁的刚度迅速下降,荷载-跨中挠度曲线出现明显折点;加载至 24kN 时,钢筋达到抗拉强度;继续加载,梁很快破坏。

从以上对比数据可以看出,本书程序计算数据和参考文献 93 和 94 中程序计算值相比,开裂荷载接近,开裂后梁的刚度变化趋势相同,计算出的破坏荷载与理论计算荷载相差 4.8%,较为准确地模拟了结构破坏过程。

计算出的跨中截面中性轴高度随荷载变化曲线如图2-11所示。随着开裂层数的增加，中性轴高度总体呈上升趋势。随着荷载的增加，跨中截面下缘开裂的混凝土层数越来越多，中性轴逐渐向上移动，到结构破坏时，跨中截面中性轴移至距底边0.78h(156.6mm)附近。

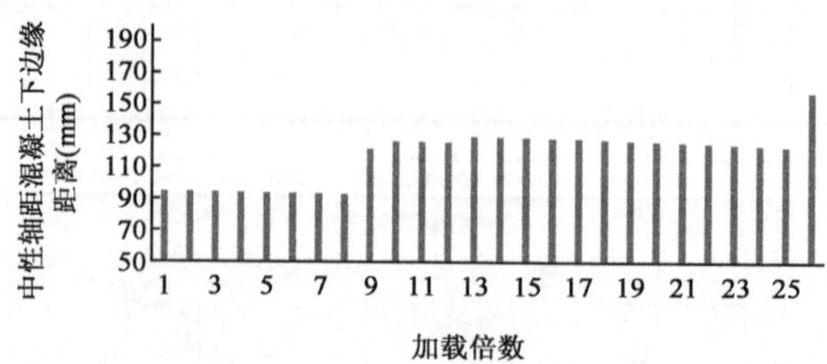

图2-11　跨中截面中性轴随荷载变化图

2.2.2　算例2

选取参考文献109中的两根试验梁Ⅰ-1(施加轴压力6t)和Ⅱ-4(施加轴压力15t)进行对比分析。试件为矩形截面，尺寸为15cm×20cm(图2-12)。混凝土材料参数：抗压强度f'_c=26.8MPa，单轴峰值应力时的应变$\varepsilon_c=0.002$，极限应变$\varepsilon_u=0.003$，纵向受拉钢筋总面积为2.26cm^2，抗拉强度$f_s=326.0$MPa。

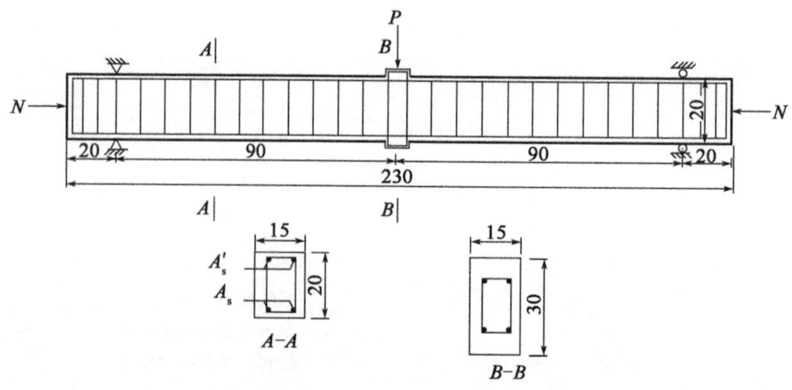

图2-12　参考文献109中的模型试验梁(尺寸单位：cm)

计算不同轴压力作用下的荷载-跨中挠度曲线并与参考文献109中的数据进行对比(图2-13、图2-14)。

由以上计算结果可知，在不同的轴压力作用下，整体工作阶段和带裂缝工作阶段，用本书中的计算方法得到的荷载-跨中挠度曲线与参考文献109的挠度曲线及试验结果非常接近。因此，利用本书中的计算方法计算开裂截面的刚度和变形有足够的精度和计算效率。

在此基础上，如有实测预应力筋的材料本构关系，该方法也可用于预应力混凝土梁的非线性计算。

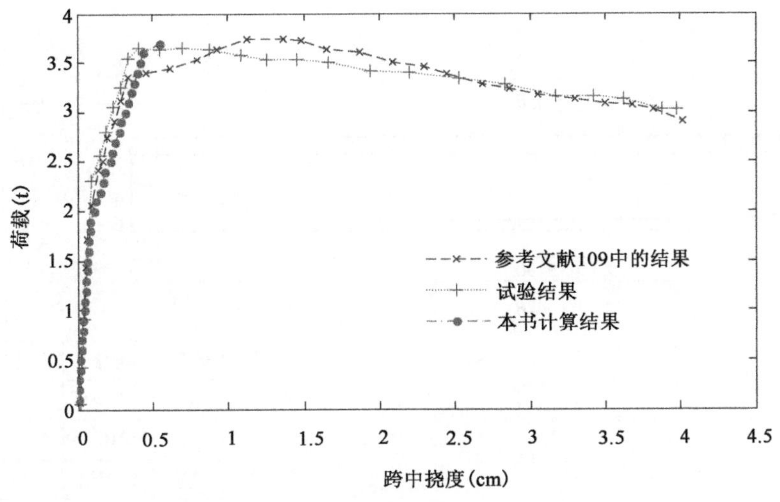

图 2-13　梁Ⅰ-1 荷载-跨中挠度曲线(轴压力 6t)

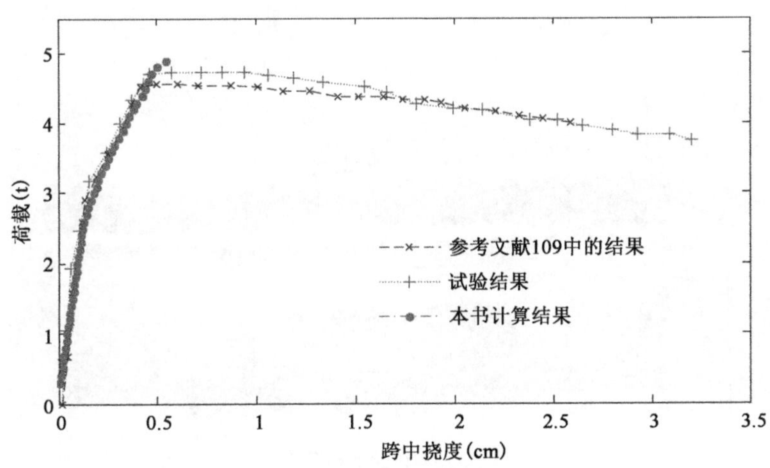

图 2-14　梁Ⅱ-4 荷载-跨中挠度曲线(轴压力 15t)

2.2.3　试验验证

为了进一步验证程序算法的可靠性,结合实验室制作的一组缩尺无黏结曲线预应力混凝土 T 梁进行加载试验。梁实际长度为 5.7m,计算跨径为 5.5m,采用 C50 混凝土,实测 $E_c = 3.345 \times 10^4$MPa。1 根 7φ5 钢绞线,张拉力为 30kN,预应力筋弹性模量 $E_p = 1.95 \times 10^5$MPa。纵向普通钢筋采用 HRB335 钢筋,$E_s = 2.0 \times 10^5$MPa(图 2-15、图 2-16)。

考虑到后期动测测试方法的特殊性,采用砝码堆载的加载方案。开裂荷载理论值为 10.110kN · m,程序计算值为 10.005kN · m,误差为 1.04%。

加载至混凝土开裂。不同荷载下部分试验数据和程序计算结果的对比见表 2-1。

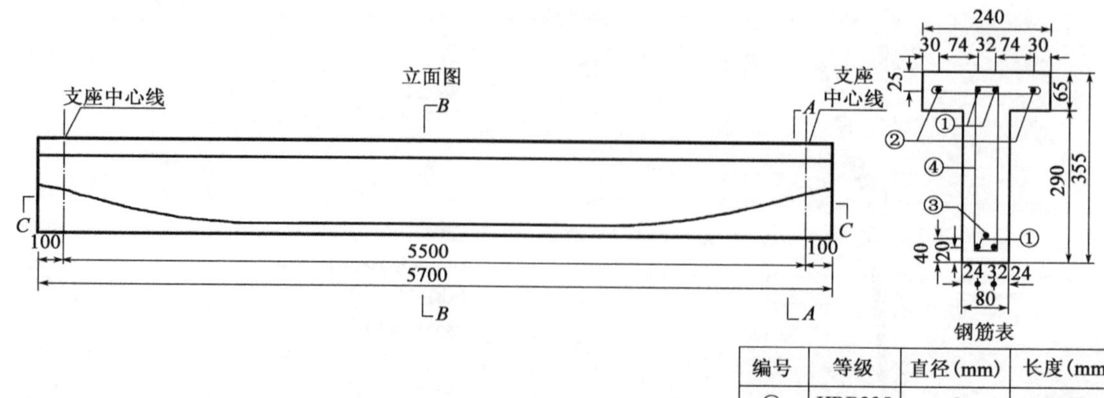

钢筋表

编号	等级	直径(mm)	长度(mm)
①	HRB335	8	5460
②	HRB335	10	5460
③	钢绞线	15.24	6906
④	HRB335	6	710
⑤	HRB335	6	788

图 2-15　试验梁构造图(尺寸单位:mm)

图 2-16　试验加载照片

荷载-跨中挠度对比表　　表 2-1

荷载总重(kN)	跨中挠度		
	实测值(mm)	程序计算值(mm)	误差(%)
12	-1.61	-1.56	2.84
15	-2.30	-2.26	1.78
18	-3.79	-3.97	4.82

由表 2-1 中的数据可知,开裂前程序计算值和实测值非常接近,开裂后程序计算值相比实测值偏大,主要是因为缺乏实测混凝土受拉本构关系,混凝土实际开裂应变比计算值偏大的原因造成的。

2.3 小　　结

(1)本章在分层梁单元的基础上,推导了移动中性轴和固定参考轴之间的相对关系,提出了用带刚臂平面分层梁单元的计算方法,其能有效模拟截面开裂和裂缝宏观发展的过程。在此基础上编写了相关计算程序,分析了截面刚度的变化,克服了常规数值分析法可能出现的迭代不收敛问题,简化了计算过程。

(2)本章对比分析了不同轴压力作用下的 3 片钢筋混凝土梁的荷载-跨中挠度曲线,与试验结果吻合良好;进一步在实验室内制作并加载试验了 1 组预应力混凝土 T 梁,对比分析了弹性及带裂缝工作阶段的荷载-挠度值,验证了该计算方法的正确性。

本章采用的非线性计算程序,能快速有效地分析钢筋混凝土梁、预应力混凝土梁,以及混凝土框架和混凝土斜拉桥等结构同时承受轴力和弯矩的非线性受力过程。

第3章　混凝土斜拉桥两阶段模型试验设计方法

第2章对梁式桥开裂后的材料非线性进行了计算和试验对比分析，而对于斜拉桥而言，由于主梁受到斜拉索的竖向支撑和纵向压力作用，又会出现不同受力特征。为了明确混凝土斜拉桥出现裂缝后裂缝的发生、发展过程，主梁内力、索力分布有哪些变化，极限承载能力是否会下降等问题，同时验证前文编制的材料非线性有限元程序，编者设计了混凝土斜拉桥模型试验，以便更准确地把握复杂结构的受力状态。

编者结合实桥设计的混凝土斜拉桥模型试验需反映混凝土的材料非线性性能和裂缝的发展，因而试验材料的选择仅局限于混凝土，且模型尺寸不宜过小。同时，试验还要体现斜拉桥整体结构的受力性能，如斜拉索对主梁的弹性支撑作用和开裂后结构的内力重分布等。这样一来，模型缩尺比例的选择变得较为困难。采用小比例的局部模型可以满足实验室空间布置的要求，但难以反映斜拉桥的整体受力性能，而如若采用大比例全桥模型试验又无法满足模型加工和裂缝观测的需要。经过反复计算分析，编者提出了"节段缩尺相似法"，即在缩减阶段先将预应力混凝土斜拉桥实桥非线性受力的关键特征通过少数索-梁组合节段模型体现出来；缩尺阶段则是将缩减模型按照一定的相似比关系进行设计。本书以大跨径混凝土斜拉桥实桥为例，开展非线性模型试验，验证该方法的合理性。

3.1　非线性分析

混凝土斜拉桥材料非线性计算与主梁应力历程尤其是初始计算工况的内力状态相关。编者采用带刚臂的分层梁单元法，编制了混凝土斜拉桥全过程非线性分析软件，建立了全桥有限元模型，按照实际施工过程分析各个施工状态的受力并进行内力和变形累积，然后在成桥状态基础上，进一步对主梁开裂后的结构开展材料非线性受力分析。重点关注斜拉桥主梁承载力、局部关键区域裂缝发展，为混凝土斜拉桥模型试验提供科学依据。

以广州南二环李家沙大桥预应力混凝土斜拉桥为背景，在实验室内进行了节段模型加工和试验。该桥为双向八车道高速公路，设计速度为100km/h，设计基本风速为31.3m/s。如图3-1所示，全桥采用(38+72+220+72+38)m=440m的桥跨布置，边中跨比为0.5。桥梁横向总宽度为50m，横断面采用平行的上、下行两幅桥布置，两主梁横向完全分离，主塔相连成双菱形塔，斜拉索布置在主梁两侧成空间四索面。主梁采用双边主肋断面，在桥塔处设纵向活动支座，辅助墩上设拉压支座。竖向采用连续支撑体系，塔、梁间及边墩、辅助墩设置纵向滑动支座提供竖向约束；纵向在每个主塔横梁支座附近设置纵向限位挡块，是半漂浮体系。主梁采用预应力混凝土 Π 形截面，纵向按全预应力混凝土设计。跨中截面后期束由 $90\varphi^s15.2$ 顶板束和 $136\varphi^s15.2$ 底板束组成，保证了成桥 10 年后（计入收缩、徐变影响）跨中截面（混凝土下缘）留有最小 0.57MPa 的压应力储备。同时，为满足跨中上缘混凝土较大压应力需要，主梁在跨中合龙段附近采用 C60 混凝土，其他梁段采用 C55 混凝土。

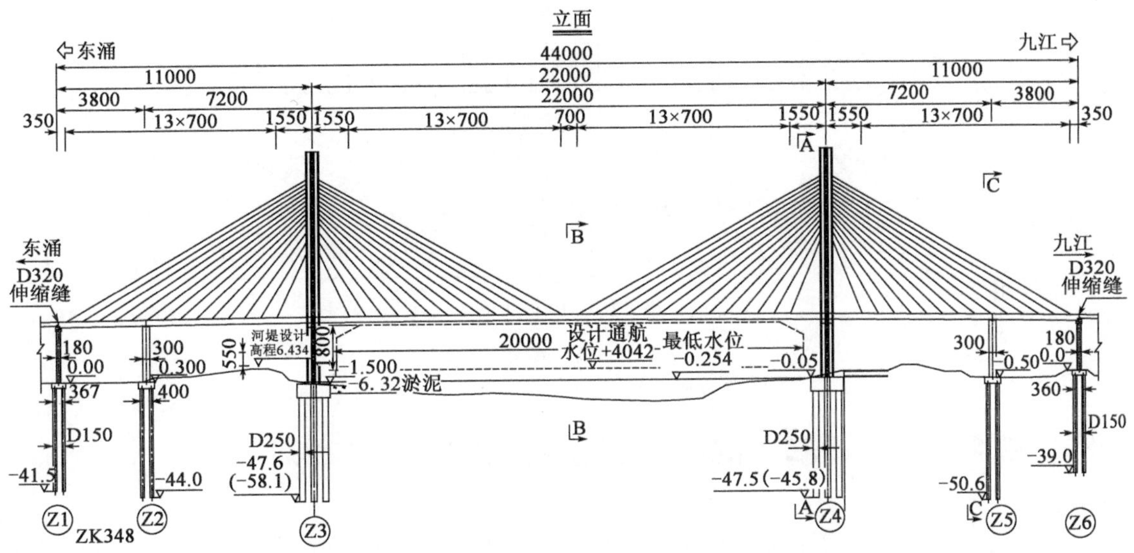

图 3-1　实桥桥型布置图（尺寸单位：cm）

通过有限元模型并着重分析主梁开裂区域后发现，当外荷载持续增加，主梁第一条裂缝出现在集中力（施于中跨跨中）作用截面时，随后裂缝朝高度方向发展的趋势减弱，转而向相邻单元扩散。实桥破坏时裂缝集中在跨中 34m 区域，其中跨中 20m 区域裂缝高度达 1.1m，加载至结构破坏时主梁下缘裂缝主要分布在集中力作用点附近区域（图 3-2）。因此，中跨跨中及相邻节段为预应力配置的重点区域，也是超载后裂缝分布的关键区域。

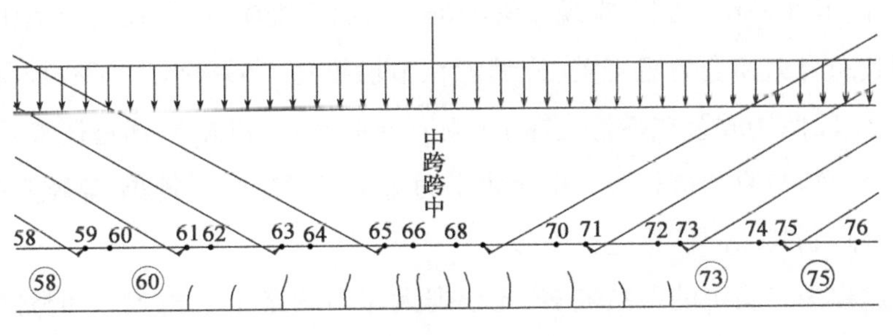

图 3-2　主梁裂缝分布图 1

通常斜拉桥主梁的自重弯矩可以通过索力调整到较小状态，这样一来活载弯矩就变得更为突出。结合多座斜拉桥活载效应统计数据发现，主梁活载弯矩最不利位置常落在从跨中开始倒数第2、3长索对应的截面。通过对李家沙桥建模计算，将集中力作用于倒数第3长索对应的截面（61号节点所在截面），加载至结构破坏时裂缝分布图如图3-3所示。图3-3表明此时集中力作用点附近仍是超载后主梁裂缝分布的主要区域。编者选择该区间进行模型设计，以主梁活载弯矩最大的位置作为控制截面，对应斜拉索作为控制索，同时还能避开跨中截面需将斜拉索进行双向张拉锚固的问题。

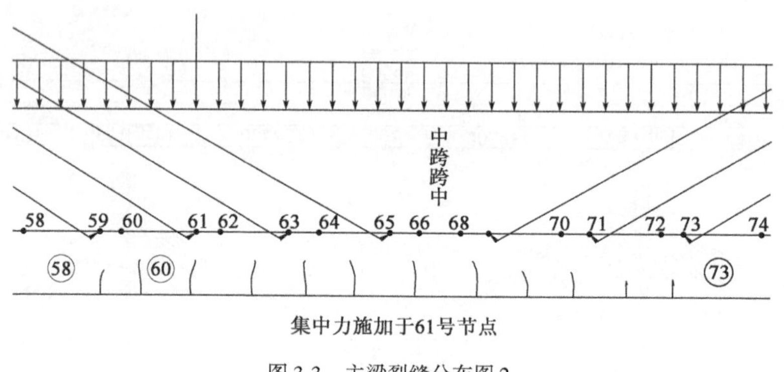

图3-3 主梁裂缝分布图2

3.2 混凝土斜拉桥模型设计方法

编者提出的两阶段设计局部节段-整体模型试验方法，在缩减阶段是以跨中附近区域的主梁和斜拉索作为节段模型进行设计计算分析的，主要跟踪有索支撑主梁的裂缝随外荷载增加而发展和结构内力的非线性变化。为简化模型，将斜拉索通过编者自行加工设计的锚固系统固定于实验室反力墙上。

3.2.1 设计细节及方法

要保证试验模型与实桥结构受力等效，理论上必须在节段模型边界上逐点满足力和位移给定的边界条件，但在操作中完全实现非常困难。根据圣维南原理，在离荷载作用区较远的区间应力只与荷载的合力和合力矩有关，故编者在节段模型两端各设计了一段无索段（长度分别为x_1、x_2），无索段两端放置在弹性支撑上（刚度分别为K_1和K_2），通过调整其刚度以实现边界处的合力和合力矩与原结构相等。由于水平力对主梁弯矩影响较小，兼顾实际操作方便，在模型前端部通过限制其纵向位移进行模拟。

模型设计过程中要确定的参数较多，先根据无应力状态下节段模型和整体模型内力状态相同的原则确定无索段长度x_1和x_2，再试算确定节段模型的弹性支撑刚度K_1和K_2。方法如下：

(1)去除节段模型中的索单元、边界支撑和外荷载,仅保留处于无应力状态的主梁。

(2)在无应力主梁上施加原桥公路—Ⅰ级汽车荷载(含 q_k 和 P_k),各斜拉索的索力增量 T_i 及两端支撑反力 V_1、V_2、H(图3-4)均以外荷载形式施加在主梁上。

(3)建立无索段长度 x_1 和 x_2 与控制索索力增量、控制截面弯矩增量的相互关系。

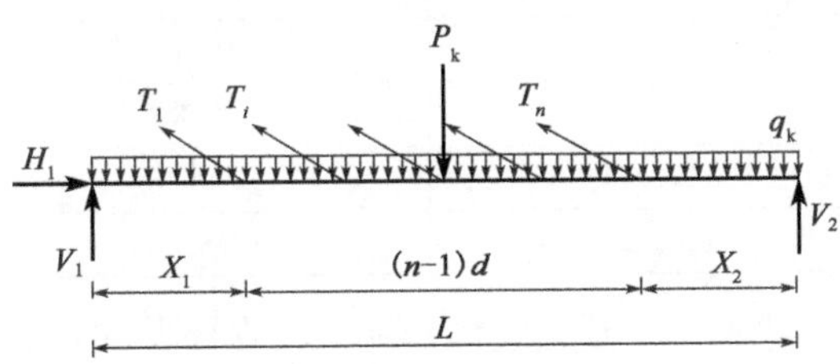

图3-4　节段模型主梁受力图

设标准节段长度为 d,令 $x_1=\xi_1 d$,$x_2=\xi_2 d$,斜拉索的倾角为 α_i,节段的数量为 n,则节段模型的长度 l 为:

$$l=(\xi_1+n-1+\xi_2)d \tag{3-1}$$

任意索的梁端锚固点 i 处 x 坐标为:

$$x_i=(\xi_1+i-1)d$$

控制索的梁端锚固点 K 的 x 坐标为:

$$x_k=(\xi_1+k-1)d$$

由竖向力平衡条件可得支撑反力 V_1 和索力增量 T_i 的关系:

$$V_1 l=\frac{1}{2}q_k l^2+P_k(l-x_k)-\sum_{i=1}^{n}T_i\sin\alpha_i(l-x_i) \tag{3-2}$$

控制截面 k 处弯矩 M_k:

$$M_k=V_1(\xi_1+k-1)d+\sum_{i=1}^{k-1}T_i\sin\alpha_i(k-i)d-\frac{1}{2}q_k x_k^2 \tag{3-3}$$

控制截面 k 和相邻截面 $k-1$ 的弯矩差:

$$M_k-M_{k-1}=V_1 d+\sum_{i=1}^{k-1}T_i\sin\alpha_i d-\frac{1}{2}q_k d^2-q_k d x_{k-1} \tag{3-4}$$

从而求得 x_1 和 V_1 的关系表达式:

$$V_1-q_k x_1=\frac{M_k-M_{k-1}}{d}-\sum_{i=1}^{k-1}T_i\sin\alpha_i+\left(k-\frac{3}{2}\right)q_k d \tag{3-5}$$

同样:

$$V_2-q_k x_2=\frac{M_k-M_{k+1}}{d}-\sum_{i=k+1}^{n}T_i\sin\alpha_i+\left(n-k+\frac{1}{2}\right)q_k d \tag{3-6}$$

(4)选择参数 n 和参数 k,确定 x_1 和 x_2。

以李家沙桥东岸跨中附近区域为例,根据实桥弯矩分布和索力增量,分别计算选取3对、5

对、7 对索作为节段模型,结果见表 3-1。

节段模型参数估算表　　表 3-1

参　数	模　型　一	模　型　二	模　型　三
n(对)	3	5	7
k	2	3	4
x_1(m)	17.2	10.1	4.4
x_2(m)	14.5	10.8	7.1
V_1(kN)	1121.11	1109.38	1151.82
V_2(kN)	1162.23	1025.00	895.56

综合比较表 3-1 所列三种模型发现,模型一的节段数量少,但无索区长度相对基本节段长度偏大,加载至塑性变形后索对局部模型的影响减弱,与整体结构偏差增大;模型三的无索区长度尤其是远塔端的长度小,且索的数量偏多,会加大锚固区设计难度;模型二索的总规模适中,索的数量合适,故选为设计方案。

(5)确定梁端弹性支撑刚度。

恢复节段模型区间内的斜拉索,在节段模型两端各施一竖向弹性支撑并在近塔端固定纵向位移。由于弹性支撑数量不多,可通过试算确定其刚度 K_1 和 K_2,以保证外荷载作用下控制截面和控制索的内力增量与原结构保持一致。

3.2.2　设计参数

按前述方法,选取东岸主跨最长的 5 对索(实桥 M10 号 ~ M14 号)间距范围内主梁和斜拉索(图 3-5)作为节段模型($n=5$),将第 3 长索(M12 号索)选为控制索($k=3$),以控制索在主梁的锚固截面为控制截面(主梁活载弯矩最大的截面)。预留部分工作长度后确定 $x_1=x_2=$ 11m,模型全长 50m,弹性支撑刚度 $K_1=50000$kN/m,$K_2=100000$kN/m。

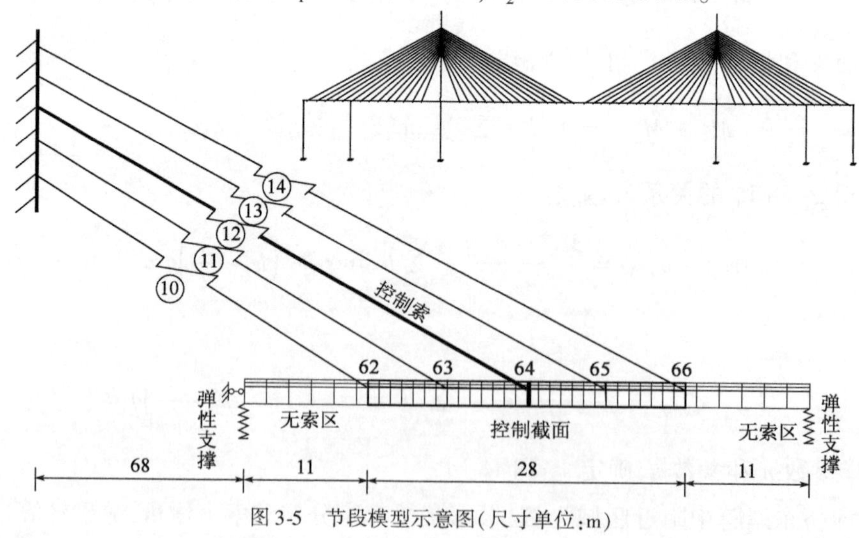

图 3-5　节段模型示意图(尺寸单位:m)

3.2.3　相似性验证

设计参数确定好后按一次成桥适当调整局部节段模型索力,使主梁的自重弯矩较小且索力分布均匀,然后再向试验梁上施加实桥的设计基本可变作用(公路—Ⅰ级,均布荷载 q_k 加于全试验梁,节点集中荷载 P_k 施加于控制截面)。设计基本可变作用下实桥和节段模型的内力增量对比(表3-2)表明节段模型弯矩增量为16977.02kN·m,与实桥控制截面的弯矩增量(17312.5kN·m)非常接近,两者的控制索索力增量误差仅为1.94%,且其他截面和索的内力增量与实桥结果也大致相同,说明此节段模型基本反映了实桥局部受力情况。

内力增量对比表　　表3-2

索　号	索力增量(kN)		误差(%)
	模型	实桥	
10	467.20	470.8	-0.76
11	476.36	468.4	1.70
12	443.96	455.4	-2.51
13	364.88	372.6	-2.07
14	264.42	260.8	1.39
梁　号	主梁弯矩增量(kN·m)		误差(%)
	模型	实桥	
62	8342.16	8920.4	-6.48
63	12959.88	13630.3	-4.92
64	16977.02	17312.5	-1.94
65	13057.38	13622	-4.14
66	9316.30	9530.6	-2.25

3.3　缩尺阶段模型设计

考虑实验室常见的1860钢绞线横截面面积为139mm^2,模型采用2根,实桥斜拉索面积为15325.26mm^2,以此拟定模型缩尺比例为1/7.4227。缩尺后模型占地空间纵向约16m,考虑加载和锚固空间总高度约9.5m,能满足实验室空间要求。

实桥主梁(图3-6)采用预应力混凝土 π 形截面,主梁半幅宽23m,肋高2.2m,肋顶宽1.6m,肋底宽1.8m(局部加宽至2.5m),桥面板厚0.3m。

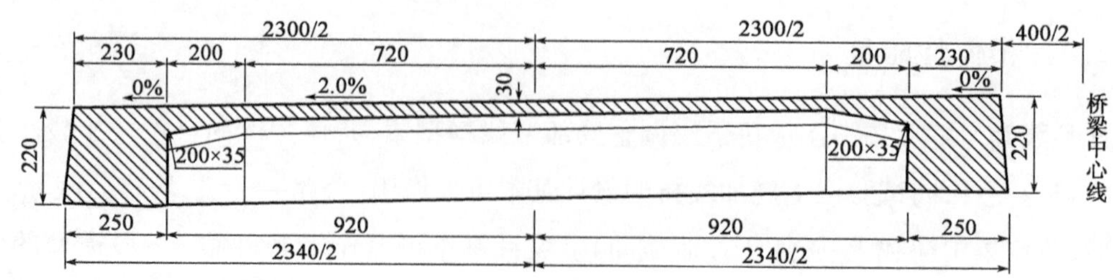

图 3-6　主梁断面图(尺寸单位:cm)

模型取实桥横向的一半,主梁简化为 T 形截面。在设计截面时发现,按比例缩小后桥面板的厚度仅为 4.04cm,制作加工比较困难,因而在满足实际可操作性基础上对各部分尺寸进行了调整。根据刚度相似法[7],只要保证了由单元刚度方程决定的相似准数的相似关系,就可保证模型与实桥刚度相似。整体静力分析采用的是杆系有限元法,主要关注结构的面内受力而未考虑扭转等效应,以保证模型与实桥的面积和惯性矩等效,适当放宽对抗弯模量的要求,将部分刚度和混凝土面积转移至桥面板。如此主梁改良为顶板宽度减小、梁高和顶板厚度加大的 T 形截面。最终模型的顶板厚度可达到 7cm(图 3-7),主要模型尺寸相似比见表 3-3。模型材料和原桥一致,模型实物如图 3-8 所示。详细模型制作参数和方法见第 4 章。

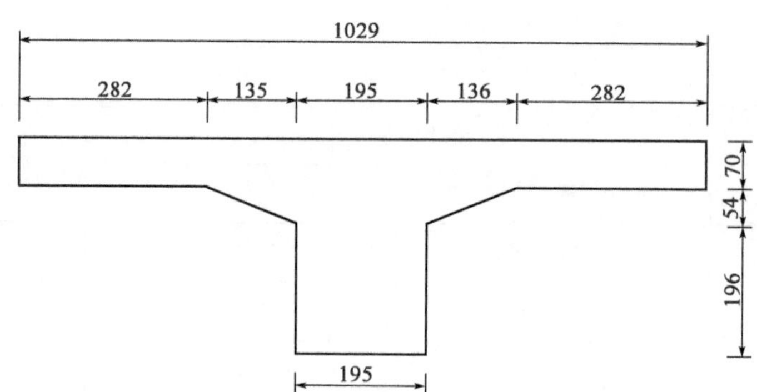

图 3-7　模型尺寸布置图(尺寸单位:mm)

主梁模型尺寸相似比计算表

表 3-3

项　　目	实 桥 尺 寸	缩 尺 尺 寸	相　似　比
标准节段长(mm)	7000	943.1	7.4223
无索段长(mm)	11000	1481.9	7.4229
惯性矩(m^4)	6.238	0.00103	7.4199
面积(m^2)	14.12	0.1281	7.4238
y_s/y_x	0.4454	0.4449	1.0011
y_s/y_x	0.4454	0.4449	1.0011

注:y_s、y_x 分别为上形心距和下形心距。

图 3-8　模型主梁图

3.4　模型试验验证

验证时，分别对全桥和局部节段模型进行非线性有限元分析并与模型试验实测值对比，以对模型的正确性和非线性受力的相似性进行评价。图 3-9 所示为控制截面的荷载-挠度（荷载为设计可变荷载的倍数）对比曲线。

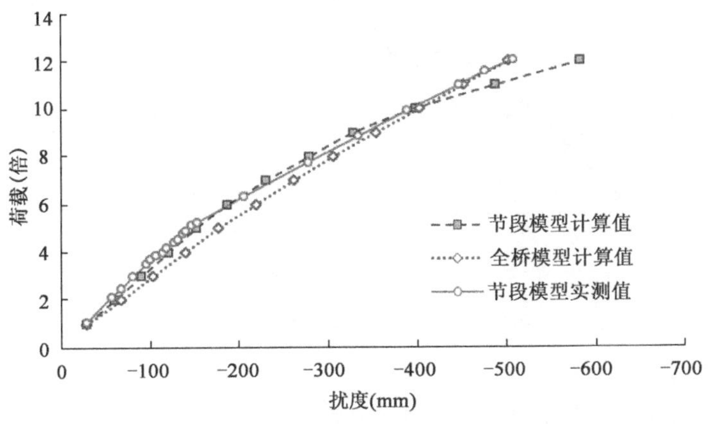

图 3-9　控制截面荷载-挠度曲线对比图

图 3-9 显示，在加载至设计可变荷载的 10 倍以内，节段模型的计算曲线和实测曲线非常接近，模型试验具有较高的精度；之后，由于计算值所用的钢筋屈服应力比实测值偏小，计算曲线的位移比实测值偏大。由图 3-9 还可知，加载初期三者挠度相同，但随着荷载的增加，受节段数量影响，节段模型相比实桥的荷载-挠度曲线更饱和，非线性更为明显，设计的节段模型相比实桥偏于保守。同时，节段模型和全桥模型的非线性结果都表明，在主梁开裂后，斜拉桥的荷载-挠度曲线的曲率开始变化但并没有急剧突变，且结构承载力仍有较大的剩余空间。

试验结果（表 3-4）显示，此桥留有较大抗裂和承载空间，且主梁开裂后裂缝宽度增长缓慢。

试验裂缝宽度表　　表 3-4

工　况	裂 缝 分 布	汽车荷载倍数
—	出现第一根裂缝	4.9
3	缝宽 0.1mm	5.25
4	缝宽 0.2mm	7.78
5	缝宽 0.3mm	9.92
6	缝宽 0.5mm	11.57

从控制索的荷载-索力曲线(图 3-10)可以看出,索力计算值和实测值吻合较好,变化趋势基本一致。控制截面混凝土上缘荷载-应变曲线(图 3-11)的计算值和实测值整体趋势相近,但混凝土上缘实测压碎区与计算位置比有所偏移,实测混凝土应变值在最大裂缝宽度 0.2mm 之后相比计算值明显偏大。试验还发现,裂纹在加载过程中有良好的平稳性和重复性,且卸载后裂纹能完全闭合,开裂后恢复的结构整体刚度有所下降但并不明显。

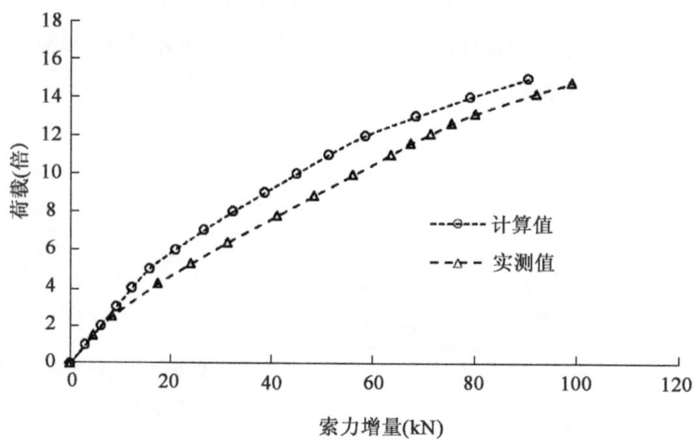

图 3-10　控制索荷载-索力曲线对比图

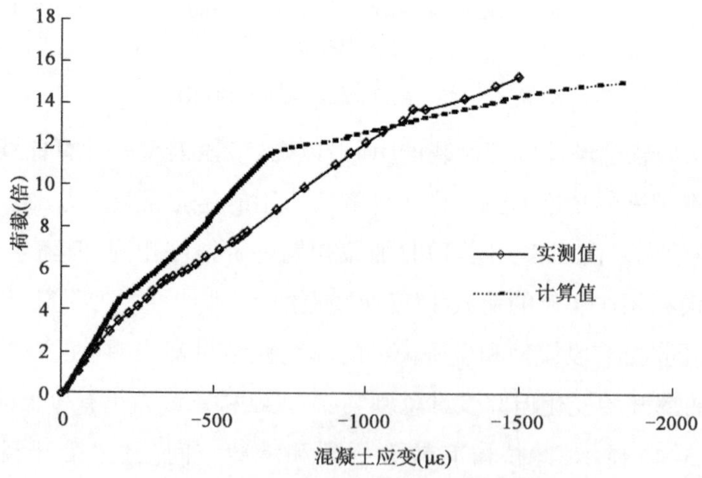

图 3-11　控制截面混凝土荷载-应变曲线对比图

综上所述,混凝土斜拉桥在主梁开裂后整体刚度开始下降,但下降幅度并不大,结构挠度和裂缝开展、混凝土压应变发展和支撑索的索力增长也比较缓慢;整体结构发生明显的内力重分布使得结构极限荷载加大,充分利用这部分承载力储备能使设计更为经济合理。

3.5 小　　结

(1)"节段缩尺相似法"能解决室内整体斜拉桥模型无法兼顾模型空间、试验精度和缩尺比例的难题,既能有效体现斜拉桥整体受力特点,又便于试验模型加工和试验数据的测试。

(2)为减小边界模拟对节段模型的误差影响,在模型两端设计无索区,并根据主梁无应力状态确定无索区长度,在此基础上计算节段模型两端部弹性支撑刚度,使得节段模型与实桥受力状态非常接近,从而保证了两者的梁、索组合结构整体受力的相似性。

(3)通过模型理论分析和试验数据对比,计算时设计的节段模型较好地反映了混凝土斜拉桥的主梁开裂、裂缝发展和破坏过程,控制截面的荷载-挠度曲线吻合较好。但数据同时也说明两者刚度模拟仍有一定的偏差,如何更有效地模拟混凝土斜拉桥主梁的非线性性能、监测混凝土开裂后应力变化是下一步的研究方向。

(4)试验结果显示,混凝土斜拉桥在主梁开裂后荷载-挠度曲线的曲率开始变化但并没有急剧突变,整体刚度下降的幅度并不大,从主梁开裂到结构破坏还有较长的受力过程(结构极限荷载约为开裂荷载的3倍),承载力还有较大储备。如能将此部分承载力储备合理利用,混凝土斜拉桥的设计会更为高效。

第 4 章　PPC 斜拉桥模型试验研究

根据第 3 章的设计思路,按照相似理论,以广州南二环李家沙大桥预应力混凝土斜拉桥为背景,在实验室内进行节段模型加工和试验。

本章将详细介绍模型试验的设计和实施内容。

4.1　模型制作

目前实验室常见的 1860 钢绞线横截面面积为 $139mm^2$,模型采用 2 根,根据实桥斜拉索面积和单根钢绞线面积比,拟定模型缩尺比例为 7.4227∶1,缩尺后无索段的长度为 1482mm,中间 4 个标准梁段为 943mm。

为满足预应力筋和锚具布置要求,在主梁两端部各设置 0.3m 长变宽段,试验梁肋宽从 195mm 过渡到 464mm。

梁的端部设置轴承,与止推装置进行连接,抗推装置通过钢横梁和混凝土支墩直接顶到剪力墙上面,主梁两端竖向支座为弹性支座,弹性支座构造为两个弹簧;为防止主梁横向失稳,在主梁两侧采用横向限位,焊接两个框架,并对混凝土台座横向限位,具体总装图如图 4-1 所示。

图 4-1　试验模型总体布置图

4.1.1　主梁

如前文所示,模型经改良后标准断面为顶板宽度减小、梁高和顶板厚度加大的 T 形截面,最终模型肋宽 19.5cm,顶板厚度可达到 7cm[图 4-2a)]。为加大截面的抗压面积,将端部无索段区域的主梁截面加大成肋宽为 46.4cm 的 T 形截面[图 4-2b)]。

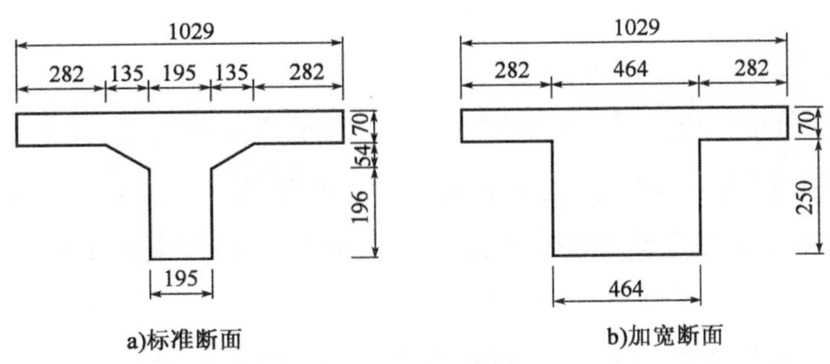

图4-2 横断面尺寸图(尺寸单位:mm)

具体尺寸如表4-1、图4-2所示,试验主梁图如图4-3所示。

主梁模型尺寸设计表 表4-1

项目	节段长度(mm)	边跨长度(mm)	梁高(mm)	肋板底宽(mm)	肋板顶宽(mm)	桥面板厚(mm)	桥面宽(mm)
实际尺寸	7000	11000	2200	1800	1600	300	23000
缩尺尺寸	943.1	1481.9	320.0	194.9		70.1	1029.3
项目	桥面板宽度(mm)	下形心距 y_s(mm)	上形心距 y_x(mm)	y_s/y_x	惯性矩(m^4)	面积(m^2)	
实际尺寸	18400	677.9	1522.1	0.4454	6.238	14.120	
缩尺尺寸	834.3	98.3	221.1	0.4449	0.001029	0.1281	

图4-3 试验主梁图

由于后期预应力束过多、预压力过大,实桥在跨中附近局部模型6个节段内使用了C55和C60两种强度等级的混凝土。根据前文分析,减少后期束后按部分预应力设计的结构能有效降低主梁压应力从而减小混凝土强度等级,节段模型试验梁统一采用C50混凝土,既能满足试验要求,同时又降低了配合比设计难度。混凝土材料配合比见表4-2,试验测得棱柱体轴心抗压强度为41MPa。

混凝土材料配合比(单位:kg) 表4-2

水(W)	水泥(C)	矿粉(K)	砂(S)	碎石(G)	外加剂(A)
152	400	121	672	1051	13.5

4.1.2 预应力筋

实桥的全预应力筋配置比较复杂，先期束中既有精轧螺纹钢筋，也有在顶板和底板布置的预应力钢绞线。试验采用内力等效的原则配置预应力钢绞线。全预应力实桥缩尺后主梁顶板和底板在12号和13号梁段需要的钢束分别为2.57根和2.8根(共5.4根)、2.4根和3.67根(共6.1根)(初步按预应力损失为20%估算张拉控制应力)。故最终确定试验梁内上下缘各布置两根直径15.2mm的预应力钢绞线，钢绞线与混凝土的连接方式为有黏结，预应力张拉控制应力为1395MPa，张拉完毕灌浆后平均每根钢绞线的有效预应力值为160kN。标准断面预应力钢绞线布置如图4-4所示。

为了不降低截面抗弯承载能力，试验梁的普通钢筋在实桥缩尺后的基础上增加了2根主筋，弥补了缩尺后由于预应力筋数量减少的总配筋率。主梁内普通钢筋采用HRB400，采用ϕ10和ϕ8两种直径，标准断面普通钢筋的布置如图4-5所示，钢筋拉伸性能试验曲线如图4-6所示。

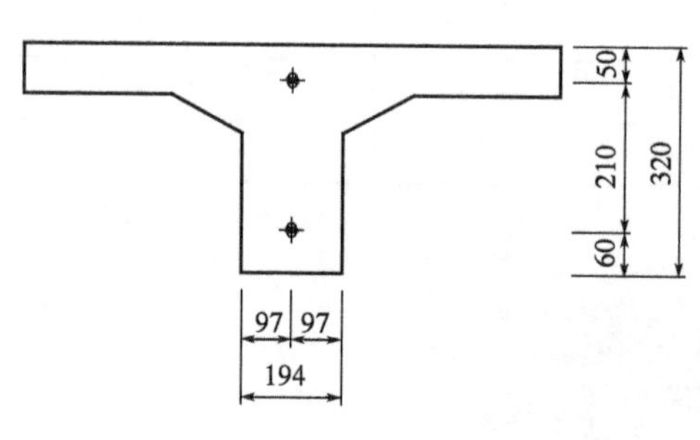

图4-4 主梁预应力钢束布置图(尺寸单位：mm)

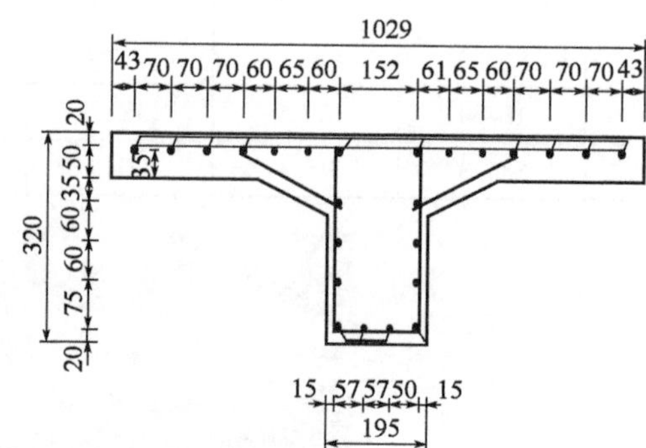

图4-5 主梁内普通钢筋构造图(尺寸单位：mm)

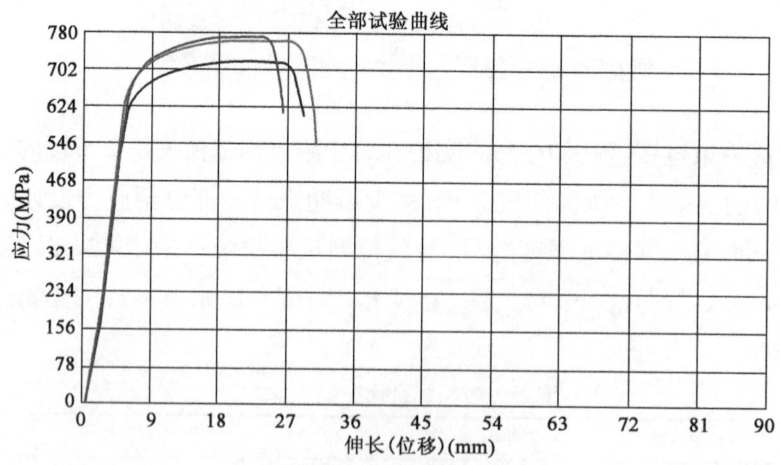

图4-6 Φ8 钢筋拉伸性能试验曲线

4.1.3　斜拉索

实桥一幅桥上有5种斜拉索,在阶段模型试验梁区间也有两种类型的索,试验梁设计时将其简化成关心索截面,用两根1860钢绞线模拟,其长度见表4-3。

斜拉索缩尺长度(单位:m)　　表4-3

索单元号	14号索	13号索	12号索	11号索	10号索
实际索长	119.36	112.50	105.62	98.83	92.07
相似等效索长	16.08	15.16	14.23	13.31	12.40

4.1.4　主梁与斜拉索的连接

斜拉索与梁底的锚固方式有两种:斜拉索直接锚固在梁底和预埋精轧螺纹钢筋。

斜拉索直接锚固在梁底,受力明确,操作简单,便于先期调索,但缺点是会削弱主梁截面,改变截面有效尺寸,并可能导致主梁在该部位破坏,且需要制作斜拉索锚固齿块,增加了模板制作难度。另外,由于模型采用的是T形截面,只能布置在肋板的斜拉索和预应力索难免发生交叉,最终影响两者布束和受力。

预埋精轧螺纹钢筋能够避免削弱主梁截面,也无须制作斜拉索锚固齿块,只是斜拉索的锚固受力不明确,且需要制作预埋钢筋和斜拉索之间的连接装置。

试验最终确定主梁内预埋斜向螺杆,与斜拉索进行连接,用连接器将两者组成一个整体。定位好的斜向螺杆如图4-7所示。斜拉索和斜向螺杆的连接器如图4-8所示。

图4-7　斜向螺杆图

图4-8　斜拉索和斜向螺杆的连接器图

通过连接器将斜拉索和斜向螺杆进行固定。斜拉索一端采用冷铸锚固,斜向螺杆两端采用螺母锚固。

4.1.5　临时装置

根据试验结果,确定最大加载区间及测试量程。同时,由于试验规模较大,实验室空间和可用设施有限，为完成试验目标，需自行设计、加工斜拉索锚固装置、局部模型端部挡块装置和弹性支撑等临时装置。

1. 斜拉索锚固装置

计算显示，加载至斜拉索破坏时，斜拉索锚固装置需承受斜拉索约水平方向1300kN和竖直方向700kN的力，经多次设计验算，设计出主要由立梁、上横梁、下横梁和斜撑梁组成的钢结构，设计方案如图4-9所示，加工完成实物如图4-10所示。

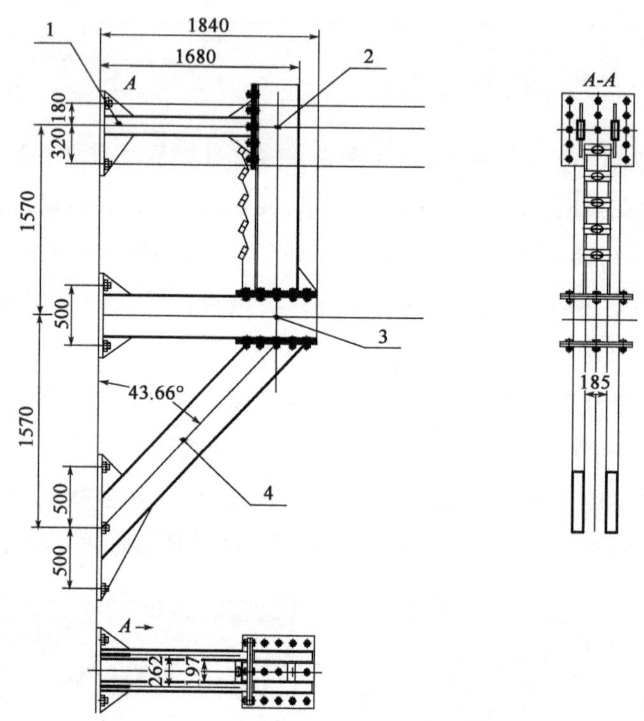

图4-9　斜拉索锚固装置设计图(尺寸单位:mm)

图4-10　斜拉索锚固装置

2. 局部模型端部挡块

在斜拉索梁端部，需要一限制其纵向位移的挡块，实验室刚好有一重约1t的挡块装置(图4-11)与模型尺寸吻合，在对其进行与地梁的连接板和锚固螺栓的设计后即投入使用。

3. 弹性支撑

常见弹性支撑的一般模拟方法有4种：工字钢支撑、钢丝悬吊、控制螺旋式千斤顶理论位移进行加载卸载、弹簧支撑。由于两个弹簧理论计算设计承载能力分别为15t和20t，按此设计的工字钢、钢丝绳都无法同时满足刚度和强度的要求，而采用千斤顶通过梁底的位移控制进行加卸载,操作过于麻烦且难以控制,故最终采用弹簧(图4-12)进行模拟。

图4-11 局部模型端部挡块装置

图4-12 弹性支座

采用高强优质弹簧材料(硅锰弹簧钢),制造技术满足规范要求,端部形式采用RYI型,两端圈并紧,每端磨平3/4圈,弹簧参数技术要求见表4-4。

弹簧参数要求表 表4-4

序号	参数	单位	弹簧K_1	弹簧K_2
1	旋绕比C	—	3.436	2.817
2	弹簧中径D	mm	189	169
3	弹簧线径d	mm	55	60
4	有效圈数n	圈	4	4
5	总圈数n_1	圈	5.5	5.5
6	压并高度Hb	mm	302.5	330
7	自由高度H_0	mm	410	410
8	许用切应力τ	N/mm^2	740	740
9	许用承载能力P	kN	187.12	253.85
10	材料展开长度L	mm	3266.1	2920
11	刚度K	N/mm	3388.5	6712.5
12	节距t	mm	88.75	87.5
13	外径D_1	mm	244	229
14	内径D_2	mm	134	109

4.1.6 加载装置

实桥设计荷载为公路—Ⅰ级,单向四车道,横向分布系数为3.312。在进行荷载模拟时,由于温度、收缩和徐变等间接荷载产生的效应通过应力等效的方式等效成汽车荷载予以施加。

1. 均布荷载施加方式

主梁的恒载、配重和汽车荷载的均布荷载 q_k 都为线荷载,试验将其简化成均匀分布的若干集中力等效加载。试验模型中间 4 个梁段分 4 点加载,左右边跨两个梁段分 6 点加载。根据理论计算结果,加载至破坏时每个加载点需加 1600 ~ 1700kg 砝码。故采用杠杆加载方式,杠杆加载比例为 1∶4。具体装置如图 4-13 所示。

图 4-13 均布荷载施加方式图

2. 集中荷载施加方式

由于公路—Ⅰ级荷载中的集中力 P_k 较大,加至结构破坏时砝码数量过多且用普通杠杆难以实现,故采用钢筋锚杆拉力计通过拉拔精轧螺纹钢的方式加载。利用地下室与地面预留的间距 50cm × 50cm 的 ϕ60mm 的螺孔安装反力架,并借助这些螺孔设计了集中力加载装置,如图 4-14 所示。该部分为地面上的装置部分。精轧螺纹钢通过加工的两根 ϕ24mm 的螺杆和矩形截面钢构件与主梁连接,主梁顶板上在钢构件下垫有 150mm × 100mm 的板式橡胶支座,适应混凝土顶板的不平整和不均匀压缩,在精轧螺纹钢和主梁下连接的矩形截面钢构件上的锚固端处装有金码高科实业有限公司生产的标定过的 50t 锚索计。如图 4-15 所示,地下室螺杆的锚固加载部分,精轧螺纹钢通过钢筋锚杆拉力计施加拉力,将力传递到加工的螺杆和钢构件上,再通过板式橡胶支座传递给主梁。

图 4-14 集中力加载装置地上部分

图 4-15 集中力加载装置地下部分

4.1.7 模型测试装置

1. 应变片的布置及测试装置

(1)混凝土应变片的布置

为了监测主梁弹性阶段和开裂阶段顶板混凝土应力的分布和变化规律,在第 1 ~ 6 号梁段的交界位置(斜拉索与主梁几何中心的正上方)布置2个混凝土应变片(A1～A5),间距为10cm;在第2个和第3个梁段的跨中顶板位置布置10个应变片(B1、B2),间距为10cm,监测混凝土T梁顶板的剪力滞效应;在第4、第5个梁段的跨中布置2个应变片(C1、C2),间距为10cm。具体布置如图4-16所示。

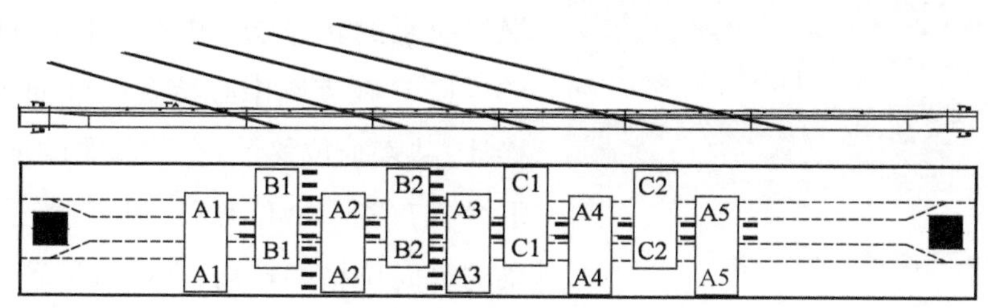

图4-16　混凝土顶板应变片布置图

混凝土底板的应变片在集中力施加位置分别沿两端布置,共16个应变片(图4-17),采用首尾连接的方式布置,监测底板混凝土的开裂荷载和弹性阶段的应力状况及开裂后主梁的应力重分布情况。

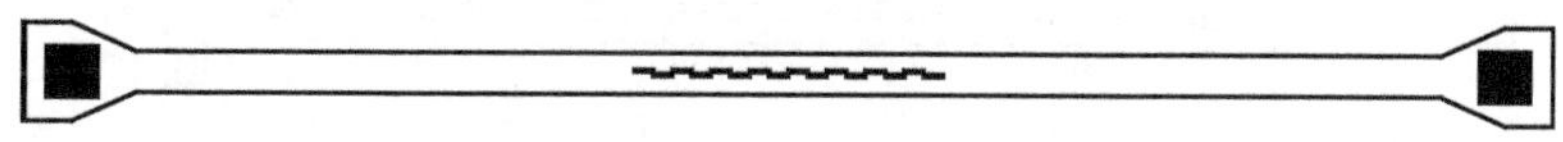

图4-17　混凝土底板应变片布置图

(2)钢筋应变片的布置

如图4-18所示,钢筋应变片布置如下:第1和第2号、第5和第6号梁段的底板位置ϕ10mm主筋上各布置两个应变片,第2和第5号梁段的跨中底板ϕ10mm主筋布置2个钢筋应变片,第2号梁段顶板每根钢筋各布置1个应变片,第2和第3号、第3和第4号梁段的交界位置梁肋的底板钢筋和底板主筋各布置1个应变片,第2、3号梁段和第4号梁段梁肋的跨中底板和顶板主筋各布置1个应变片,第3和第4号梁段的跨中沿着梁肋高度方向各布置1个应变片,并在顶板纵向钢筋上各布置1个应变片。

图4-18　钢筋应变片布置图

图4-19所示为第3号和第4号梁段跨中钢筋的应变布置,为保护应变片,图中应变片用环氧树脂和纱布包裹。底板布置4个应变片,监测底板钢筋开裂前后的应力状态。沿着梁肋高度方向每根钢筋各布置1个应变片,验证正截面假定是否适合T形截面。顶板钢筋各布置1个应变片监测剪力滞效应。

图 4-19　钢筋的应变片布置

2. 位移计的布置及检测装置

本试验中采用量程为 50mm 和 100mm 的位移计，测量精度为 0.01mm，在试验梁中每个梁段的端部竖向布置 1 个位移计，分别位于第 1～5 根斜拉索的正下方，共 5 个位移计（图 4-20 中 F3～F7）；在支座中心位置处竖向各布置 2 个位移计，共 4 个位移计；在试验梁的前端和尾端上、下缘各布置 1 个位移计，共 4 个位移计，测量主梁的纵向位移和转角；在抗推装置后端布置 1 个位移计，监测结构轴向约束的非弹性变形；在四氟板式橡胶支座下面布置 2 个位移计，监测端部板式橡胶支座的竖向滑移和橡胶支座的剪切变形。位移计具体布置如图 4-20 所示。图 4-21 为位移计的测试装置，左边为 JMZX-256 型多点自动综合测试仪，右边为 JMZX-256 型多点综合集线箱。

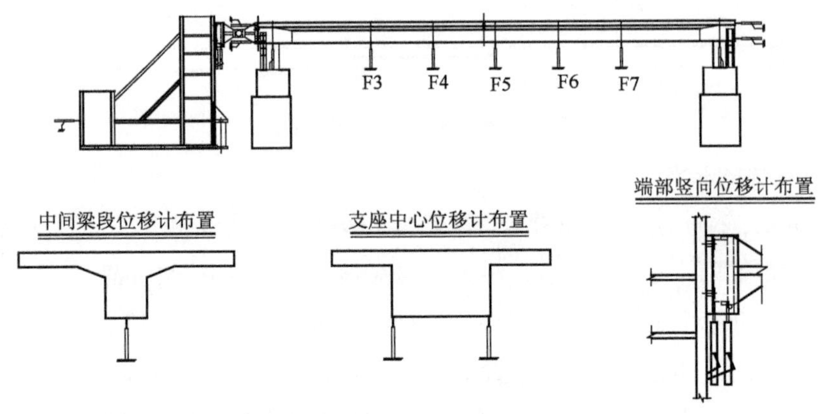

图 4-20　位移计布置图

图 4-21　位移计测试装置

3. 索力测试布置

图4-22为斜拉索的锚固装置图及索力测试仪。每根斜拉索上安装一个振弦式锚索计,以跟踪索力的变化。根据理论计算的结果,在模型破坏时,5根索的索力分别为147.6159kN、173.713kN、184.537kN、162.9973kN和133.7719kN。考虑实际最大加载可能比计算值大以及索力测试误差,选定第1根和第5根锚索计为20t,其余3根锚索计为30t,每个锚索计都需先进行标定。

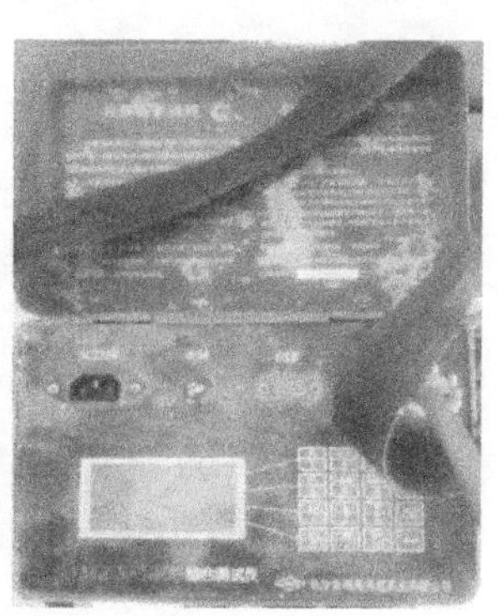

图4-22　斜拉索锚固装置图及索力测试仪

4.2　成桥和加载方案

4.2.1　成桥状态

节段模型的主梁应力在成桥状态下可以通过索力调整调到很小,而成桥状态确定好后还需通过有效的施工方案使其得以实现。考虑到模型的跨径和自重配重,在保证施工中主梁应力不超限的前提下,分3次施加自重配重并张拉斜拉索,确定最终施工方案,见表4-5。

模型梁施工流程表　　表4-5

施工步骤	内　容
1	架设主梁,将主梁架设成简支状态
2	架设轴承
3	第1次张拉斜拉索
4	上杠杆和挂篮体系
5	加第一期配重(2个20kg砝码)
6	二次张拉斜拉索
7	加第二期配重(2个25kg砝码和1个20kg砝码)
8	三次张拉斜拉索
9	加载第三期配重(边梁一个25kg砝码,中梁1个20kg砝码)
10	张拉索力至成桥状态

(1)完成模型加工,预应力张拉、压浆并架设就位后,主梁自重通过两端弹性支座支撑,此时的结构受力处于简支状态。通过有限元分析,简支状态上、下缘应力分布如图4-23、图4-24所示。

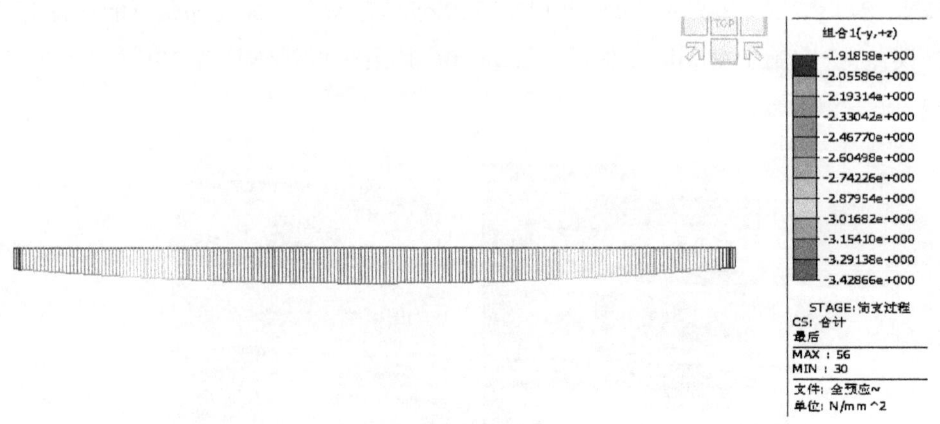

图4-23　上缘正应力图(单位:MPa)

图4-24　下缘正应力图(单位:MPa)

图4-23、图4-24显示简支状态下模型主梁上、下缘没有出现拉应力,上缘最大压应力为3.43MPa,下缘最大压应力为12.47MPa。

(2)第一次索力张拉后主梁应力。主梁的总重量为24.7kN,第一次张拉斜拉索(索力初拉力控制值10kN)完成后,斜拉索力为$F_{10}=7.0\text{kN}$,$F_{11}=7.0\text{kN}$,$F_{12}=7.3\text{kN}$,$F_{13}=7.0\text{kN}$,$F_{14}=7.2\text{kN}$。由此,张拉过程完成后应保证每根索索力为7.0kN左右,且保证中间的三根索的索力大于两侧的索力。计算结果显示,此时支座反力为$F_1=-3.8\text{kN}$,$F_2=-4.1\text{kN}$,主梁支座没有脱空。故前三根斜拉索张拉控制力为10kN,考虑其夹片回缩等因素,实际有效张拉力为9kN左右。此时,主梁的应力分布如图4-25、图4-26所示。

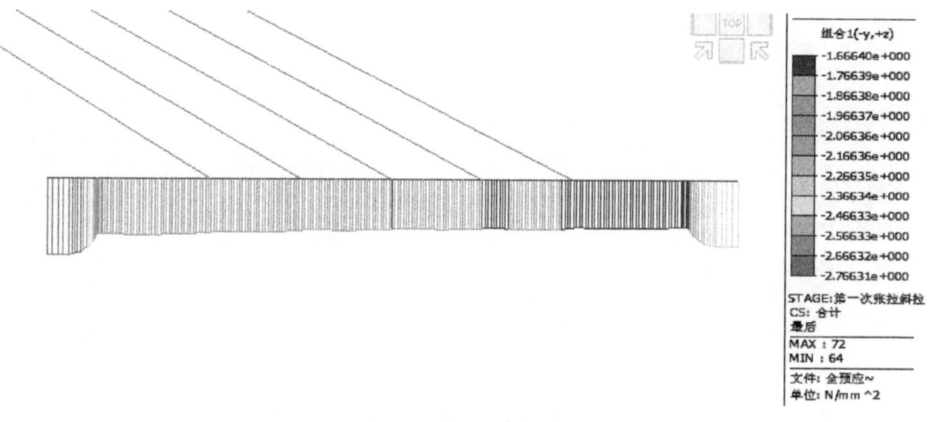

图4-25　第一次张拉索力后主梁上缘应力图(单位:MPa)

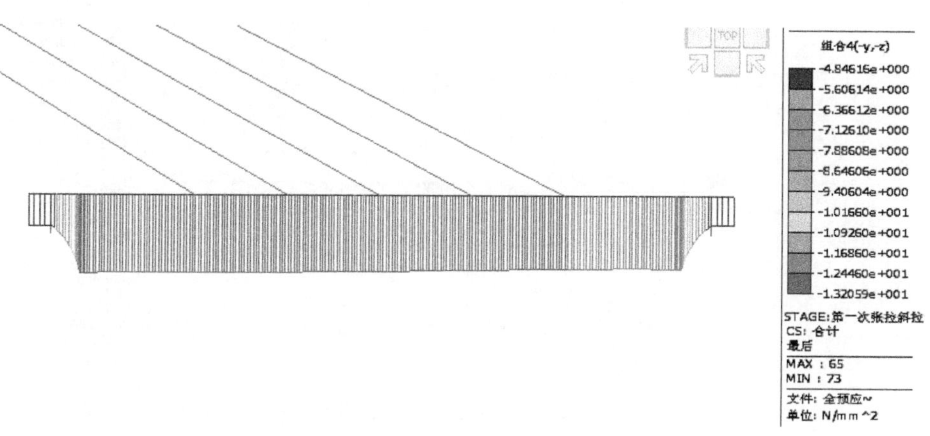

图4-26　第一次张拉索力后主梁下缘压应力图(单位:MPa)

第一次张拉索力后主梁没有出现拉应力,上缘最小压应力为1.67MPa,下缘最大压应力为13.21MPa。

(3)上杠杆体系和挂篮部分砝码后主梁应力。杠杆的重量为0.21kN,杠杆的重心到吊点的距离为吊点到锚固点距离的2倍,故吊点受力为0.42kN。挂篮的重量为0.12kN,吊钩重量为0.02kN,故挂篮体系使主梁受力共为0.77kN。在挂篮里面施加两个20kg的砝码,其重量为0.4kN,施加到主梁上的力为1.6kN。此施工步骤共施加重量为2.37kN。

此时,索力 $F_{10}=19.1\mathrm{kN}$,$F_{11}=18.2\mathrm{kN}$,$F_{12}=16.8\mathrm{kN}$,$F_{13}=15.2\mathrm{kN}$,$F_{14}=13.4\mathrm{kN}$。支座反力为 $F_1=23.4\mathrm{kN}$,$F_2=27.4\mathrm{kN}$。

此时,控制截面下缘最小压应力为4.74MPa。主梁的下缘应力分布如图4-27所示。

(4)二次张拉斜拉索。二次张拉斜拉索力值为 $F_{10}=39.3\mathrm{kN}$,$F_{11}=31.1\mathrm{kN}$,$F_{12}=32.3\mathrm{kN}$,$F_{13}=35\mathrm{kN}$,$F_{14}=37.2\mathrm{kN}$。此时支反力为 $F_1=4.7\mathrm{kN}$,$F_2=6\mathrm{kN}$。上缘最小压应力为1.11MPa,下缘最大压应力为15.88MPa(图4-28、图4-29)。

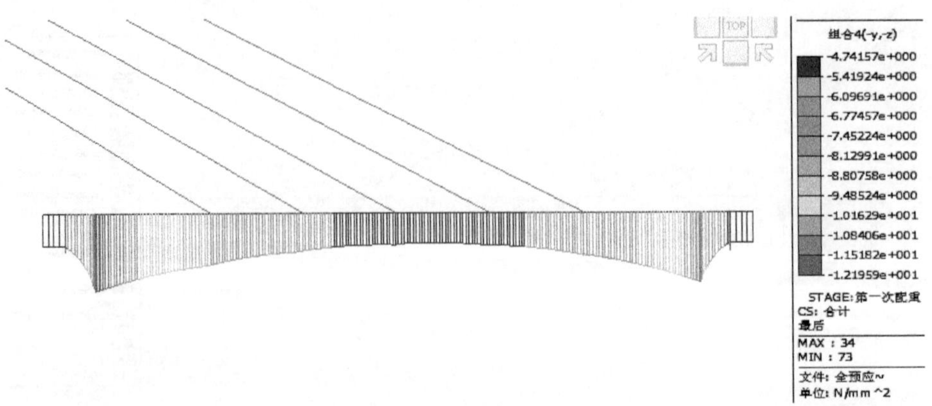

图 4-27　上杠杆体系和挂篮部分砝码后主梁下缘应力图(单位:MPa)

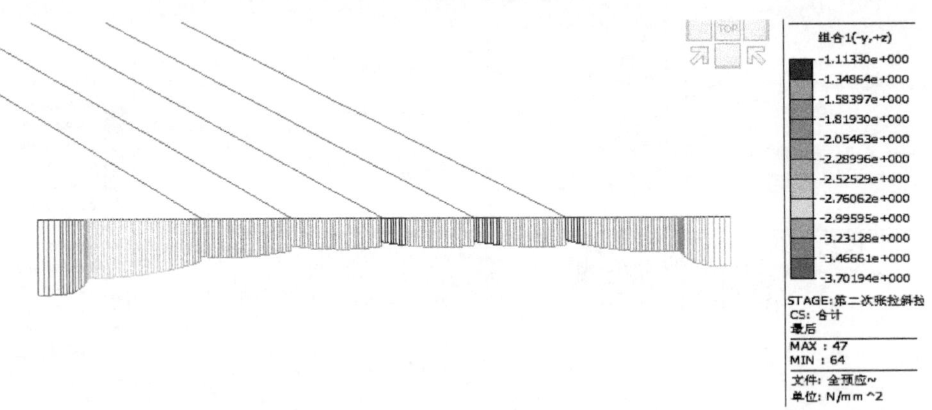

图 4-28　二次张拉斜拉索上缘应力分布图(单位:MPa)

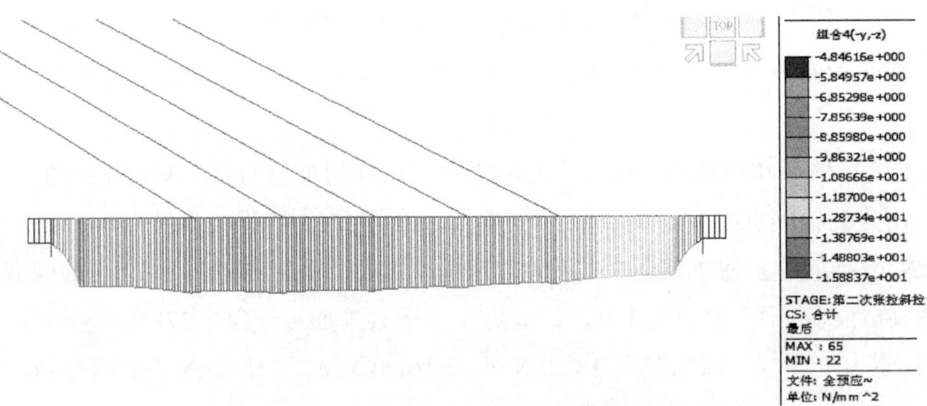

图 4-29　二次张拉斜拉索下缘应力分布图(单位:MPa)

(5)施加二期配重。施加二期配重后,斜拉索索力为 $F_{14}=44.8\text{kN}$,$F_{13}=44.9\text{kN}$,$F_{12}=44\text{kN}$,$F_{11}=43.4\text{kN}$,$F_{10}=41.7\text{kN}$。支反力为 $F_1=30.3\text{kN}$,$F_2=34.7\text{kN}$。上缘最大压应力为5.87MPa,下缘最小压应力为4.85MPa(图 4-30、图 4-31)。

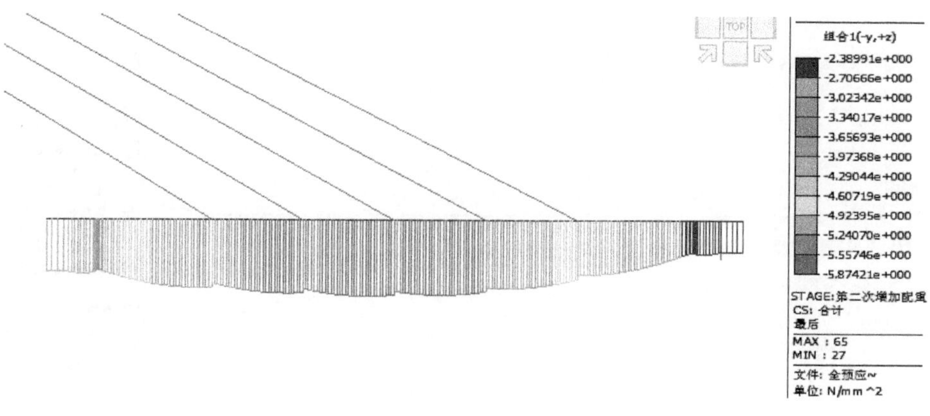

图 4-30　施加二期配重斜拉索上缘应力分布图(单位:MPa)

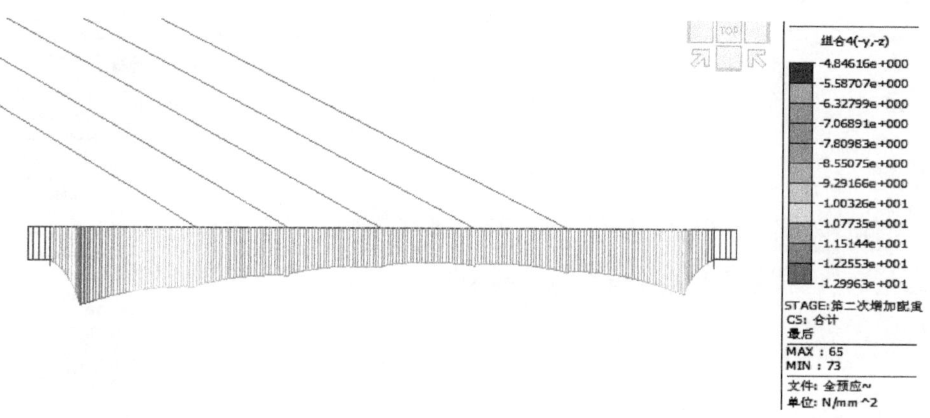

图 4-31　施加二期配重斜拉索下缘应力分布图(单位:MPa)

以上各施工步骤主梁没有出现应力超限,分段张拉索力控制合理。

(6)成桥状态主梁应力分布。按实际施工过程分步计算至成桥状态,成桥主梁弯矩分布如图 4-32 所示,成桥上、下缘应力分布如图 4-33、图 4-34 所示。

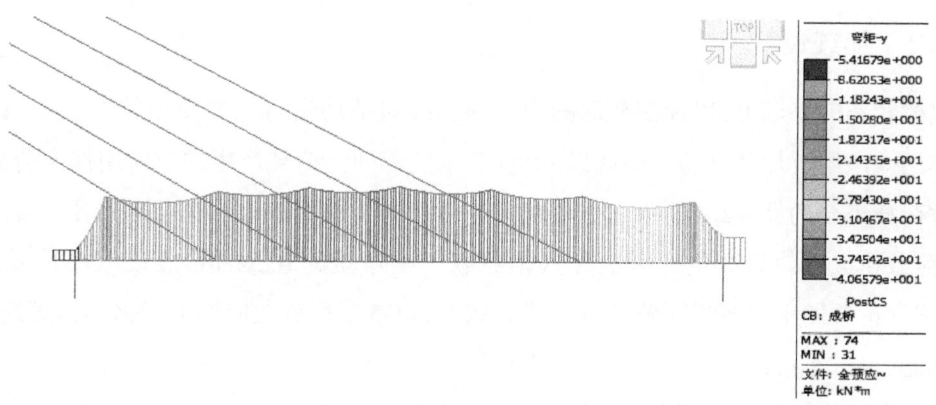

图 4-32　成桥主梁弯矩分布图(单位:kN · m)

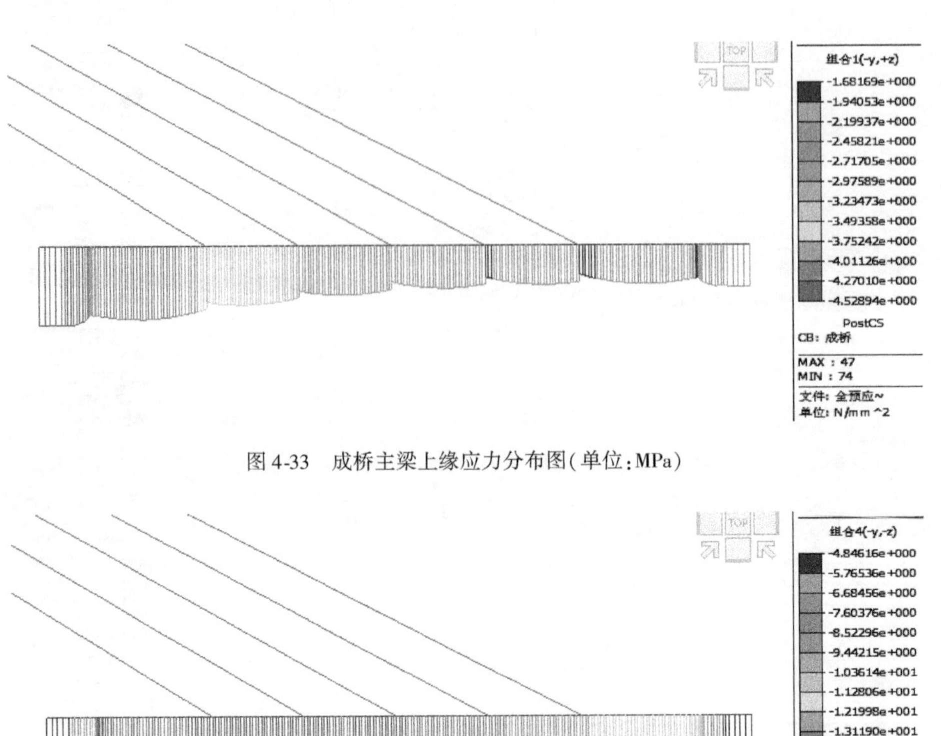

图 4-33　成桥主梁上缘应力分布图(单位:MPa)

图 4-34　成桥主梁下缘应力分布图(单位:MPa)

计算结果显示,有索区主梁最大负弯矩为 -40.65kN · m。成桥状态主梁下缘的最大压应力为 14.96MPa,上缘最小压应力为 1.68MPa,此状态与设计成桥状态基本吻合,证明此施工方案设计合理。

4.2.2　加载设计

在成桥状态的基础上,以控制截面的内力为基准对结构进行正常使用状态和承载能力极限状态作用效应组合加载试验。由收缩、徐变和温度等间接荷载产生的效应用汽车荷载模拟。根据实桥荷载组合的计算结果,收缩徐变在关心截面产生的弯矩为汽车荷载产生弯矩的 0.25 倍,温度荷载在关心截面产生的弯矩为汽车荷载产生弯矩的 0.54 倍,故以汽车荷载效应的 1.082倍作为正常使用状态长期效应组合受力状态,以汽车荷载效应的 1.4 倍作为短期效应组合受力状态,以汽车荷载效应的 2.5 倍作为作用效应基本组合受力状态。

整个加载过程包括Ⅰ ~ Ⅶ共 7 个加载工况,每个工况采用 3 ~ 5 次反复加载,每一级荷载加载完后都密切关注裂缝情况。

1. 试加载（工况Ⅰ）

为减小试验误差，确定试验参数与计算值之间的差异，先进行试加载，即先加载至汽车荷载的1.5倍。

2. 加载至承载能力极限状态作用效应基本组合状态（工况Ⅱ）

当施加至汽车荷载的2.5倍以内时，主梁并未开裂。在加载过程中，每一加载工况进行4次反复加载。

3. 加载至初裂（工况Ⅲ）

初裂状态以《公路钢筋混凝土及预应力混凝土桥涵设计规范》（JTG 3362—2018）对预应力结构的正常使用阶段裂纹规定限值0.1mm的宽度为依据，进行第1次开裂加载。在加载过程中为了获得开裂荷载和开裂过程中刚度的变化情况，进行了比较小的荷载步施加，在重复加载过程中适当将荷载步增大。此加载过程重复3次，最大加载荷载为汽车荷载的5.25倍，在此基础上可分析刚度、变形的重复性和观察裂缝的闭合情况。

4. 加载至0.2mm裂纹宽度（工况Ⅳ）

第2次开裂加载以《公路钢筋混凝土及预应力混凝土桥涵设计规范》（JTG 3362—2018）对钢筋混凝土结构的正常使用阶段裂纹规定限值0.2mm的宽度为依据。在加载过程中使用与初裂加载相似的加载方式，最大加载荷载为汽车荷载的7.78倍。

5. 加载至0.3mm裂纹宽度（工况Ⅴ）

最大加载荷载为汽车荷载的9.92倍。

6. 加载至0.5mm裂纹宽度（工况Ⅵ）

最大加载荷载为汽车荷载的11.57倍。此工况测试结果显示，钢筋应变增加幅度增大，钢筋进入屈服状态。

7. 加载至破坏（工况Ⅶ）

最大加载荷载为汽车荷载的18倍时，主梁上缘混凝土压碎，结构破坏。

4.3　模型试验结果及分析

由于加载工况和次数繁多，为节约篇幅，下文列出加载至作用效应基本组合状态（工况Ⅱ）、加载至初裂（工况Ⅲ）、加载至0.2mm裂纹宽度（工况Ⅳ）和加载至0.5mm裂纹宽度（工况Ⅵ）的主梁跨中挠度、索力和裂缝结果进行比较分析。

4.3.1　挠度结果

如前文所述，试验时在主梁设置了F3～F7共5个位移测点，其中测点F5对应控制截面。

选取测点 F5 的位移数据，绘制控制截面在各加载工况下的荷载-挠度曲线（图 4-35 ~ 图 4-37）。

工况Ⅱ为作用效应基本组合工况，试验时分 4 级加载、3 级卸载，此加载过程重复 4 次。图 4-35显示，4 次重复加载关心截面的荷载-挠度曲线没有明显随加载次数增加而改变。第 1 次加载残余变形稍大，第 2 ~ 4 次加载曲线非常接近且残余变形小。

工况Ⅲ为加载至裂缝宽 0.1mm，试验时分 15 级加载、10 级卸载，此加载过程重复 5 次。图 4-36 显示，除第 1 次加载单个点数据有较大误差外，5 次重复加载关心截面的荷载-挠度曲线非常接近；在混凝土出现裂缝后，整体结构刚度没有随加载次数增加而明显降低。

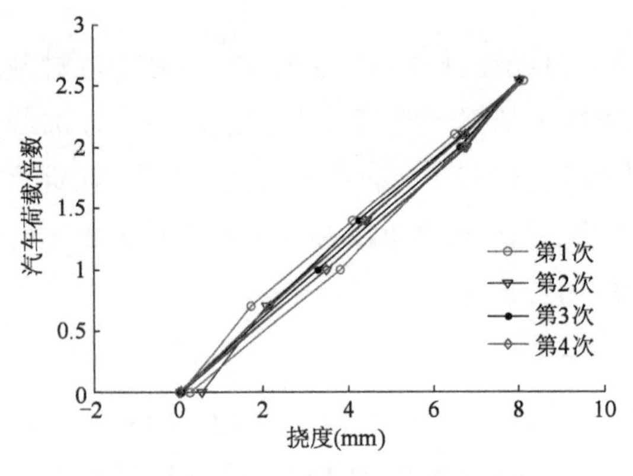

图 4-35　工况Ⅱ关心截面荷载-挠度关系图

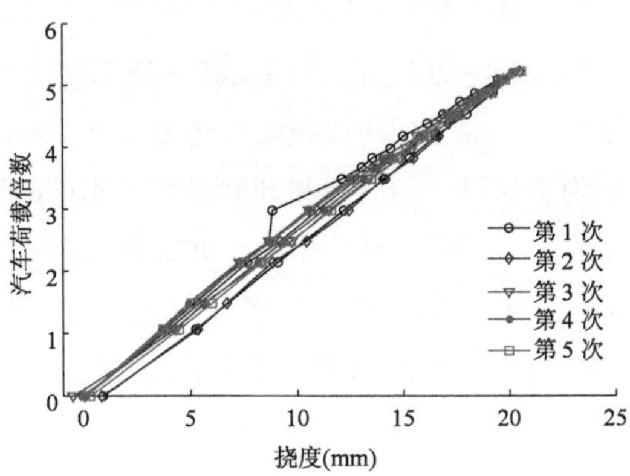

图 4-36　工况Ⅲ关心截面荷载-挠度关系图

工况Ⅳ为加载至裂缝宽 0.2mm，试验时分 21 级加载、13 级卸载，此加载过程重复 4 次。图 4-37 显示，4 次重复加载关心截面的荷载-挠度曲线非常接近；整体结构刚度没有随加载次数增加而明显降低。

工况Ⅵ为加载至裂缝宽 0.5mm，试验时分 22 级加载、14 级卸载，此加载过程重复 3 次。根据钢筋应变监测结果，此时钢筋应变增量加大，钢筋即将屈服。结合图 4-38 可以发现，第 1 次加载出现单个点数据有较大误差，3 次重复加载关心截面的荷载-挠度曲线整体重复性好；加载至钢筋临近屈曲时，整体结构刚度没有随加载次数增加而明显降低。

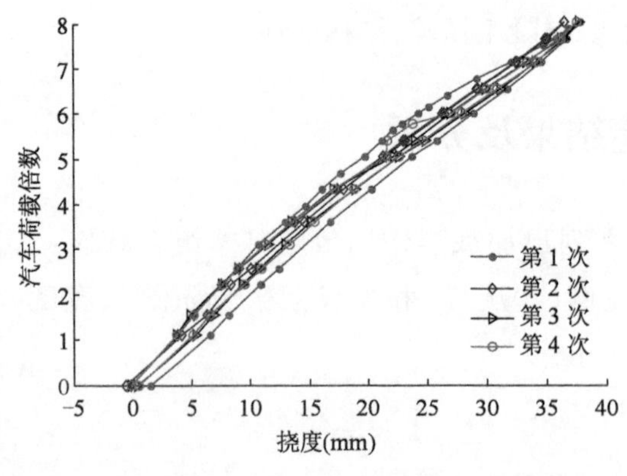

图 4-37　工况Ⅳ关心截面荷载-挠度关系图

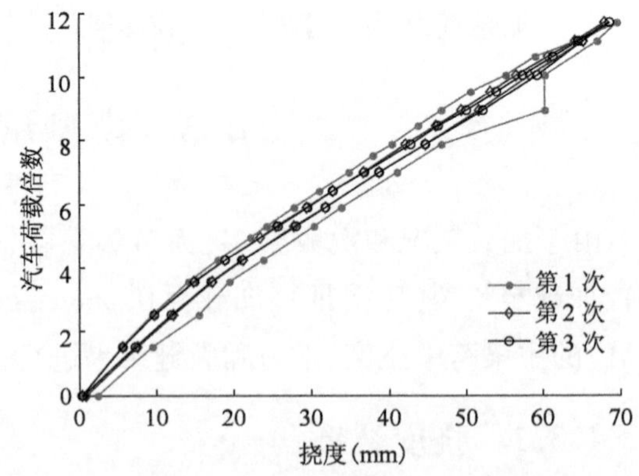

图 4-38　工况Ⅵ关心截面荷载-挠度关系图

工况Ⅶ为加载至破坏工况。如图4-39显示,结构破坏荷载约为汽车荷载的18倍。

以上数据显示,在每一加载工况下,除个别数据奇异点,即使混凝土已经开裂,甚至钢筋即将屈服,在预应力作用下结构应变均能良好恢复,控制截面荷载-挠度曲线均有较好的重复性,裂缝对整体刚度并没有明显影响。

试验采用的材料的力学性能与设计值有较大差距,故对部分计算参数进行如下修正:钢筋屈服强度 $f_{sk}=840\text{MPa}$,屈服应变 $\varepsilon_y=0.42\times10^{-3}$,混凝土峰值压应力 $\sigma_0=-54\text{MPa}$,其他参数与第3章相同。同时,实测数据分段选取各工况挠度数据的中间值,从而得到修正后的理论和实测荷载-挠度曲线对比图(图4-40)。

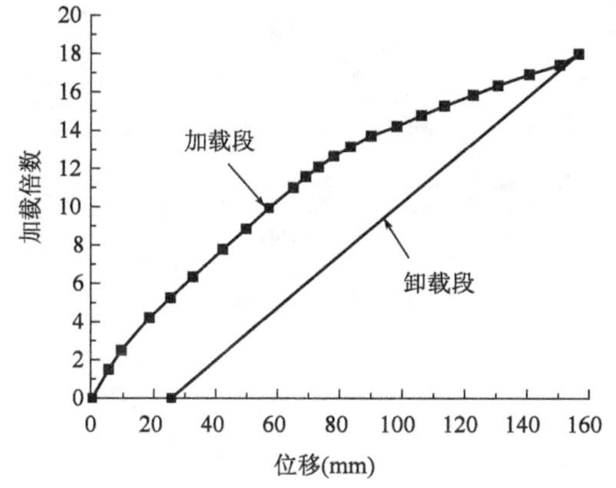

图4-39 加载至破坏时关心截面荷载-挠度关系图(F5处)

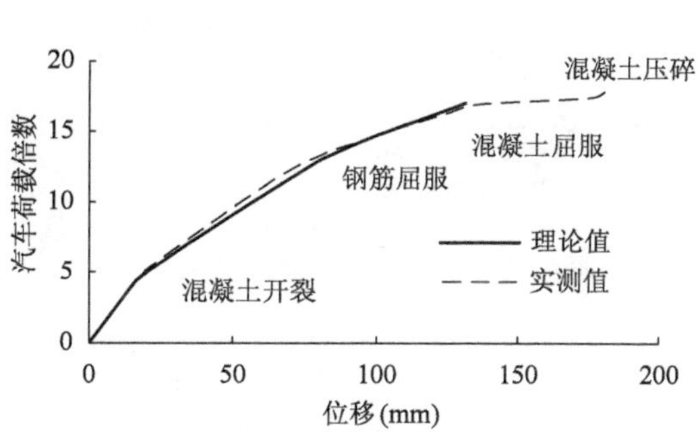

图4-40 荷载-挠度对比曲线

通过图4-40可以发现,混凝土斜拉桥模型的荷载-挠度曲线可分为4个阶段:开裂前工作阶段、带裂缝工作阶段、钢筋屈服阶段、混凝土屈服阶段,对应材料性能转折点为混凝土开裂、钢筋屈服、混凝土屈服、混凝土压碎结构破坏。在混凝土开裂和钢筋屈服后,荷载-位移曲线出现明显折点,结构刚度明显降低。

在钢筋屈服前,此破坏过程的受力状态与常见的混凝土梁相似;钢筋屈服后,混凝土斜拉桥受结构体系影响,出现了新的特征。常见的混凝土梁式结构,钢筋屈服后,钢筋应变急剧增加,裂缝附近与混凝土的黏结被破坏,裂缝即迅速上升,受压区混凝土面积减小,导致压应力加大,当上缘压应力达到最大压应力时主梁随即破坏。而通过模型试验分析发现,斜拉桥主梁在钢筋屈服后(首次屈服荷载为汽车荷载的10.5倍),虽然钢筋应变急剧增加导致裂缝宽度加大,但是内力重分布使得裂缝最严重的区域截面刚度降低,其分担的内力也随之减小,而附近区域单元则需承担更多的内力。这样一来,裂缝的扩展趋势是沿梁纵向新增裂缝的数量不断增多而非局部裂缝深度的剧烈发展,即参与受力的单元在逐步向周围扩散。因而即使钢筋屈服后结构体系仍有一定的承载能力,其破坏荷载是屈服荷载的1.71倍。

同时,通过理论和实测数据对比,理论计算在出现混凝土应变达到极限应变后即停止计算,因而没能获得其后的位移曲线,除此之外理论值和实测值非常接近,说明采用的计算方法有足够的精度。

4.3.2 索力结果

当主梁开裂发生内力重分布时,支撑主梁的斜拉索索力也会发生相应的变化。下文以控制索为例,列出其荷载-索力关系曲线(图4-41~图4-45)。

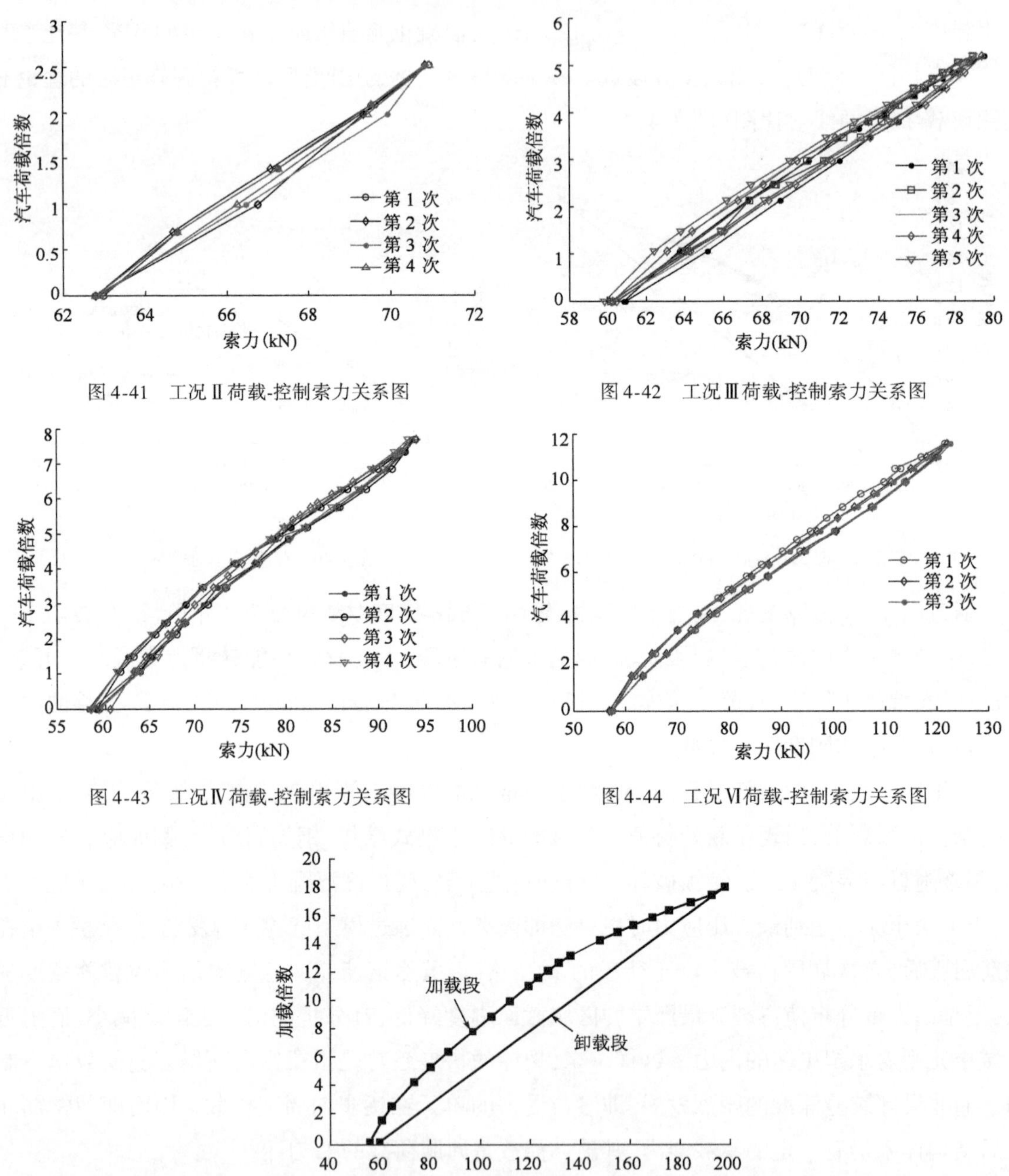

图4-41 工况Ⅱ荷载-控制索力关系图

图4-42 工况Ⅲ荷载-控制索力关系图

图4-43 工况Ⅳ荷载-控制索力关系图

图4-44 工况Ⅵ荷载-控制索力关系图

图4-45 加载至破坏荷载-控制索力关系图(正中间索)

由图4-41～图4-45可知，在每一加载工况下，控制索荷载-索力曲线都有较好的重复性，且在加载至混凝土开裂和钢筋屈服后，控制索索力均有明显增大。

4.3.3　混凝土主梁开裂现象及分布

为了便于描述裂纹的位置及其扩展，在试验梁上用墨线弹了网格（50mm×50mm），梁端对应距离0cm点，控制截面对应距离355cm，梁尾对应距离703cm，下文裂缝分布均以此网格为坐标。

1. 各加载工况下主梁的开裂现象

（1）加载到缝宽0.1mm

预应力混凝土主梁受到斜拉索的弹性支撑，在集中力和均布荷载作用下，主梁的最大受力位置主要集中在加载的集中力附近。根据实际观测，4.9倍汽车荷载作用下在距离梁端317.5cm、346cm、372cm位置处发现3条裂纹，裂纹长度分别约为50mm、80mm和40mm；在5.11倍汽车荷载作用下，在287cm位置处发现一条裂纹，裂纹长度约45mm，旧裂纹向上扩展延伸；在5.25倍汽车荷载作用下，在302cm处发现新裂纹；在第4次重复加载作用下，在254cm、231cm位置处发现新裂纹；在第5次重复加载作用下，在277cm附近发现新裂纹，裂纹分布区域在230～375cm。

（2）加载到缝宽0.2mm

该阶段施加的最大荷载为7.78倍。当荷载施加到汽车荷载的7.28倍时，跨中裂纹延伸至梗腋下端位置，该阶段裂纹分布区域在185～420cm，该阶段在190cm、208cm、268cm、302cm、308cm、325cm、338cm、358cm、388cm、396cm和420cm位置处产生新裂纹，共11条新增裂纹（图4-46）。

图4-46　加至0.2mm缝宽时跨中裂纹分布图

（3）加载到缝宽0.3mm

该阶段施加的最大荷载为9.92倍。跨中裂纹延伸至梗腋中部位置，裂纹分布区域在185～450cm，该阶段在220cm、377cm、402cm、426cm和444cm位置处产生新裂纹，共5条新增裂纹。

(4)加载到缝宽0.5mm

当荷载施加到汽车荷载的11.57倍,跨中裂纹延伸至顶板位置。在加载至汽车荷载的11倍时发现裂纹宽度突然增大,判断此时钢筋屈服,主梁的刚度突然下降,裂纹分布区域在130～500cm,该阶段在135cm、158cm、177cm、325cm、329cm、457cm、467cm和495cm位置处产生新增裂纹,共8条新增裂纹,其中325cm位置处裂纹为斜裂纹,由此可知,随着集中荷载的不断增大、主梁的不断损伤,局部剪切效应受力非常明显(图4-47)。

图4-47　11.57倍汽车荷载作用下的裂纹扩展分布图

(5)破坏加载

在破坏加载过程中,在加载到汽车荷载的12.07倍时普通钢筋再次屈服,中间区域裂纹宽度明显增大,在13.71倍汽车荷载作用下,主梁中间宏观裂纹开始大量汇聚,两侧裂纹宽度和长度基本停止增长;在15.28倍汽车荷载作用下,裂纹延伸到顶板中间位置;在15.85～17.42倍汽车荷载作用下,裂纹大量汇聚形成破坏裂纹,多条裂纹宽度超过2mm,最大裂纹宽度达3.4mm(表4-6),在主梁压碎的瞬间发出噼啪的压碎声音。具体破坏形式如图4-48所示,跨中裂纹的布置形式如图4-49所示。

破坏时最大裂纹位置、裂纹宽度表　　表4-6

最大裂纹位置(距梁端距离)(cm)	287	302	308	338	346	358	372
裂纹宽度(mm)	0.84	0.9	3.4	1.22	2.16	1.7	1.4

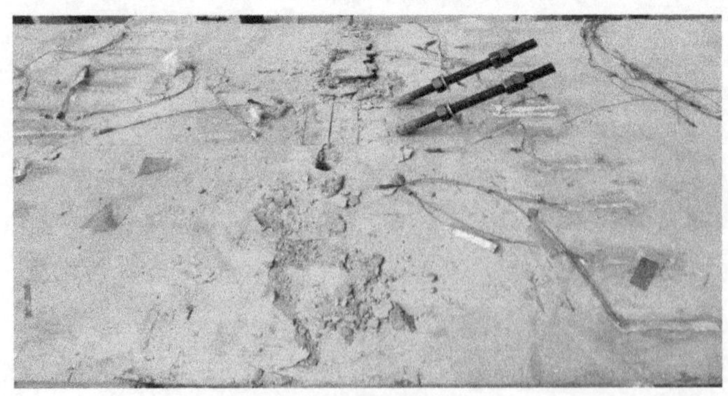

图4-48　顶板压碎破坏图

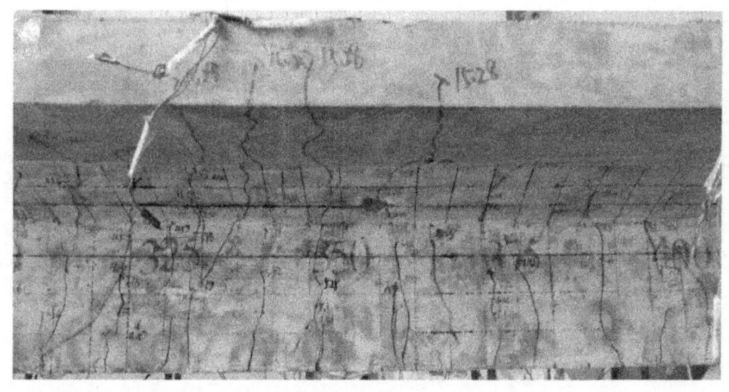

图4-49 跨中裂纹分布图

2. 裂纹分布图及综合分析

为了明确描述出裂纹在梁肋和梗腋位置的扩展和分布，将梗腋沿着斜向展开绘制成图，图4-50～图4-52为根据主梁实际各级荷载作用下裂纹扩展的形状和长度描绘出来的裂纹分布图，其中汽车荷载倍数只保留小数点后一位。

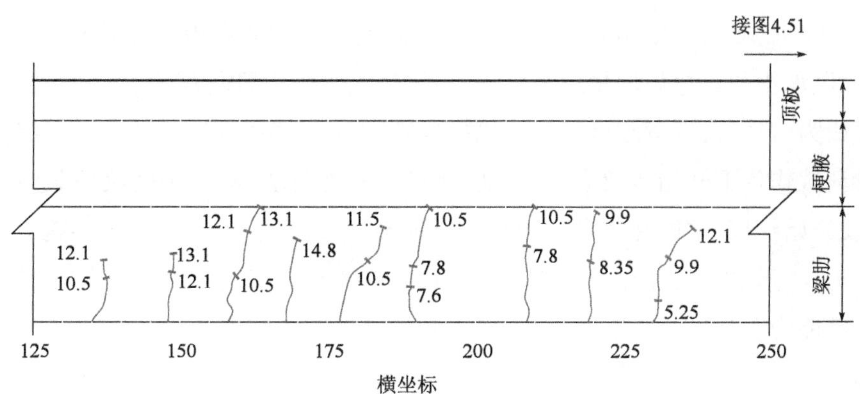

图4-50 各级荷载作用下裂纹分布图（左侧）

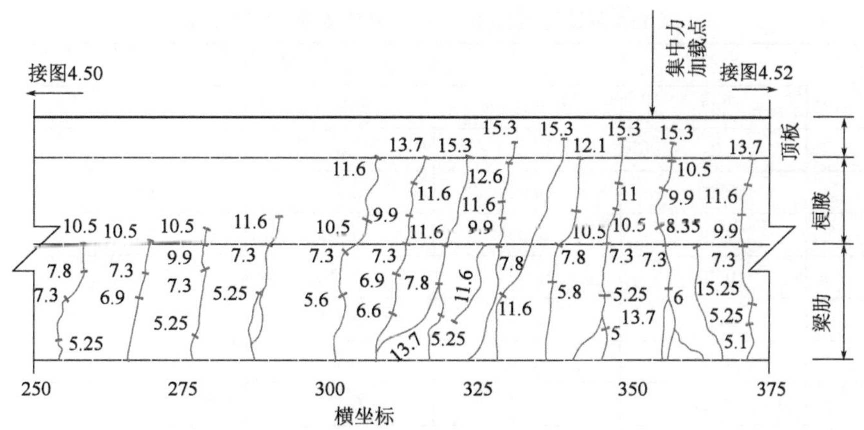

图4-51 各级荷载作用下裂纹分布图（中左侧）

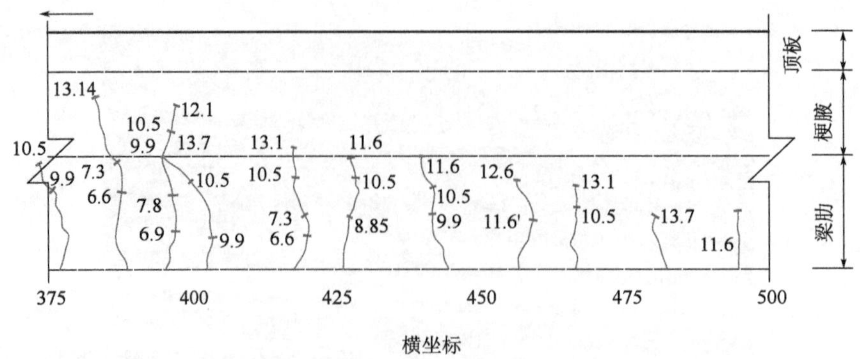

图 4-52　各级荷载作用下裂纹分布图(中左侧)

根据各荷载工况下的裂纹扩展描述可知,随着荷载的增大,集中力加载点位置(对应 3 号和 4 号梁段之间)附近首先出现裂纹,随后 3 号和 4 号梁段裂纹不断增多;当最初出现的裂纹扩展到梗腋位置时,该截面的刚度降低为原始刚度的 0.13 倍左右,抗弯承载能力急剧下降,弯矩逐渐转由斜拉索和两侧梁段(1 号、2 号和 5 号、6 号梁段)承担,两侧梁段新增裂纹逐渐增多;当钢筋屈服后,钢筋应力几乎不再增加,初始裂纹延伸至顶板,该截面的刚度为原始刚度的 0.052 倍,集中力加载位置截面的刚度进一步下降,此时增加的弯矩主要靠两侧梁段和斜拉索承担,两侧梁段承担的正弯矩增量逐渐减小,新增裂纹减少;当顶板混凝土屈服,集中力加载截面附近位置成为塑性铰,抗弯刚度约为 0,中间梁段变成一端固定一端铰接的梁体结构,两侧梁段在增量荷载作用下开始承受负弯矩,两侧基本上无新增裂纹,中间梁段裂纹宽度急剧增大,宏观裂纹开始汇聚,主梁在集中力加载点附近破坏。由此可知,斜拉桥结构具有良好的内力重分布能力(一般的简支梁结构,钢筋屈服主梁紧接着破坏),证明了斜拉桥结构具有良好的延性和承载能力。

3. 裂缝稳定性

不同加载工况下的裂纹宽度见表 4-7 ~ 表 4-9。

0.1mm 裂纹宽度控制加载下裂纹宽度(单位:mm)　　表 4-7

加载倍数	网格位置				
	287	302	317.5	346	372
3.5	0	0.01	0	0.01	0
3.85	0.01	0.02	0.01	0.03	0.01
4.2	0.02	0.03	0.02	0.04	0.02
4.55	0.03	0.03	0.02	0.06	0.03
4.9	0.04	0.05	0.03	0.07	0.04
5.25	0.04	0.06	0.04	0.09	0.04
4.9	0.04	0.06	0.02	0.08	0.03
4.55	0.03	0.04	0.02	0.04	0.02

续上表

加载倍数	网格位置				
	287	302	317.5	346	372
4.2	0.01	0.03	0.02	0.04	0.01
3.85	0	0.02	0.01	0.02	0.01

由表4-7可知,初裂加载工况(0.1mm裂纹宽度,最高5.25倍汽车荷载,加载工况Ⅲ)下,混凝土开裂后卸载,裂纹完全闭合,重新加载时3.5倍汽车荷载下裂纹才张开。

7.78倍汽车荷载作用下裂纹宽度(单位:mm)　表4-8

加载倍数	网格位置								
	277	287	302	308	326	338	346	358	372
3.5	0.01	0	0.02	0.02	0.01	0.02	0.02	0.01	0.01
4.2	0.03	0.01	0.03	0.03	0.02	0.03	0.04	0.02	0.02
4.9	0.04	0.04	0.04	0.06	0.05	0.06	0.07	0.06	0.06
5.25	0.05	0.06	0.05	0.08	0.06	0.07	0.08	0.08	0.07
5.82	0.08	0.08	0.08	0.1	0.07	0.1	0.1	0.1	0.1
6.35	0.08	0.1	0.08	0.12	0.09	0.11	0.11	0.13	0.12
6.92	0.1	0.13	0.09	0.14	0.09	0.14	0.14	0.15	0.14
7.78	0.13	0.16	0.09	0.17	0.13	0.17	0.17	0.2	0.18
6.92	0.1	0.12	0.08	0.14	0.11	0.13	0.14	0.16	0.16
6.35	0.09	0.1	0.06	0.11	0.08	0.12	0.12	0.14	0.13
5.82	0.08	0.08	0.05	0.1	0.08	0.1	0.1	0.11	0.1
5.25	0.05	0.06	0.04	0.07	0.06	0.07	0.08	0.07	0.08
4.9	0.05	0.04	0.03	0.06	0.04	0.06	0.06	0.04	0.06
4.2	0.02	0.02	0.02	0.03	0.03	0.03	0.03	0.02	0.03
3.5	0.01	0	0	0.02	0.01	0.01	0.01	0.01	0.01

由表4-8可知,在0.2mm裂纹宽度加载工况下(7.78倍汽车荷载),主梁顶板混凝土应变和钢筋应变重复性良好,卸载后应变基本能恢复至初始状态。重新加载时在3.5倍汽车荷载作用下开始发现裂纹张开,相比初裂加载工况,裂纹张开宽度稍有增加。

11.57倍汽车荷载作用下裂纹宽度(单位:mm)　表4-9

加载倍数	网格位置								
	277	287	302	308	326	338	346	358	372
2.5	0.01	0	0.01	0.03	0	0.01	0.01	0.02	0.01
3.5	0.03	0.03	0.02	0.06	0.02	0.03	0.04	0.04	0.03
4.2	0.05	0.06	0.04	0.09	0.04	0.05	0.07	0.07	0.06
5.25	0.08	0.1	0.05	0.14	0.07	0.1	0.12	0.13	0.1
5.82	0.11	0.14	0.1	0.18	0.1	0.13	0.14	0.18	0.14

续上表

加载倍数	网格位置								
	277	287	302	308	326	338	346	358	372
6.92	0.13	0.18	0.13	0.24	0.13	0.15	0.18	0.23	0.19
7.78	0.17	0.22	0.11	0.3	0.15	0.21	0.22	0.29	0.23
8.85	0.21	0.27	0.18	0.35	0.18	0.25	0.27	0.34	0.28
9.92	0.24	0.32	0.24	0.42	0.22	0.3	0.32	0.4	0.32
11.57	0.3	0.5	0.28	0.52	0.26	0.34	0.36	0.52	0.4
9.92	0.24	0.32	0.24	0.44	0.22	0.3	0.32	0.42	0.34
8.85	0.21	0.3	0.22	0.4	0.18	0.26	0.3	0.38	0.28
7.78	0.18	0.25	0.13	0.36	0.16	0.22	0.24	0.32	0.24
6.92	0.13	0.18	0.15	0.3	0.12	0.17	0.2	0.26	0.2
5.82	0.11	0.13	0.08	0.22	0.08	0.12	0.16	0.18	0.15
5.25	0.1	0.1	0.08	0.18	0.06	0.1	0.12	0.14	0.12
4.2	0.04	0.06	0.03	0.1	0.03	0.06	0.07	0.08	0.06
3.5	0.03	0.03	0.02	0.08	0.02	0.03	0.04	0.05	0.04
2.5	0.01	0.01	0	0.05	0	0.02	0.02	0.02	0.02
1.5	0	0	0	0.02	0	0	0	0.01	0.01

由表4-9可知，在0.5mm裂纹宽度加载工况作用下（11.57倍汽车荷载，此时钢筋已近屈服），主梁顶板混凝土应变和钢筋应变重复性良好，卸载后应变基本能恢复至初始状态。重新加载时，2.5倍汽车荷载作用下裂纹重新张开。

结合以上3个加载工况的裂缝宽度数据可知，混凝土斜拉桥主梁在出现裂缝后卸载，受有效预应力和斜拉索水平压力的作用裂缝都能闭合。随着反复加载次数的增加，裂缝重新张开时的荷载有变小的趋势。

4.3.4 刚度分析

1. 单次加载刚度分析

以破坏荷载作用下控制截面（F5测点）荷载-挠度曲线为例，对其分区间进行拟合，可得如图4-53所示数值关系，相应曲线斜率见表4-10。

图4-53显示，主梁裂纹张开荷载（2.5倍汽车荷载）小于初裂加载的开裂荷载（4.4倍汽车荷载），在裂纹张开前接近弹性工作状态；裂纹张开后，刚度迅速减小；钢筋屈服后，刚度进一步降低，但仍能继续承受部分荷载和变形。

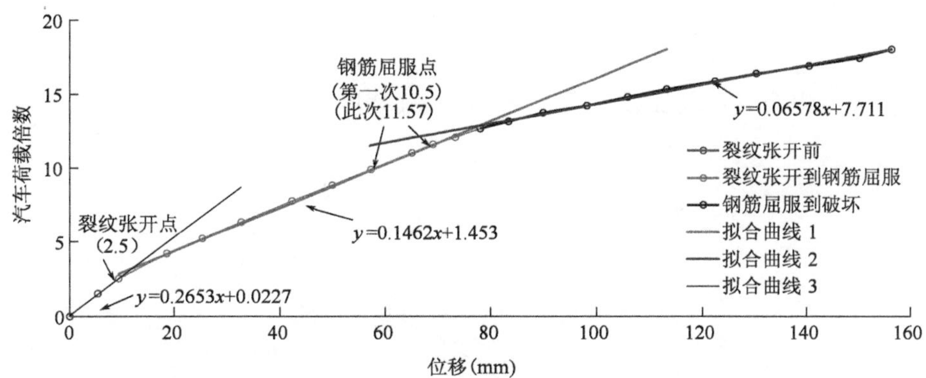

图4-53　破坏荷载作用下主梁F5测点的位移与汽车荷载倍数的关系曲线及对相应区间进行拟合

破坏加载过程中荷载-位移曲线斜率(刚度)　表4-10

状态	裂缝闭合	裂纹张开	钢筋屈服
刚度(倍/mm)	0.2653	0.1462	0.06578
下降比值(%)	—	45	75

由图4-53和表4-10可以发现,主梁在裂纹张开前和张开后,体系刚度下降较明显,约下降了45%,钢筋屈服后对应的拟合区间为12.64~18倍汽车荷载,该阶段混凝土已经开始屈服,其体系刚度下降了75%。

在这3个受力状态中,对应主梁裂缝处于不同位置和高度。为了研究主梁在不同的裂纹高度下截面净刚度的比值,将主梁按不同裂纹状态分为4类:未开裂、裂纹延伸到梗腋位置(裂纹长度200mm)、延伸到顶板下缘位置(裂纹长度250mm)、钢筋屈服(裂纹长度250mm)和混凝土屈服(裂纹开裂到顶板中部),求出不同状态下主梁截面的惯性矩,并以未开裂截面为基准,得到截面净刚度比(表4-11)。

不同开裂状况下钢筋混凝土刚度相对比值　表4-11

状态	未开裂	开裂到梗腋	开裂到顶板下缘	钢筋屈服	混凝土屈服
刚度比	1	0.21	0.18	0.11	0.06
下降比(%)	0	79	82	89	94

由表4-10和表4-11可以发现,在破坏加载曲线中第二段(裂纹张开段),结构体系刚度下降45%,此时最高裂纹延伸到顶板,单个主梁截面刚度下降了82%;破坏荷载加载曲线的第三段(钢筋屈服段),结构体系刚度下降75%,此时出现钢筋屈服,单个主梁截面刚度下降89%。钢筋屈服后继续加载直至混凝土屈服,主梁截面的抗弯刚度减少至初始截面的0.06倍,仅由未屈服钢筋和钢绞线抵抗弯矩,结构在混凝土屈服截面接近形成塑性铰。由此可见,梁截面刚度在混凝土开裂和钢筋屈服后下降较快,相比之下结构体系的刚度下降比较迟缓。

2. *多次反复加载刚度分析*

本次试验进行了分段多次反复加载,为开裂后的主梁在使用荷载下的结构性能提供了依据。在作用效应基本组合(2.5倍汽车荷载)作用下,分析反复加载(开裂)后主梁的刚度变化情况。

作用效应基本组合下不同加载工况对应控制截面挠度变化如图4-54所示。

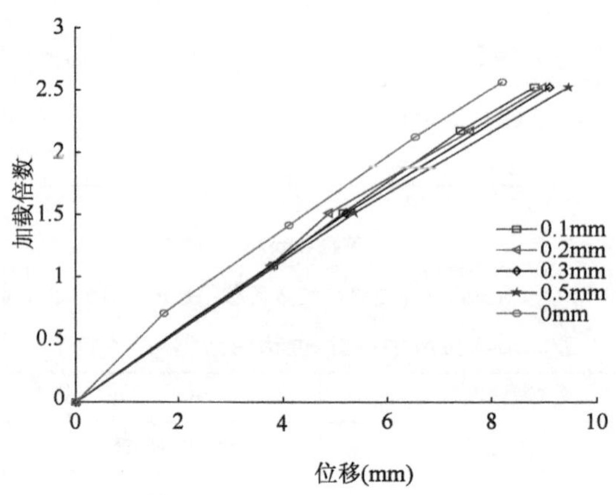

图4-54 各加载工况主梁控制截面荷载-挠度图

作用效应基本组合下不同加载工况的控制截面挠度见表4-12。

作用效应基本组合下不同加载工况的控制截面挠度 表4-12

工况	未开裂	工况Ⅲ	工况Ⅳ	工况Ⅴ	工况Ⅵ
对应裂缝宽(mm)	0	0.1	0.2	0.3	0.5
控制截面挠度(mm)	8.12	8.73	8.88	9.02	9.38

表4-12和图4-54显示,在混凝土开裂后结构刚度有所下降,但开裂后结构刚度趋于稳定,受反复加载次数的影响较小。在长期效应组合下(1.08倍汽车荷载),结构没有出现裂缝,结构刚度几乎不随反复加载次数改变;在作用效应基本组合下,随着加载次数增加及裂缝的延伸,结构刚度有所减小(表4-13)。

不同加载工况下主梁刚度及刚度下降表 表4-13

工况	未开裂	工况Ⅲ	工况Ⅳ	工况Ⅴ	工况Ⅵ
对应裂缝宽(mm)	0	0.1	0.2	0.3	0.5
刚度(倍/mm)	0.3078	0.2891	0.282	0.2779	0.2673
刚度降低百分比(%)	0	6.075	8.382	9.714	13.158

由表4-13可知,当主梁开裂到0.1mm、0.2mm、0.3mm和0.5mm裂纹宽度以后再卸载至成桥状态,然后再进行作用效应基本组合下(主梁没有出现拉应力)的加载试验,其结构体系的刚度分别下降了6.08%、8.38%、9.71%和13.16%,由此可知,随着主梁受弯裂纹的不断扩展,恢复后的结构体系刚度不断下降,但下降的幅度有限。

4.4　局部加固后试验分析

前述试验结果表明,结构加载至破坏与实测结果吻合较好,混凝土斜拉桥开裂后的刚度下降有限,结构的承载能力有较大富余。加载至主梁破坏时,主梁顶板受压区混凝土被压溃,试验梁中心占梁长近 1/2 的范围内布满裂缝,跨中位置的裂缝甚至已经扩展至 T 梁翼板。

为进一步明确斜拉桥混凝土主梁、斜拉索和力筋的受力特点及结构的整体受力特征,将破坏后的试验梁放置一段时间后对其进行局部加固,并完成了加固后的加载试验。

为了便于表述,下文对于局部补强后的试验梁简称为“主梁”,原加载的试验梁简称为“原主梁”。

4.4.1　局部加固措施

根据原主梁试验加载的破坏特征,从结构耐久性出发考虑对裂缝进行注浆修补。

(1)原主梁在 18 倍活载作用下,跨中区段多产生密而宽的裂缝,从结构耐久性出发考虑对裂缝进行注浆修补,裂缝灌注胶的安全性能指标见表 4-14,修补后效果如图 4-55 所示。

裂缝灌注胶安全性能指标　　表 4-14

项　目		性能要求(A 级胶)
胶体性能	抗拉强度(MPa)	≥20
	抗拉弹性模量(MPa)	≥1500
	抗压强度(MPa)	≥50
	抗弯强度(MPa)	≥30 且不出现脆性破坏
黏结能力	钢-钢抗剪拉伸强度标准(MPa)	≥10
不挥发物含量(%)		≥99
可灌注性		规定压力下,能注入宽度 0.1mm

图 4-55　裂缝注浆修补效果

(2)对原主梁顶板压溃的混凝土进行清理,并浇筑 UHPC 层加固,其长度为以原主梁最大缝宽位置为中心 1m 范围,厚度为参考文献 9 对实桥加固的厚度,按照比例换算后,确定为 2cm,宽度为顶板全宽。顶板结合面采用 20cm × 20cm 间距植筋,钢筋采用与主梁普通钢筋同型号的 HRB400ϕ8 钢筋,伸入主梁和 UHPC 层各 1cm,浇筑后标准养护 28d 后拆模。UHPC 与普通混凝土材料性能指标对比见表 4-15,加固效果如图 4-56 所示。

UHPC 与普通混凝土材料参数对比 表 4-15

类　型	抗压强度(MPa)	抗折强度(MPa)	弹性模量(GPa)	徐变系数	氯离子扩散系数(m^2/s)	电阻率(kW·cm)
UHPC	150~230	30~60	40~60	0.2~0.3	$<0.01\times10^{-11}$	1133
普通混凝土	30~60	2~5	30~40	14~2.5	$>1\times10^{-11}$	96(C80)

a)加固植筋　　b)浇筑UHPC层

图 4-56　跨中顶板 UHPC 层加固

其他现场装置、加载方式、位移测点和索力测试都与前述试验相同。

4.4.2 加固试验数据分析

原试验模型加载至 18 倍活载后,刚度急剧下降,原主梁腹板裂缝迅速发展,跨中裂缝数量多且缝宽大,对原主梁局部修补加固后,主梁线形恢复良好。为了对比损伤原主梁局部加固前后力学性能,拟对主梁进行与原主梁相同的工况加载,但考虑到材料内部损伤无法完全修补,开裂区域钢筋与混凝土之间的咬合作用丧失,主梁的刚度势必低于加载前的原主梁,故对主梁仅加载至工况Ⅵ。各个工况信息及加载特征,见表 4-16。

加固主梁加载工况 表 4-16

名　称	工况Ⅰ	工况Ⅱ	工况Ⅲ	工况Ⅳ	工况Ⅴ	工况Ⅵ
	预加载	承载能力	0.1mm 裂缝	0.2mm 裂缝	0.3mm 裂缝	0.5mm 裂缝
活载(倍)	1.5	2.5	5.25	7.78	9.92	11.57
试验特征	仪器调试	未开裂	预应力结构裂缝限宽	混凝土结构裂缝限宽	较大的裂缝宽度	受拉钢筋接近屈服

1. 挠度对比

工况Ⅱ、Ⅳ、Ⅵ加载下关心截面(F5 测点)位移数据对比。

工况Ⅱ为承载能力荷载组合工况,试验分 8 级加载、8 级卸载,此加载过程重复 3 次,荷载-位移曲线如图 4-57 所示。图 4-57a)表明,原主梁和主梁在 2.5 倍活载重复加载-卸载作用下,体现了很好的变形恢复能力,重复加载的挠度十分接近,且卸载后残余变形均小于 0.5mm。工况Ⅱ下原主梁 F5 测点最大挠度为 8.53mm,主梁 F5 测点最大挠度为 11.27mm,增量为 2.74mm。同时,还能明显看出活载倍数大于 1 倍时,原主梁和主梁挠度差值开始增大,此时两次试验差值仅为 0.6mm,表明 PC 斜拉桥主梁受重载而破坏、损伤,对主梁局部加固后能承受轻载交通或其正常使用性能不会受到影响。

工况Ⅳ为首次加载至裂缝宽 0.2mm 时所确定的活载倍数,试验时分 5 级加载、5 级卸载,此加载过程重复 3 次。图 4-57b)显示,3 次重复加载关心截面的荷载-挠度曲线非常接近,原主梁最大挠度达 37.78mm,主梁最大挠度为 45.12mm;还能明显看出活载大于 3 倍时原主梁、主梁挠度增长加速,此处与主梁在工况Ⅲ加载下的初裂荷载;在同一荷载工况下加载,对比原主梁和修补后主梁挠度增大了 7.15mm,刚度退化率为 8.81%,退化速率慢于工况Ⅱ。

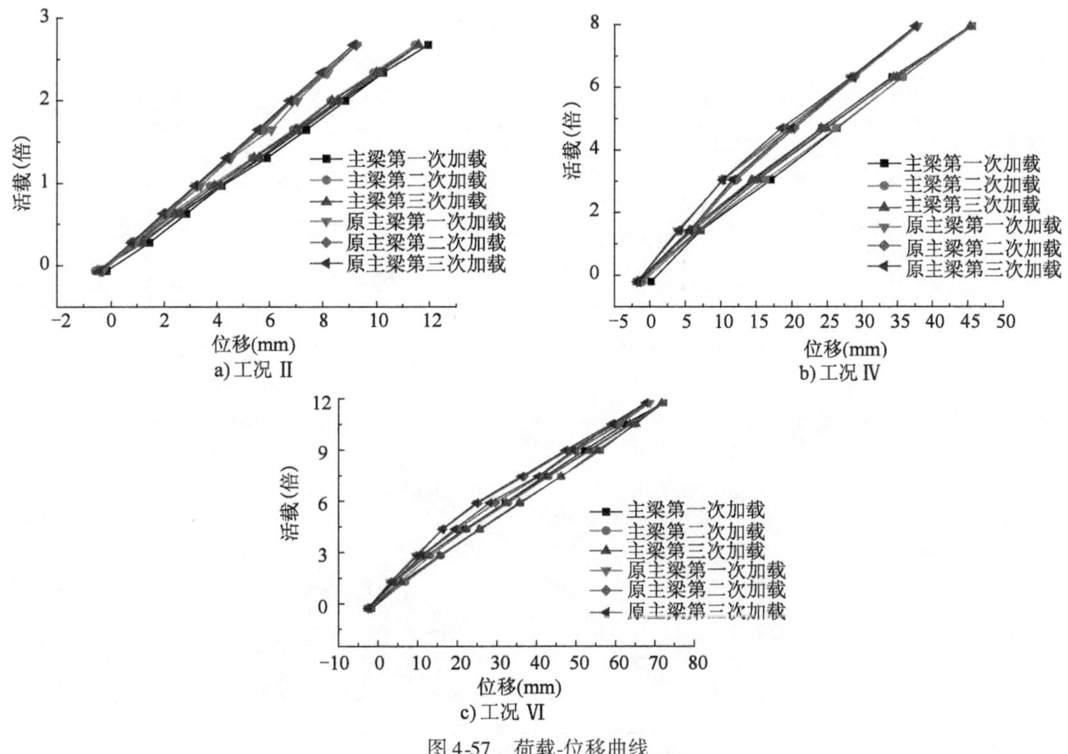

图 4-57　荷载-位移曲线

工况Ⅵ为首次加载至裂缝宽 0.5mm 时所确定的活载倍数,试验时分 8 级加载、8 级卸载,此加载过程重复 3 次。结构整体刚度没有随加载次数增加而明显降低,重复加载关心截面的荷载-挠度曲线整体重复性好,且此时原主梁和主梁的挠度十分接近;对比原主梁(最大挠度68mm),在同一荷载工况下加载,修补后主梁挠度增大了4.11mm,达72.11mm,刚度退化率为6.04%。

在重复加载过程中,原主梁和主梁的荷载-位移曲线变化稳定,且相同工况下的加-卸载过程除个别偏差较大数据,其余都吻合较好,例如工况Ⅱ重复加载位移偏差在0.3mm以内,而工况Ⅵ数据点偏差在3mm以内;在低倍活载作用下,荷载-位移曲线吻合较好,在各个工况下,加载到1倍活载前挠度值都十分接近,但原主梁破坏后局部加固刚度提升不明显,位移差值随活载增大而增大,但增长的速度放缓,2.5倍活载主梁挠度比原主梁增大了32%,达2.74mm;7.8倍活载作用增大7.15mm,比例降至18.81%。究其原因,假定原主梁损伤前刚度为"1",破坏时刚度为"0",那么局部加固主梁刚度介于0~1,且每个工况下主梁的刚度都小于原主梁的刚度,也会随着活载倍数增加逼近。工况Ⅵ加载到11.57倍活载,达到破坏荷载的64.3%,此时原主梁和主梁控制截面的荷载-位移曲线十分接近。卸载后主梁线形恢复良好,重复性好,表明整个试验模型的承载能力还有很大富余。

2. 索力结果及对比

将控制截面F5测点的位移计放置在12号索正下方,仍然选定12号索为控制索。

图4-58给出了在工况Ⅱ、Ⅳ、Ⅵ下控制索力的对比情况。

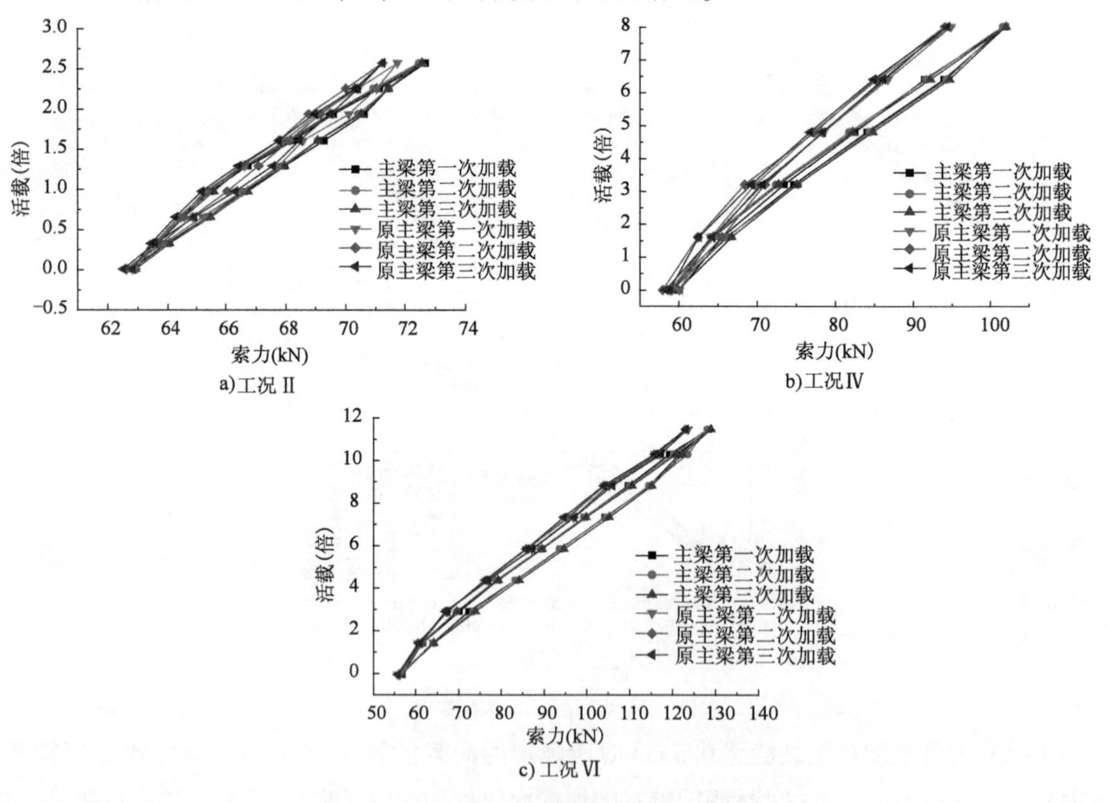

图4-58 荷载-控制索力曲线

工况Ⅱ重复3次加载，原主梁和主梁两次试验测试所得的控制索索力相差很小；原主梁和主梁的荷载-索力曲线在多次加载下重复性较好，除了原主梁第一次加载的峰值索力偏大，其余测试点都吻合很好；原主梁峰值索力达到71kN，较成桥索力增加8.2kN；主梁峰值索力为72.2kN，较成桥索力增加9.4kN。这一数据与工况Ⅱ下原主梁与主梁挠度增长趋势一致。

工况Ⅳ重复加载3次，原主梁控制索峰值索力达到94.3kN，较初始索力增加33.8kN；主梁为100.8kN，较成桥初测试索力增加41.4kN；从图4-58中还能明显看出，当活载大于3倍时，①原主梁、主梁测试索力增长速度都明显加快；②原主梁和主梁之间的差值增长也在加快。这与工况Ⅳ荷载-位移曲线表现出的趋势一致，同时也反映了达到初裂荷载后，索力增长加速这一规律。

工况Ⅵ加载下的荷载-索力曲线，测试值十分接近原主梁控制索峰值索力122kN，较测试初增加66kN；主梁控制索峰值索力为128.2kN，较初始增加72kN。在此工况中，主梁比原主梁索力增大了9.09%，差值为6kN，荷载-索力曲线变化规律与工况Ⅵ下荷载-挠度曲线趋势吻合较好。

在重复加载过程中，控制索索力变化稳定且可重复性好，各次重复加载的索力值十分接近。例如，工况Ⅱ各次加载测试索力差值都小于0.3kN，而到了工况Ⅵ，各次测试索力差值也不超过3kN；在低倍活载作用下，荷载-索力曲线吻合较好，在各个工况下，加载到1倍活载前挠度值都十分接近，而当活载超过3倍时，索力的增长速度开始明显加快，两条曲线也开始出现明显偏差。加载到11.57倍活载，控制索力最大为128.2kN，远未达到单根钢绞线极限拉应力，这也就是加-卸载过程中试验模型可重复性良好的原因；荷载-索力曲线的变化规律和前文中位移的变化规律吻合，证明试验数据精确性好。

图4-58反映出，在每一加载工况下，控制索荷载-索力曲线都有较好的重复性，且在加载至混凝土开裂和钢筋屈服后，控制索索力均有明显增大。比对“原主梁-修补后主梁”两次加载，发现了一些相同现象：

(1)重复加卸载控制索索力数据极为接近，加载到11.57倍活载，控制索索力在5根拉索中最大，达到128.2kN，但远未达到单根钢绞线抗拉极限。

(2)同一次“加载-卸载”过程中，测点卸载挠度数据较加载时偏大。

(3)索力退化明显，工况Ⅵ较工况Ⅱ成桥索力已经由62.8kN退化到57.1kN。

3. 裂缝分布及对比

为了便于描述裂缝的分布和发展情况，用墨线在试验梁弹了网格划分 $x-z$ 坐标(50mm × 50mm)。主梁梁端一般断面的起点对应 x 坐标0cm，梁底下边缘对应 z 坐标0cm，下文裂缝分布以此网格为坐标。

工况Ⅲ重复3次，共出现14条新裂缝，分别是：第一次加载到3.7倍活载时307cm、317cm处，长度分别约为60mm、55mm，加载到4.6倍活载时247cm、255cm、276cm、330cm、336cm处，长度分别约为30mm、40mm、70mm、50mm、90mm；第二次加载到4.6倍活载时266cm、282cm、298cm、367cm处，长度分别约为80mm、80mm、60mm、40mm，加载到4.9倍活载时334cm、342cm处，长度分别约为30mm、80mm；第三次加载到5.25倍活载时374cm处，长度约为20mm。裂缝总数达到14条，分布范围为247～374cm。最大缝宽为0.17mm，位于307cm处。

工况Ⅳ重复3次，共出现新裂缝17条，分别是：第一次加载到4.6倍活载时320cm、347cm处，长度分别约为140mm、170mm；第二次加载到6.2倍活载时290cm处，长度约为80mm；第三次加载到7.78倍活载时149cm、159cm、169cm、179cm、190cm、201cm、209cm、225cm、229cm、236cm、356cm、390cm、397cm、415cm处，发现多条细密裂缝。裂缝总数达到31条，分布范围为149～420cm。最大缝宽为0.28mm，位于307cm处。

工况Ⅴ重复3次，共出现新裂缝8条，分别是：第一次加载到9.3倍活载时107cm、118cm、130cm、217cm处，长度分别约为95mm、120mm、90mm、125mm；第二次加载到9.3倍活载时280cm处，长度约为130mm，加载到9.92倍活载时380cm处，长度约为200mm；第三次加载到9.92倍活载时365cm、438cm处，长度分别约为70mm。裂缝总数达到39条，分布范围为105～450cm。最大缝宽为0.39mm，位于307cm处。

工况Ⅵ重复3次，共出现新裂缝3条，分别是：第一次加载到10.38倍活载时140cm、151cm处，长度分别约为140mm、60mm；第三次加载到11.57倍活载时428cm处，长度约为50mm。裂缝总数达到42条，分布范围为105～450cm，最大缝宽为0.69mm，位于307cm处。

总的来看，加固后主梁抗裂性能偏低，裂缝出现时间比原主梁早，如工况Ⅲ中，原主梁初裂荷载为4.9倍活载，5.25倍活载时最大缝宽为0.1mm，主梁加载到3.7倍即开裂，4.6倍活载时最大缝宽达到0.1mm。主梁的裂缝发展也更快，加载到11.57倍活载，共出现41条裂缝，分布范围为105～440cm，此时最大缝宽为0.69mm，原主梁仅出现32条裂缝，分布范围为130～425cm，最大缝宽仅为0.5mm。前期发展的都是竖向裂缝，表明主梁在拉索的支承下处于多点弹性受弯状态，随荷载增大裂缝继续发育，进而缝宽和缝长都增加。活载增加到10.4倍时，裂缝延伸至主梁顶板，且在305cm处出现斜裂缝，可知主梁进一步损伤，局部剪切效应明显。卸载后，主梁的线形恢复良好，裂缝全部闭合。各级活载下主梁的裂缝分布如图4-59所示。

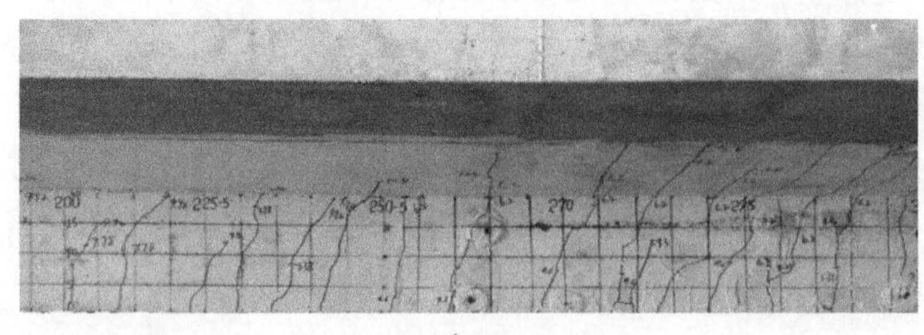

a)

图 4-59

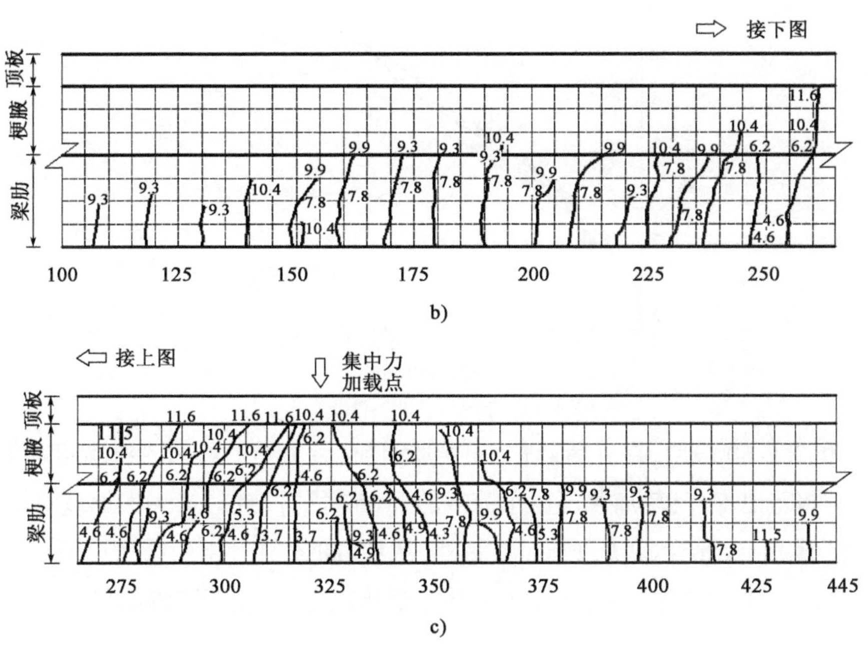

图 4-59　主梁裂缝分布图

选取加固前后的原主梁和主梁，对加载至 11.57 倍活载以内各级荷载作用下最大缝宽进行比较，具体数据如表 4-17、图 4-60 所示。

两次加载至 11.57 倍内活载最大缝宽比较（单位：mm）　　表 4-17

加　载			卸　载		
活载(倍)	原主梁	主梁	活载(倍)	原主梁	主梁
1.5	—	0.01	9.92	0.42	0.55
2.5	0.02	0.03	8.85	0.38	0.45
3.5	0.04	0.06	7.78	0.32	0.40
4.2	0.07	0.10	6.92	0.26	0.32
5.25	0.13	0.18	5.82	0.18	0.25
5.82	0.18	0.23	5.25	0.14	0.20
6.92	0.23	0.30	4.2	0.08	0.13
7.78	0.29	0.39	3.5	0.05	0.08
8.85	0.34	0.45	2.5	0.02	0.03
9.92	0.40	0.53	1.5	0.01	0.01
11.57	0.52	0.69	0	0	0

注：表中“—”表示加载到该级荷载尚未出现裂缝，“0”表示裂缝已经闭合。

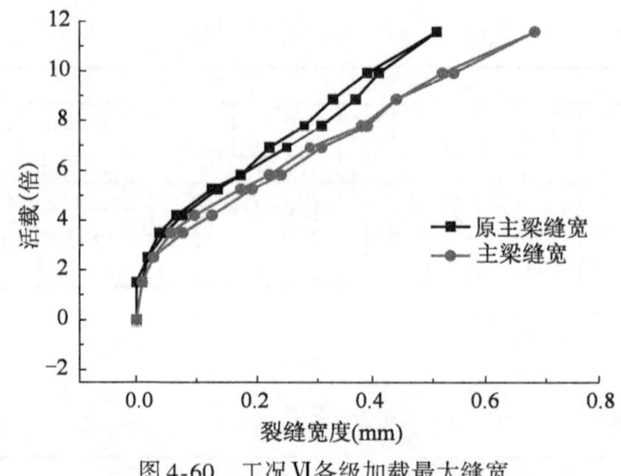

图 4-60 工况Ⅵ各级加载最大缝宽

表 4-17 和图 4-60 表明，在外荷载较小时，加固前、后主梁的最大裂缝宽度相差不大，当缝宽变大后两者相差也增多，待加载至汽车荷载的 11.57 倍时（此时第一次加载时梁内钢筋开始屈服），两者的缝宽差已经达到 0.17mm。另外，从加、卸载的对比曲线可以看出，不论是加固前还是加固后的主梁，在相同外荷载作用下缝宽都比较接近，说明裂缝的稳定性良好。

4. 刚度分析

以关心截面（F5 测点）为例，对原主梁和主梁的荷载-位移曲线进行分区间拟合，得到数值关系，如图 4-61 所示。

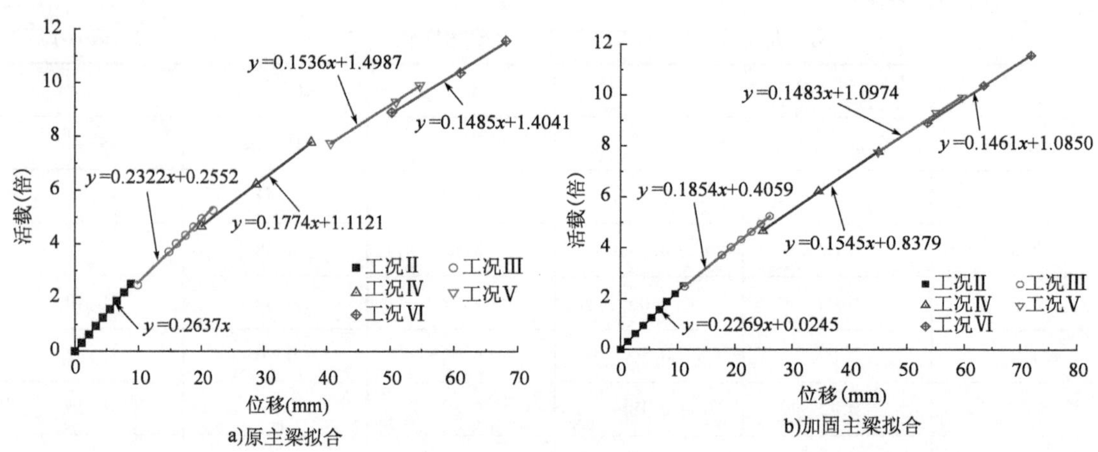

图 4-61 各工况刚度曲线拟合

从图 4-61 可以看出，随着活载倍数的增加，混凝土损伤不断增长，梁体开裂，各条曲线的斜率不断减小，刚度降低；原主梁加载至破坏，尽管局部加固后，主梁的每个工况内拟合的曲线斜率都小于原主梁拟合曲线；两次试验工况Ⅱ中并未出现裂缝，所以工况Ⅱ拟合曲线刚度接近；两次试验初裂荷载都出现在工况Ⅲ中，所以从图中可以明显看到，加固主梁刚度明显降低；加载至 0.3mm 裂缝控制荷载时（工况Ⅴ），混凝土对梁体刚度的贡献值已经很小，加固主梁的刚度仍小于原主梁，但减小速度小于前一工况；原主梁加载至 10.1 倍活载，受拉钢筋屈服，而局部加固主梁并未对钢筋做任何加固处理(事实上处理起来也十分困难),两次试验原主梁和主梁在工况Ⅵ下的刚度分别为 $K_{原}=0.1485$,$K_{固}=0.1461$,极为接近,此时混凝土损伤严重,钢筋屈服,试验模型结构的整体刚度由斜拉索提供支撑,表明斜拉索仍处于弹性阶段,可见斜拉桥结构承载能力十分优越。

通过对比原主梁和局部加固主梁两次加载试验,得出以下结论:

(1)局部加固后主梁刚度仍小于原主梁,每个工况下主梁的刚度都小于原主梁的刚度,但会随着活载倍数增加逼近。局部加固主梁正常使用性能与原主梁接近,即低倍活载(1倍)作用时。

(2)主梁前期裂缝扩展较原主梁迅速。局部加固的措施仅对裂缝进行灌浆修补,不排除主梁在较低荷载下,原主梁裂缝提前出现,本书中的局部加固方法对主梁的抗裂性能未做过多考虑,抗裂性设计不足。

(3)活载倍数增加的过程中,索力变化稳定。加载到11.57倍活载,拉索应力仍未达到单根钢绞线抗拉极限。由于PC斜拉桥体系刚度依靠斜拉索控制,整个结构在加卸载过程中体现了良好的可重复性。

4.4.3　加固试验基于ABAQUS的塑性损伤模型模拟

1. ABAQUS中损伤参数计算

根据参考文献172给出的混凝土本构方程,编者推导出了用于通用有限元软件ABAQUS中的CDP(Concrete Damage Plastic)模型输入数据,用于模拟PC斜拉桥节段试验梁在超重荷载作用下主梁刚度下降变化情况。值得注意的是,ABAQUS中输入的应变数据并非全应变 ε,而是受拉/受压非弹性应变。关于膨胀角 φ 的选取,参考文献11指出,该值对计算结果影响不大,因此,计算模型取 $\varphi=35°$;参考文献11指出黏滞系数 μ 取值过大,结构有变“刚”的趋势,取值过小,计算难以收敛,因此,取 $\mu=0.001$。对于C50混凝土,计算得到的输入本构参数见表4-18。

C50混凝土塑性损伤参数取值表　　　　表4-18

φ	ε	σ_{b0}/σ_{c0}	K_c	μ
35	0.1	1.16	0.667	0.001

2. 有限元模型

有限元模型中部件的尺寸全部与试验时采用的模型相同,网格划分如图4-62所示。主梁采用C50混凝土损伤因子参数引入;受拉区纵向受力筋采用直径10mm的HRB400钢筋;其余普通钢筋采用直径8mm的HRB400钢筋;预应力筋采用直径15.2mm(1×7)的钢绞线,一孔两根,在主梁梁肋分上下沿布置;斜拉索采用直径15.2mm(1×7)的预应力钢绞线。

主梁和支座等采用C3D8R单元模拟,普通钢筋及预应力钢绞线采用T3D2单元模拟,并

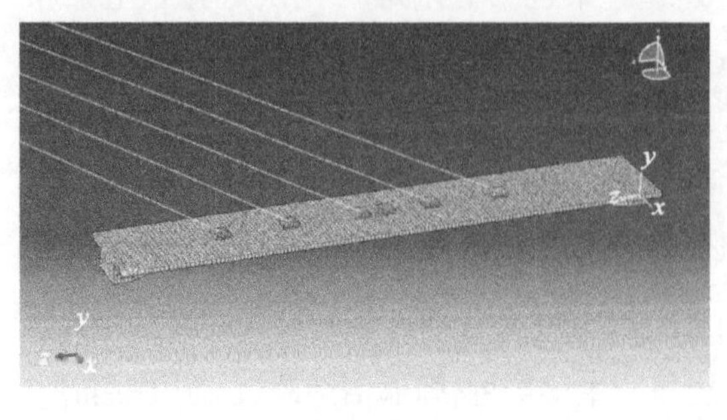

图 4-62　网格划分

采用“嵌入”方法进行自由度耦合，模拟混凝土和钢筋骨架之间的相互作用。该方法有一定的缺陷，即无法模拟钢筋和混凝土之间的黏结滑移效应；在拉索和主梁之间的连接处设置了刚性垫块，避免应力集中现象。关于荷载的施加，预应力筋和斜拉索都采用降温法施加初拉力；试验梁顶板设置了刚性垫块施加集中力，均布荷载则在梁底通过“压强”荷载实现。

3. 计算结果分析

计算主要模拟在活载作用下试验梁的承载能力极限及其损伤开裂情况，下文以 11.57 倍活载作用下的试验模型为例进行分析。

原主梁、主梁和有限元模型的关心截面的荷载-位移曲线如图 4-63 所示。从图中可以看出，3 条曲线在弹性阶段和强化阶段初期（加载到 2 倍活载之前）吻合较好；有限元模型后期的刚度较试验值偏低，这是因为钢筋强化段与实际存在差别，工况Ⅵ满载关心截面的位移达到了 79.40mm，比原主梁和主梁分别多出 11.4mm、7.3mm。观察图 4-64 中的荷载-索力 3 条曲线可以看出，索力的变化规律和位移变化比较吻合；有限元模型的 12 号控制索此时索力为 131kN，比原试验和试验索力分别多出 8kN、3kN，表明有限元计算结果精确性较好。

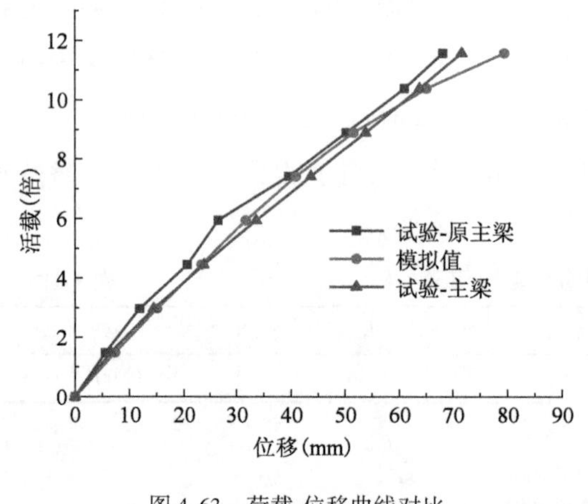

图 4-63　荷载-位移曲线对比

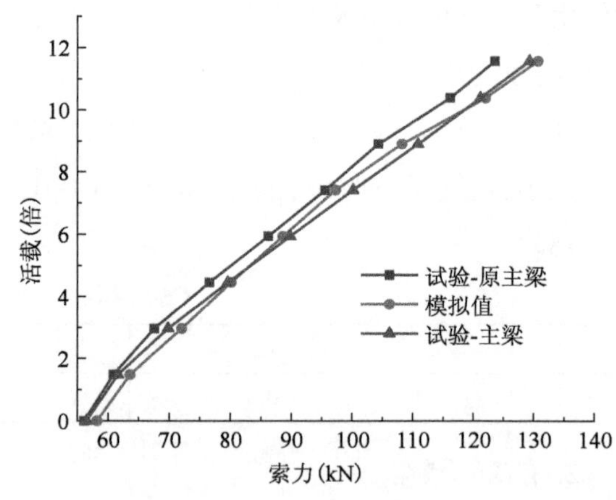

图 4-64　荷载-索力曲线对比

塑性损伤模型无法显示积分点上裂缝的发展，但由于混凝土开裂后即出现拉伸损伤，故可根据拉伸损伤值来表示裂缝分布区域（图 4-65）。模型加载到 11.57 倍活载时，主梁跨中底部混凝土受拉损伤区域较大，仍采用前文试验中的坐标系统，损伤范围为 88 ~ 444cm，这与裂缝分布区域十分接近；其中主梁跨中线前后 30cm 范围内几乎全部呈现红色，表明该区域内混凝土损伤程度严重，宏观表现为伴随大量且密集的裂缝产生；该范围内翼缘板混凝土亦有受拉损伤，表明裂缝已经发育至翼缘板，主梁跨中的受压区高度急剧减小。有限元模拟的情况和试验梁裂缝的分布区域、发展角度都符合较好。

图4-65　受拉损伤云图

通过应力云图（图4-66、图4-67）可以看出，顶板跨中区域的混凝土即将屈服，而跨中底部的受拉区钢筋也已经屈服，钢筋屈服的范围接近梁长的1/3，这与主梁混凝土受拉损伤的位置、长度十分接近。以上计算结果反映出的力学特点和试验结果比较吻合，表明在ABAQUS中加入混凝土损伤因子的方法可以较好地对混凝土在复杂受力状态下进行定性分析。

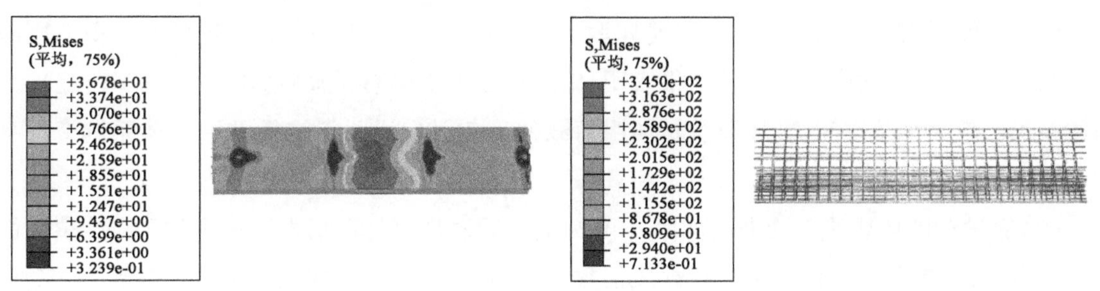

图4-66　混凝土应力云图　　　图4-67　钢筋应力云图

综合以上计算结果，基于适用有限元软件ABAQUS的混凝土塑性损伤模型给混凝土材料属性添加了损伤因子，能较好地模拟复杂结构在往复荷载作用下的受力特性。有限元计算结果和试验结果比较接近，存在差异的原因是钢筋强化段与实际有差异。

4.5　小　　结

本章基于相似理论，通过选择材料参数并自行设计临时装置和加载装置，设计并制作了混凝土斜拉桥节段模型，通过使用阶段荷载组合和承载能力加载试验与数据分析，得到以下结论：

（1）试验梁设计、加工和主梁分次加载、斜拉索分次张拉的施工方案设计合理，成桥状态受力能满足试验要求。

（2）实测数据和理论计算结果对比显示两者吻合较好，理论计算有较高的精度，能准确地反映混凝土斜拉桥节段试验梁加载过程的受力和破坏性能。

(3)通过0.1mm、0.2mm和0.5mm裂纹宽度的重复控制加载，发现在加载过程中裂纹开展平稳，在反复加、卸载试验中重复性良好且缝宽不随加载次数而明显扩展，在卸载后裂纹闭合良好。裂纹开展至0.1mm和0.2mm时，加载比例已达到5.25倍和7.78倍汽车荷载。试验说明，混凝土斜拉桥主梁在使用阶段即使出现裂缝，缝宽也很小，且裂缝发展缓慢。

(4)通过分别对未开裂、开裂至0.1mm、0.2mm、0.3mm和0.5mm缝宽的加载工况下结构在承受2.5倍汽车荷载时的刚度进行对比，发现弯曲开裂后恢复的结构整体刚度有所下降。不过，结构在出现宽度0.1mm和0.2mm裂纹后刚度下降比仅为6.08%和8.38%；出现宽度0.5mm裂纹后刚度下降百分比为13%，说明混凝土局部开裂对斜拉桥整体结构在正常使用阶段的刚度影响不大。

(5)试验中发现主梁的开裂荷载为4.4倍汽车荷载，为作用效应基本组合(2.5倍)的1.76倍，首次钢筋屈服荷载(10.5倍汽车荷载)为作用效应基本组合的4.2倍，破坏荷载(18倍汽车荷载)为作用效应基本组合的7.2倍，说明对斜拉桥进行承载能力极限状态设计时所采用的作用效应基本组合远小于实际结构的承载力，结构有很大的安全系数。

(6)常见的混凝土梁式结构在钢筋屈服后，裂缝即迅速上升，受压区混凝土面积急剧减小，主梁随即破坏。文中模型试验结果表明，斜拉桥在主梁钢筋屈服后(10.5倍汽车荷载)，结构体系仍有较大承载空间，破坏荷载是屈服荷载的1.71倍，说明斜拉桥的结构体系具有优良的塑性性能和承载能力。

(7)通过对破坏后的主梁进行加固并再次试验后发现，局部加固方法对主梁的抗裂性能未做过多考虑，抗裂性设计不足。活载成倍数增加的过程中，索力变化稳定。加载到11.57倍活载，拉索应力仍未达到单根钢绞线抗拉极限。由于PC斜拉桥体系刚度依靠斜拉索控制，整个结构在加、卸载过程中体现了良好的可重复性。编者采用的在ABAQUS中加入混凝土损伤因子的方法，能较好地模拟复杂结构在往复荷载作用下的受力特性，有限元计算结果和试验结果比较接近。

第5章　大跨径混凝土斜拉桥主梁非线性特征

混凝土斜拉桥施工多采用悬臂施工法，随着施工的进行，各施工状态随时发生变化，同时还受到多种施工因素和材料因素的影响。对桥梁计算分析，要关注不同施工阶段的状态，需要对各施工状态分别进行受力计算，并进行内力和变形的累计。编者开发了混凝土斜拉桥非线性设计程序。程序实现了按实际施工阶段逐一形成新单元、新节点、预应力施加、索力张拉、挂篮移动、混凝土收缩和徐变、体系转换等变化。同时也可以按一次成桥法计算成桥后斜拉桥的恒载内力，以及汽车荷载和荷载组合。

程序的基本功能包括：

(1)施工过程受力计算；

(2)一次成桥计算；

(3)成桥后各种汽车荷载内力计算；

(4)荷载组合计算；

(5)设计内力、应力、位移计算。

5.1　非线性计算模块

在混凝土斜拉桥结构的加载计算过程中，由于斜拉桥多次超静定的受力特点、混凝土抗拉强度低，易出现裂缝和材料本构关系的非线性，构件刚度随着荷载变化而变化，引起内力不断变化，结构进行内力重分布。要分析斜拉桥的内力重分布，就必须跟踪结构的刚度变化，而刚度变化最终又归结于截面中性轴高度的变化。因此，编者在综合考虑斜拉桥的施工因素，在斜拉桥施工控制计算程序的基础上，嵌入带刚臂分层梁单元法分析模块，进行混凝土斜拉桥全桥非线性分析。

程序设计框图如图5-1所示。

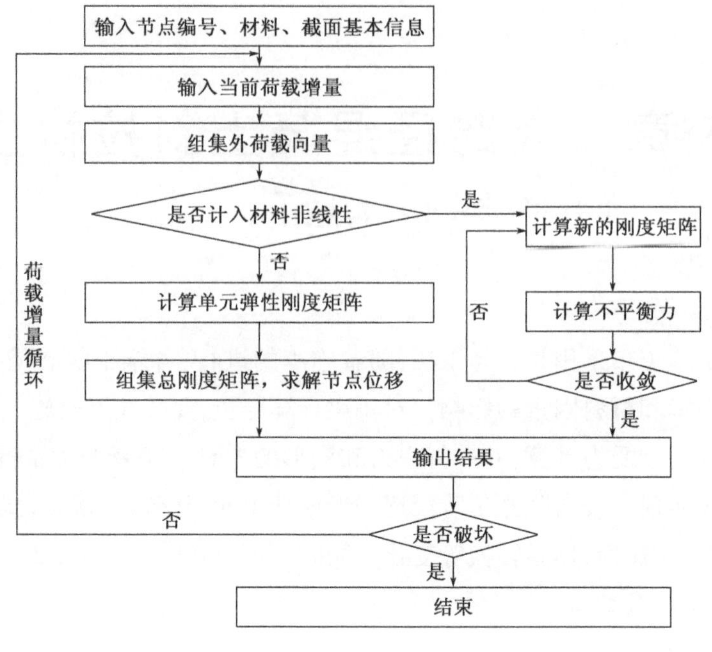

图 5-1 程序设计框图

5.2 非线性分析

为研究非线性对挠度和内力的影响,分别对其进行弹性分析和非线性分析(着重考虑材料非线性,几何非线性分析仅考虑斜拉索的垂度效应)。分析以成桥状态为基准,加载顺序为:①恒载和预应力,根据实际施工工序分步施加,收缩徐变的影响按实际时间计算并考虑运营阶段即成桥后 3 年,此期间不考虑汽车荷载;②设计可变荷载,公路—Ⅰ级汽车荷载(全桥均布荷载,集中力加于跨中截面);③汽车荷载按倍递增,直至达到破坏荷载。

计算结果显示,在 2 倍汽车荷载作用下,主梁没有出现裂缝,考虑材料非线性与弹性计算结果接近;在 3 倍汽车荷载作用下,跨中 66 号、67 号单元保护层内出现裂缝;6 倍汽车荷载下开裂区间为 63 号 ~ 70 号单元,最大裂缝深度约 1.012m(梁高 2.2m);8 倍汽车荷载下开裂区间为 61 号 ~ 72 号单元,最大裂缝深度约 1.012m。

5.2.1 内力重分布

1. 主梁内力重分布

当发生超载时主梁可能出现裂缝,开裂截面抗压面积和抗弯刚度减小,导致超静定结构弯矩发生重分布。下文以 2 倍、4 倍、6 倍和 8 倍汽车荷载作用下,非线性和弹性计算结果对比来分析开裂后结构的内力重分布。为突显两种计算结果的差异,仅列出跨中部分单元结果进行对比分析,如图 5-2 ~ 图 5-5 所示。

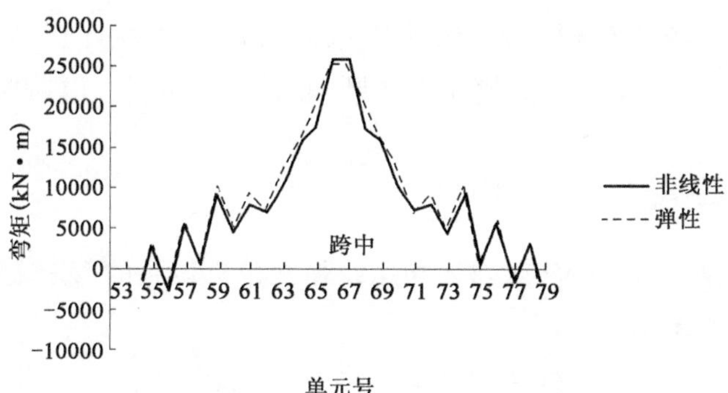

图 5-2　2 倍汽车荷载作用下主梁弯矩图

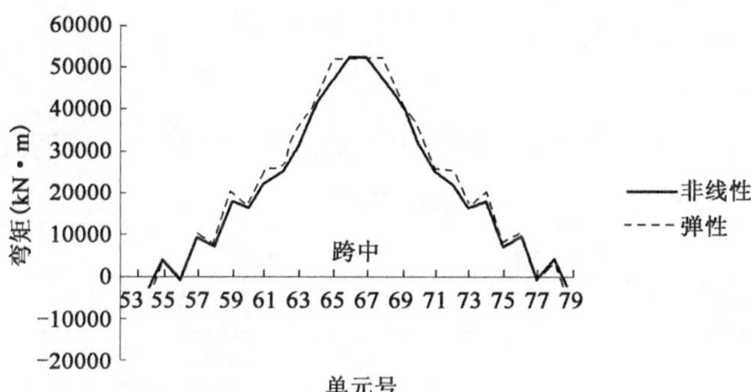

图 5-3　4 倍汽车荷载作用下主梁弯矩图

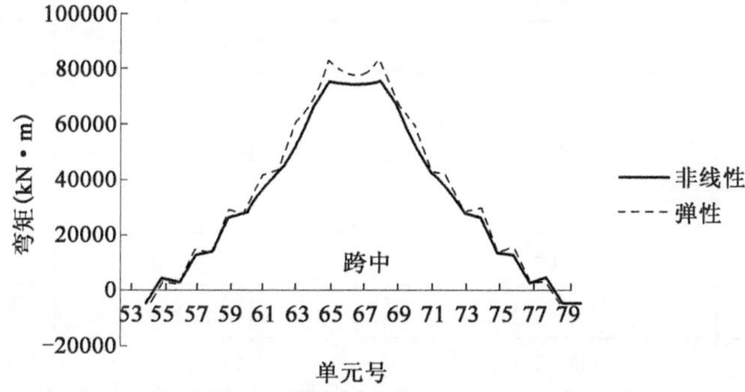

图 5-4　6 倍汽车荷载作用下主梁弯矩图

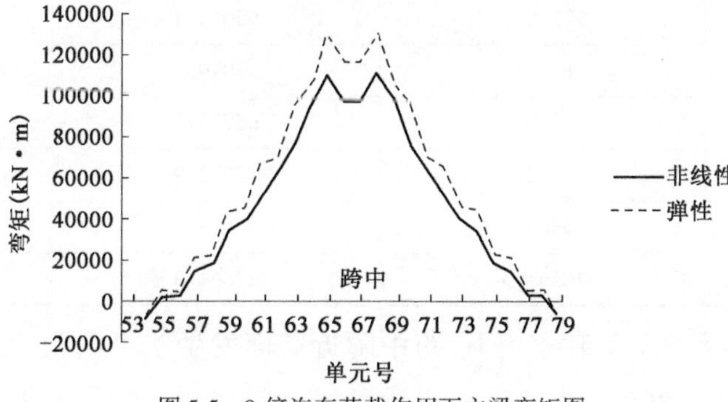

图 5-5　8 倍汽车荷载作用下主梁弯矩图

由图5-2可知,在2倍汽车荷载作用下,分层梁单元计算单元刚度与弹性计算相比采用了简化数据,导致部分区域弯矩稍有差异,跨中截面弯矩非线性计算结果比弹性结果偏大1.72%;综合4倍、6倍和8倍汽车荷载计算结果,混凝土开裂后,开裂截面弯矩减小,未开裂截面弯矩变化幅度不大。

2. 弯矩重分布系数

弯矩重分布是指某一截面的实际弯矩与用线弹性分析得到的弯矩之差,弯矩重分布幅度可用弯矩重分布系数表示。

$$\beta_{\mathrm{S}} = (M - M')/M' \times 100\% \tag{5-1}$$

式中:M——某一截面的实际弯矩;

M'——线弹性分析得到的弯矩;

β_{S}——弯矩重分布系数。

下面以加载至汽车荷载8倍为例,分析跨中附近截面弯矩重分布系数(表5-1)。

跨中弯矩重分布系数　　表5-1

截面号	M(kN·m)	M'(kN·m)	弯矩重分布幅值(%)
58	18564.8	22667.9	-18.10
59	33811.4	44232	-23.56
60	39352.1	44936.8	-12.43
61	51540.8	65980.7	-21.89
62	63117.2	70499.8	-10.47
63	77241.3	95020.2	-18.71
64	96832.8	105028	-7.80
65	111231.2	131175.8	-15.20
66	96386.7	117012.1	-17.63
67	96386.5	117011.8	-17.63
68	111230.3	131174.7	-15.20
69	96830.8	105026.4	-7.80
70	77238.1	95016.4	-18.71
71	63113	70495	-10.47
72	51536.4	65975.3	-21.89
73	39348.7	44932.9	-12.43
74	33805.6	44225.4	-23.56
75	18561.9	22664.3	-18.10

表5-1说明,在8倍汽车荷载作用下,跨中附近截面发生了不同程度的弯矩重分布,弯矩重分布系数为-10%~-20%。

3. 索力重分布

与此同时,受混凝土开裂的影响,索力也发生了变化。分别以 8 倍汽车荷载相对 7 倍汽车荷载(开裂Ⅱ)、6 倍汽车荷载相对 5 倍汽车荷载(开裂Ⅰ)产生的索力增量为例,对比开裂前单倍汽车荷载产生的索力增量,并进行分析。为使结果更清晰,仅列出跨中部分索单元 R9 ~ R14、L14 ~ L9 的索力增量结果(图 5-6)。

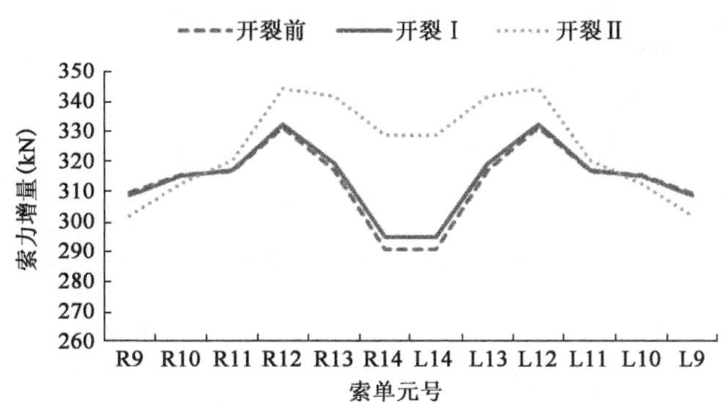

图 5-6　开裂前后汽车荷载增加 1 倍跨中索力增量分布图

图 5-6 显示,混凝土刚开裂时仅支撑跨中的斜拉索索力有所增加,随着裂缝的扩散,索力重分布的区间扩大,且支撑开裂截面的索力增加更为迅速。

以上计算结果说明,混凝土开裂引起的内力重分布使得主梁开裂截面分担的弯矩减小,而支撑开裂区间梁段的斜拉索相应承担更多内力。

5.2.2　超载作用下结构非线性性能分析

由于斜拉桥体系的高次超静定,一般较难发生结构整体破坏,计算结果显示,非线性计算至汽车荷载的 21 倍时,R13 号斜拉索达到极限应力(1427MPa,对应索拉力 10933kN)时,主梁仍有承载空间。虽然结构承载能力有富余,但是随着外荷载的增加,结构非线性性能越来越明显,结构的其他使用性能受到影响,故下文选取跨中截面对其荷载-弯矩(*P-M*)曲线、荷载-挠度关系进行分析。

1. 跨中截面 *P-M* 关系

图 5-7 为跨中截面荷载-弯矩(*P-M*)关系曲线对比。在混凝土开裂初期,裂缝分布范围小,非线性计算结果和弹性结果相差不大;加载至汽车荷载的 6 倍后,主梁裂缝扩散区间加大,刚度降低,非线性比弹性计算的弯矩偏小;随着荷载的继续增加,两者计算差距进一步加大,考虑非线性后跨中弯矩增量趋于平缓。

2. 跨中截面荷载-挠度关系

图 5-8 为跨中截面荷载-挠度关系曲线对比。从跨中截面荷载-挠度图中可以看出,加载至

汽车荷载的10倍时,非线性和弹性计算结果相差8.87%,局部主梁开裂对跨中截面挠度的影响并不明显。

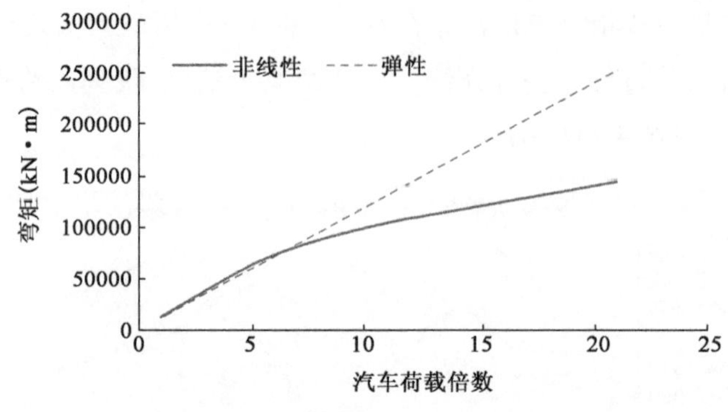

图5-7　跨中截面 P-M 关系曲线

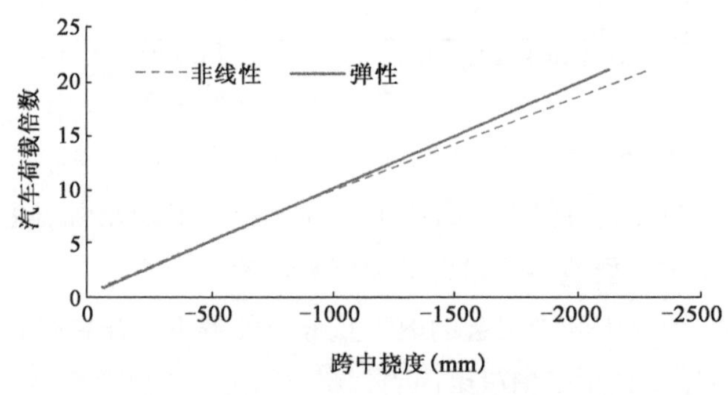

图5-8　跨中截面荷载-挠度图

5.3　参数分析

5.3.1　主梁应力影响分析

1. 实桥主梁应力分布

参考实桥采用悬臂施工,全程进行4次索力调整,为节约篇幅,选取合龙束张拉完毕和完成桥面铺装、第四次调索并考虑成桥10年收缩徐变后两个典型施工阶段进行应力对比分析。

(1)实桥施工阶段应力分布

实桥施工至合龙束张拉完毕(关心施工阶段Ⅰ,下文同)主梁上、下缘应力分布如图5-9所示,施工至第四次调索并考虑收缩徐变10年后(关心施工阶段Ⅱ,下文同)主梁上、下缘应力分布如图5-10所示。

在以上典型施工阶段中,主梁在跨中附近最大压应力出现在施工阶段Ⅰ,压应力为18.4MPa,小于规范规定的 $0.7f_{ck}$($0.7f_{ck}=26.95$MPa,f_{ck} 为混凝土立方体抗压强度标准值)。

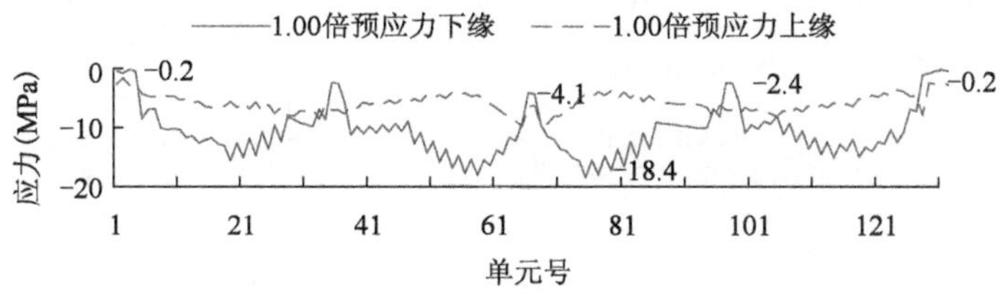

图5-9　实桥施工阶段Ⅰ主梁应力分布图

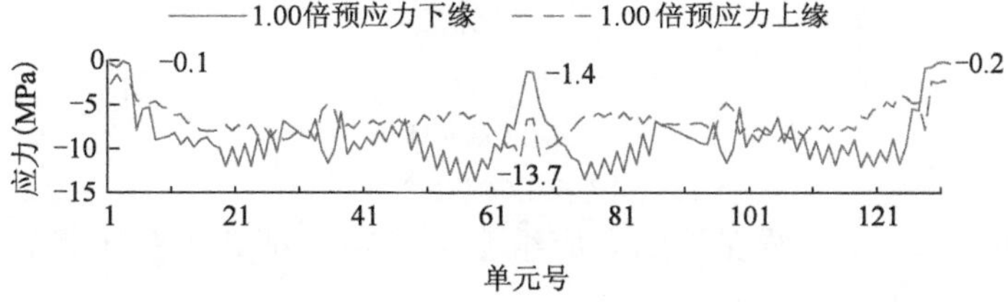

图5-10　实桥施工阶段Ⅱ主梁应力分布图

(2)实桥正常使用状态应力分布

考虑恒载、汽车(公路—Ⅰ级)、混凝土收缩徐变和温度变化作用,分别验算其正常使用极限状态应力(作用短期效应组合和长期效应组合,图5-11、图5-12)。其中温度荷载考虑线性变化的温度场,有:

$$\varepsilon_0 = \alpha[T_2 + (T_1 - T_2)y_{下}/h] \tag{5-2}$$

$$\chi = \frac{T_1 - T_2}{h} \tag{5-3}$$

式中:T_1、T_2——截面上、下缘温度变化值;

$y_{下}$——截面下形心距;

h——截面高度。

考虑主梁上、下缘分别升温21.71℃、16.71℃,降温31.71℃、21.71℃,索升温30℃,降温40℃,计算最不利温度影响。

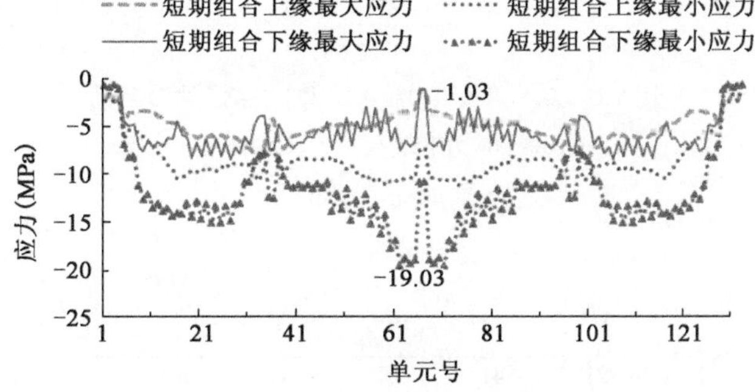

图5-11　实桥短期效应组合应力包络图

从图 5-11 中可以看出,实桥在短期效应组合下主梁均处于受压状态,跨中截面最小压应力为 1.03MPa,最大压应力为 19.03MPa。

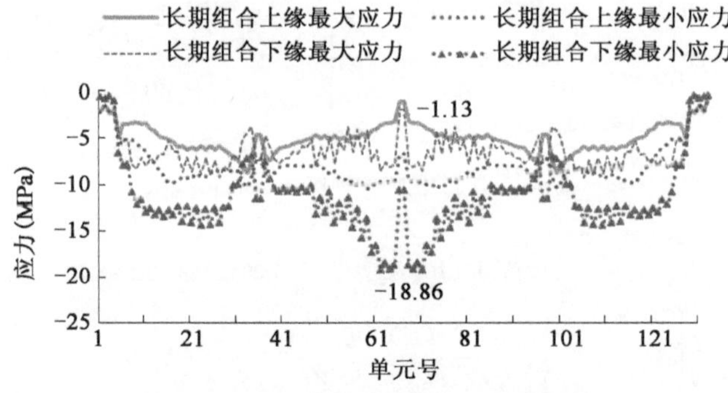

图 5-12 实桥长期效应组合应力包络图

从图 5-12 中可以看出,实桥在长期效应组合下主梁也都处于受压状态,跨中截面最小压应力为 1.13MPa,最大压应力为 18.86MPa。

综合以上分析,实桥在正常使用状态下最小、最大压应力均由短期效应组合控制,最小压应力为 1.03MPa,最大压应力为 19.03MPa,满足公路桥规(JTG/T F50—2011)对于承受弯矩为主的全预应力混凝土构件在持久状况应力验算中需满足混凝土受弯构件正截面混凝土最大压应力不大于 $0.5f_{ck}$ 的规定(对于 C60 混凝土,其值为 19.25MPa)。同时注意到,受此规定限制,在跨中局部最大压应力 19.03MPa 小于规范值,同时又大于 C55 混凝土允许的 17.75MPa,因此,此桥在跨中采用 C60 混凝土,而在其他应力组合值较小的区域采用 C55 混凝土。

2. 后期预应力减小至原设计预应力的 80% 时主梁应力分布

(1)施工阶段应力分布

施工阶段应力分布如图 5-13、图 5-14 所示。

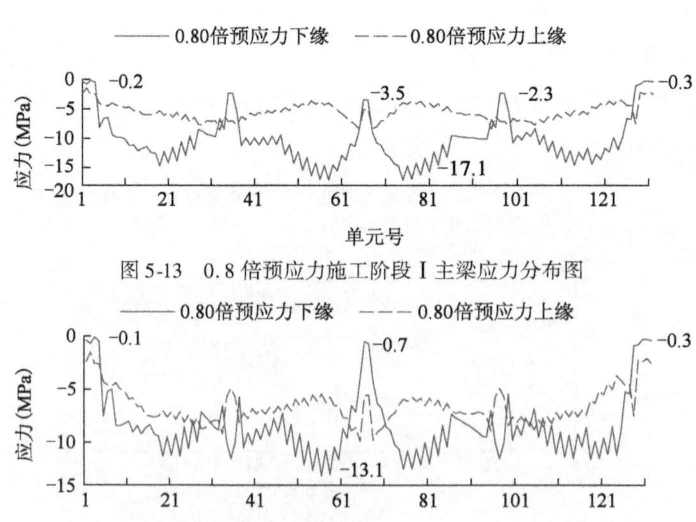

图 5-13 0.8 倍预应力施工阶段 I 主梁应力分布图

图 5-14 0.8 倍预应力施工阶段 II 主梁应力分布图

由图5-13、图5-14可知，将后期预应力减小至实桥的80%时，在施工阶段Ⅰ和施工阶段Ⅱ都没有出现拉应力，且两个典型施工阶段跨中最大压应力分别有1.3MPa和0.6MPa的减小。

(2)正常使用状态应力分布

正常使用状态应力分布如图5-15、图5-16所示。

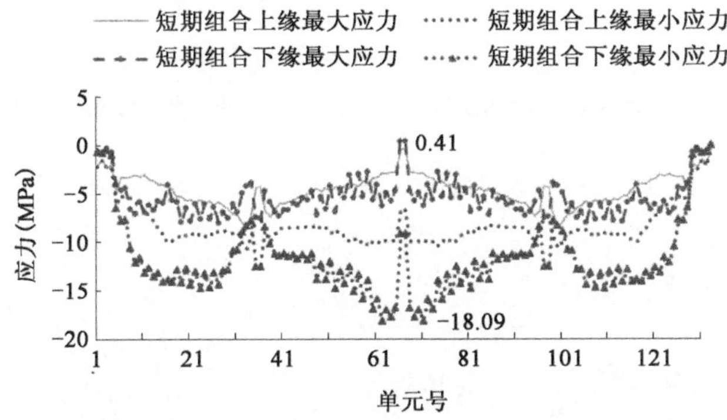

图5-15　0.8倍预应力短期效应组合应力包络图

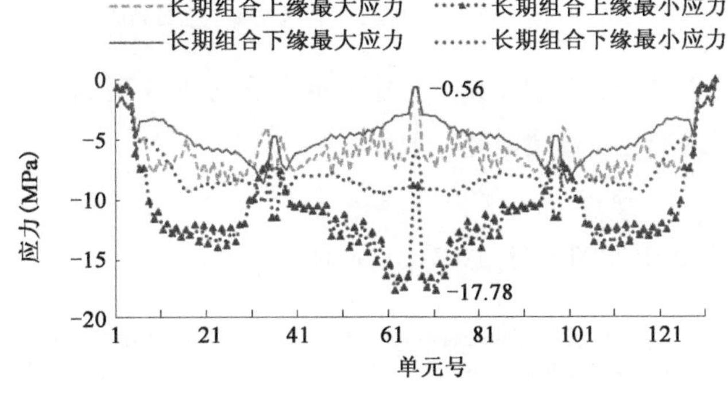

图5-16　0.8倍预应力长期效应组合应力包络图

由图5-15、图5-16可知，后期预应力减小至实桥的80%后，在短期效应组合下主梁跨中截面下缘出现0.41MPa拉应力，最大压应力减小至18.09MPa；在长期效应组合下主梁跨中截面下缘仍有0.56MPa压应力，上缘最大压应力为17.81MPa。

综合以上数据，后期预应力减小至实桥的80%后，在施工阶段Ⅰ和施工阶段Ⅱ主梁都没有出现拉应力，且两个典型施工阶段跨中最大压应力均有所减小；正常使用状态下混凝土最大压应力从19.03MPa降至18.09MPa，与此同时，在短期效应组合下跨中合龙段出现了0.41MPa的拉应力，而长期效应组合下仍有1.76MPa压应力储备。

3. 后期预应力减小至原设计预应力的70%时主梁应力分布

(1)施工阶段应力分布

施工阶段应力分布如图5-17、图5-18所示。

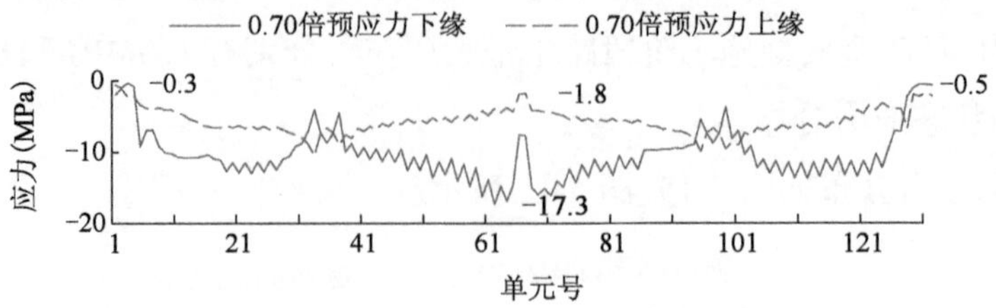

图 5-17　0.7 倍预应力施工阶段Ⅰ主梁应力分布图

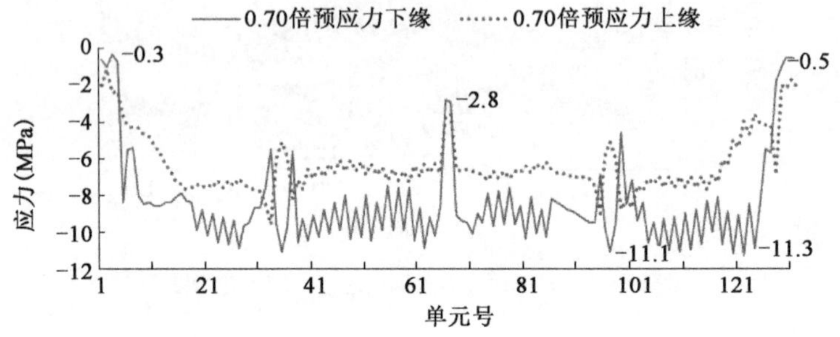

图 5-18　0.7 倍预应力施工阶段Ⅱ主梁应力分布图

由图 5-17 和图 5-18 可知，将后期预应力减小至实桥的 70% 时，在施工阶段Ⅰ和施工阶段Ⅱ主梁截面上、下缘都处于受压应力状态。

(2)正常使用状态应力分布

正常使用状态应力分布如图 5-19、图 5-20 所示。

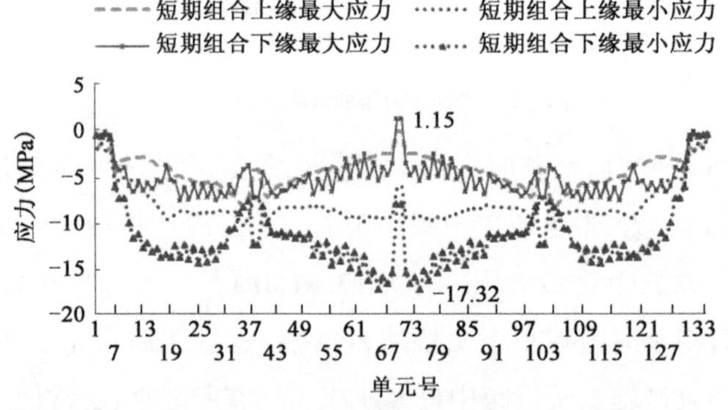

图 5-19　0.7 倍预应力短期效应组合应力包络图

后期预应力减小至实桥的 70% 后，在短期效应组合下主梁跨中截面下缘拉应力增加至 1.15MPa，上缘最大压应力进一步减小至 17.32MPa；在长期效应组合下主梁跨中截面下缘出现了 0.11MPa 拉应力，最大压应力为 17.00MPa。

综合以上数据，预应力减小至实桥的 70% 时，在施工阶段Ⅰ和施工阶段Ⅱ仍都没有出现拉应力;而正常使用极限状态下,混凝土最大压应力降至 17.00MPa,在短期效应组合下跨中合龙段出现了 1.15MPa 拉应力,长期效应组合下也出现了 0.11MPa 拉应力。

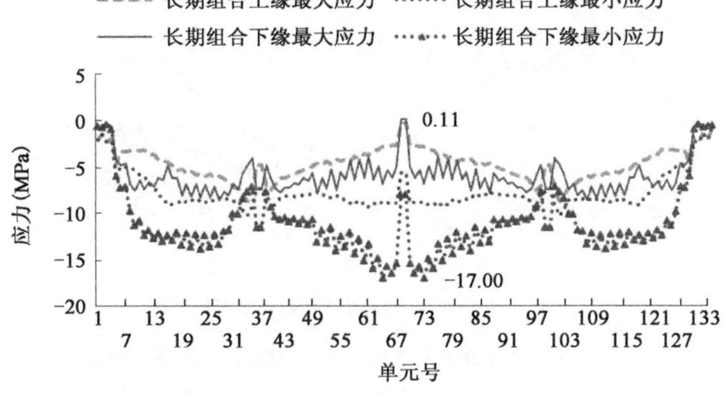

图 5-20 0.7 倍预应力长期效应组合应力包络图

4. 预应力减小至原设计预应力的 60% 时主梁应力分布

(1)施工阶段应力分布图

施工阶段应力分布如图 5-21、图 5-22 所示。

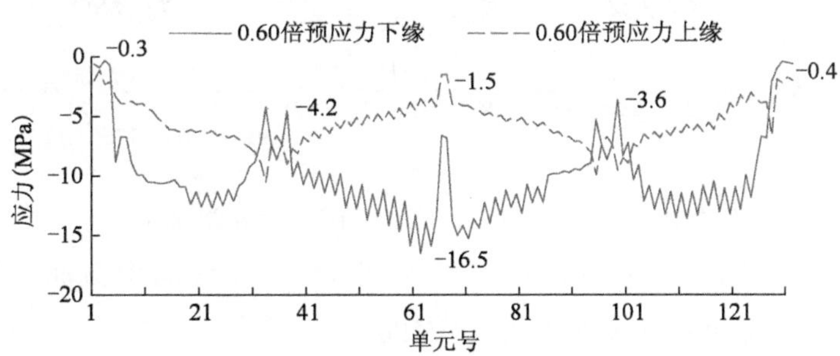

图 5-21 0.6 倍预应力施工阶段Ⅰ主梁应力分布图

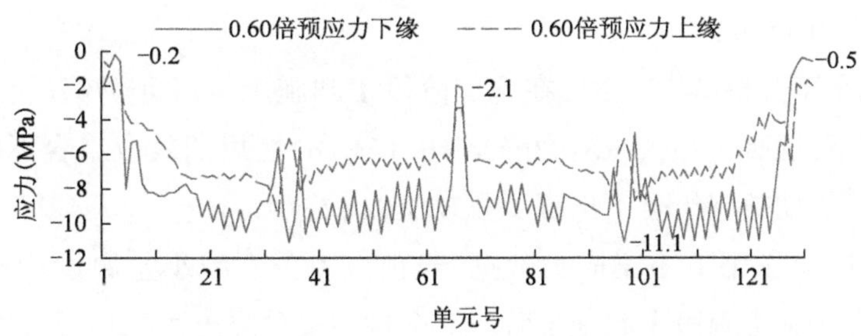

图 5-22 0.6 倍预应力施工阶段Ⅱ主梁应力分布图

由图 5-21 和图 5-22 可知,将后期预应力减小至实桥的 60% 时,在施工阶段Ⅰ和施工阶段Ⅱ主梁截面上、下缘压应力继续减小,但仍都处于受压状态。

(2)正常使用状态应力分布

正常使用状态应力分布如图 5-23、图 5-24 所示。

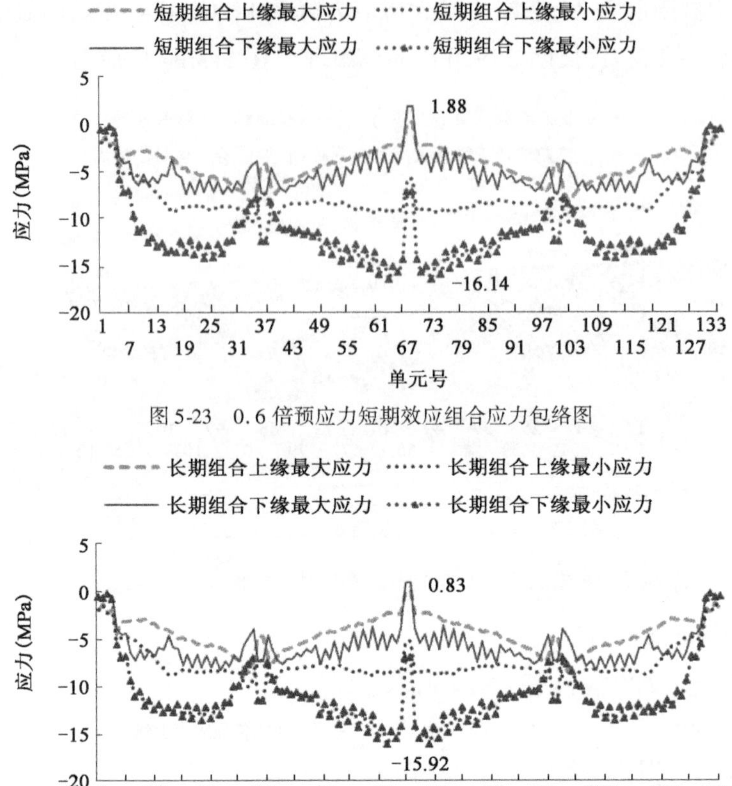

图 5-23　0.6 倍预应力短期效应组合应力包络图

图 5-24　0.6 倍预应力长期效应组合应力包络图(MPa)

后期预应力减小至实桥的 60% 后,在短期效应组合下主梁跨中截面下缘拉应力增加至 1.88MPa,上缘最大压应力进一步减小至 16.14MPa。

后期预应力减小至实桥的 60% 后,在长期效应组合下主梁跨中截面下缘出现了 0.83MPa 拉应力,最大压应力为 15.92MPa。

后期预应力减小至实桥的 60% 时,在施工阶段Ⅰ和施工阶段Ⅱ仍都没有出现拉应力;而正常使用极限状态下,混凝土最大压应力降至 16.14MPa,在短期效应组合下跨中合龙段出现了1.88MPa 拉应力,长期效应组合下出现了 0.83MPa 拉应力。

综合以上各预应力作用下主梁应力数据,当预应力分别减小至原设计预应力的 100%、80%、70%、60% 后,在施工阶段Ⅰ和施工阶段Ⅱ全桥主梁混凝土边缘均没有出现拉应力,跨中合龙段压应力减小并开始出现拉应力,同时混凝土最大压应力也有一定程度减小。预应力降至实桥的 80% 时,在短期效应组合下跨中合龙段出现了拉应力,而长期效应组合下仍有压应力储备。预应力降至实桥的 60% 时,最大拉应力也没有超过混凝土的抗拉强度设计值,而降低的混凝土压应力可以使跨中区域混凝土的强度等级从 C60 减小至 C50(允许压应力为 16.2MPa)。

5.3.2　主梁承载能力

为分析预应力减小后对全桥承载能力的影响，采用前文介绍的非线性程序，分别对不同预应力作用下全桥在承受超载时（按汽车荷载的倍数施加）的性能和极限承载力进行计算。

计算结果显示，后期预应力减小至实桥的80%后，非线性计算至汽车荷载的3倍时，混凝土开裂，裂缝深度为0.52m；至汽车荷载的21倍时，R13号斜拉索应力为1436MPa（对应索拉力为10997kN），超过其设计应力，结构破坏。此时主梁开裂区间为61～72号截面下缘和35～36号、97～98号截面（对应索塔附近）上缘，最大裂缝深度约1.012m，主梁仍有较大承载空间。

后期预应力减小至实桥的70%后，非线性计算至汽车荷载的3倍时，混凝土开裂，裂缝深度为0.52m；至汽车荷载的21倍时，R13号斜拉索应力为1440MPa（对应索拉力为11030kN），超过其设计应力，结构破坏。此时主梁开裂区间为61～72号截面下缘和35～36号、97～98号截面上缘，最大裂缝深度约为1.012m，主梁仍有较大承载空间。

后期预应力减小至实桥的60%后，非线性计算至汽车荷载的2倍时，保护层混凝土开裂；至汽车荷载的20倍时，R13号斜拉索应力为1395.5MPa（对应索拉力为10688kN），超过其设计应力，结构破坏。此时主梁开裂区间为61～72号截面下缘和35～36号、97～98号截面上缘，最大裂缝深度约为1.012m，主梁仍有较大承载空间。

不同预应力度时跨中挠度见表5-2。

不同预应力度时跨中挠度　　表5-2

汽车荷载倍数	预应力折减为实桥的不同百分比时跨中挠度（mm）			
	100%	80%	70%	60%
1	-7.12×10^{1}	-8.39×10^{1}	-9.07×10^{1}	-9.77×10^{1}
2	-1.72×10^{2}	-1.85×10^{2}	-1.92×10^{2}	-1.99×10^{2}
3	-2.73×10^{2}	-2.86×10^{2}	-2.92×10^{2}	-2.99×10^{2}
4	-3.74×10^{2}	-3.88×10^{2}	-3.94×10^{2}	-4.01×10^{2}
5	-4.76×10^{2}	-4.90×10^{2}	-4.96×10^{2}	-5.06×10^{2}
6	-5.78×10^{2}	-5.95×10^{2}	-6.02×10^{2}	-6.12×10^{2}
7	-6.82×10^{2}	-7.04×10^{2}	-7.10×10^{2}	-7.21×10^{2}
8	-7.91×10^{2}	-8.13×10^{2}	-8.22×10^{2}	-8.33×10^{2}
9	-9.00×10^{2}	-9.25×10^{2}	-9.34×10^{2}	-9.45×10^{2}
10	-1.01×10^{3}	-1.04×10^{3}	-1.05×10^{3}	-1.06×10^{3}
11	-1.13×10^{3}	-1.15×10^{3}	-1.16×10^{3}	-1.17×10^{3}
12	-1.24×10^{3}	-1.27×10^{3}	-1.28×10^{3}	-1.29×10^{3}
13	-1.35×10^{3}	-1.38×10^{3}	-1.40×10^{3}	-1.41×10^{3}

续上表

汽车荷载倍数	预应力折减为实桥的不同百分比时跨中挠度(mm)			
	100%	80%	70%	60%
14	-1.47×10^3	-1.50×10^3	-1.51×10^3	-1.52×10^3
15	-1.58×10^3	-1.62×10^3	-1.63×10^3	-1.64×10^3
16	-1.70×10^3	-1.73×10^3	-1.75×10^3	-1.76×10^3
17	-1.82×10^3	-1.85×10^3	-1.86×10^3	-1.87×10^3
18	-1.94×10^3	-1.97×10^3	-1.98×10^3	-1.99×10^3
19	-2.05×10^3	-2.09×10^3	-2.10×10^3	-2.11×10^3
20	-2.17×10^3	-2.20×10^3	-2.22×10^3	-2.23×10^3
21	-2.29×10^3	-2.32×10^3	-2.33×10^3	—

表5-2显示,后期预应力折减后,因部分主梁截面混凝土开裂导致的跨中挠度差异较小,斜拉索索力小幅增加;当预应力减小至实桥的60%时,因斜拉索索力更快地达到极限抗拉强度,斜拉桥能承受的最大荷载稍有减小。

综合以上结构承载能力计算结果,可得出以下结论:

(1)斜拉桥的承载能力主要由斜拉索强度控制,当后期预应力减小,结构整体承载能力受其影响不大。

(2)在斜拉索达到受拉极限而破坏时,主梁仍有较大承载空间,主梁开裂范围主要集中在跨中下缘和两个索塔附近主梁上缘,最大裂缝深度约为梁高的一半;预应力越小结构开裂时间越早,但随着荷载继续增加直至结构破坏,主梁开裂范围和裂缝的最大高度差异不大(均约为梁高的0.46倍)。

(3)主梁跨中挠度在承载初期随预应力减小而增加,但当荷载继续增加时,不同预应力作用下的主梁跨中挠度差异逐渐减小。

5.3.3 主梁裂缝发展

由于长期荷载作用下裂缝对美观和耐久性的影响,裂缝是限制部分预应力混凝土结构发展的最重要因素。目前大多认为在使用荷载作用下允许结构产生临时裂缝,而在长期荷载作用时这些裂缝又能闭合。

我国公路桥规规定允许开裂的预应力混凝土B类受弯构件的最大裂缝宽度计算公式为:

$$W_{\mathrm{tk}} = C_1C_2C_3\frac{\sigma_{\mathrm{ss}}}{E_{\mathrm{s}}}\left(\frac{30+d}{0.28+10p}\right) \tag{5-4}$$

$$\rho = \frac{A_s + A_p}{bh_0 + (b_f - b)h_f} \tag{5-5}$$

式中：σ_{ss}——受拉钢筋应力；

ρ——配筋率，当 $\rho > 0.02$ 时取 0.02，当 $\rho < 0.006$ 时取 0.006；

C_1——钢筋表面形状系数；

C_2——作用长期效应影响系数，$C_2 = 1 + 0.5\frac{N_1}{N_s}$，其中 N_1 为荷载长期效应组合计算的内力（弯矩或轴力），N_s 为荷载短期效应组合计算的内力；

C_3——构件受力性质相关系数；

d——纵向受拉钢筋直径，当使用不同直径钢筋时采用换算直径。

由于当前不同公式裂缝计算结果差异较大，又缺乏大型混凝土斜拉桥试验数据，因此选择跨中的一条裂缝，通过计算跟踪不同预应力度作用下在外荷载成倍增加时该主梁裂缝宽度的发展情况，以厘清两者之间的关系。计算时为单独考虑预应力度对裂缝的影响，由预应力度减小而减小的配筋率采用普通钢筋补充，因而计算所用配筋率不变。这样一来，在不改变钢筋种类和直径的情况下，计算同一结构在同一受力状态下的裂缝宽度仅随受拉钢筋的应力变化情况。

不同预应力度下跨中截面裂缝宽度变化见表5-3。

不同预应力度下跨中截面裂缝宽度变化（mm） 表5-3

汽车荷载倍数	预应力折减为实桥不同百分比时的裂缝宽度（mm）			
	100%	80%	70%	60%
1	—	—	—	—
2	—	—	2.17×10^{-3}	7.20×10^{-3}
3	8.45×10^{-3}	1.83×10^{-2}	2.34×10^{-2}	2.85×10^{-2}
4	2.95×10^{-2}	3.95×10^{-2}	4.47×10^{-2}	4.97×10^{-2}
5	5.02×10^{-2}	5.68×10^{-2}	6.21×10^{-2}	6.72×10^{-2}
6	6.74×10^{-2}	7.41×10^{-2}	7.95×10^{-2}	7.78×10^{-2}
7	8.45×10^{-2}	8.43×10^{-2}	8.98×10^{-2}	8.82×10^{-2}
8	9.44×10^{-2}	9.34×10^{-2}	9.91×10^{-2}	9.73×10^{-2}
9	1.03×10^{-1}	1.02×10^{-1}	1.07×10^{-1}	1.06×10^{-1}
10	1.12×10^{-1}	1.10×10^{-1}	1.15×10^{-1}	1.14×10^{-1}
11	1.20×10^{-1}	1.18×10^{-1}	1.23×10^{-1}	1.22×10^{-1}
12	1.27×10^{-1}	1.26×10^{-1}	1.30×10^{-1}	1.28×10^{-1}
13	1.35×10^{-1}	1.32×10^{-1}	1.36×10^{-1}	1.35×10^{-1}

续上表

汽车荷载倍数	预应力折减为实桥不同百分比时的裂缝宽度(mm)			
	100%	80%	70%	60%
14	1.41×10^{-1}	1.38×10^{-1}	1.42×10^{-1}	1.41×10^{-1}
15	1.47×10^{-1}	1.45×10^{-1}	1.48×10^{-1}	1.47×10^{-1}
16	1.53×10^{-1}	1.50×10^{-1}	1.54×10^{-1}	1.53×10^{-1}
17	1.58×10^{-1}	1.56×10^{-1}	1.60×10^{-1}	1.59×10^{-1}
18	1.64×10^{-1}	1.62×10^{-1}	1.66×10^{-1}	1.65×10^{-1}
19	1.70×10^{-1}	1.68×10^{-1}	1.72×10^{-1}	1.71×10^{-1}
20	1.76×10^{-1}	1.74×10^{-1}	1.78×10^{-1}	1.77×10^{-1}
21	1.81×10^{-1}	1.80×10^{-1}	1.84×10^{-1}	1.83×10^{-1}

表5-3显示,在不同预应力作用下,混凝土开裂初期跨中截面的典型裂缝宽度随预应力减小而有明显增加,但是随着荷载的增加,出现裂缝的范围加大,此裂缝的宽度增长趋势减弱。

5.3.4 典型实例分析

采用主跨为220m、边中跨比为0.5的对称混凝土斜拉桥。实际上这种设计是设计方主要从桥梁的景观考虑,加之桥梁跨径不大的选择。为提高整体刚度,改善结构受力,控制锚索的应力幅度在一定的范围内,常见的做法是混凝土边中跨比一般为0.35~0.5。故下文分别以主跨438m双塔混凝土斜拉桥(贵州六冲河特大桥)和主跨500m的双塔混凝土斜拉桥(湖北荆州长江公路大桥)为例,分别分析部分预应力在不同跨径混凝土斜拉桥的正常使用和承载能力状态下的性能。本书仅列出部分计算结果。

实例1:贵州六冲河特大桥预应力减小40%后性能分析

贵州六冲河特大桥[96]是一座大跨度双塔预应力混凝土斜拉桥,全桥长1506.016m,主桥跨径为195m+438m+195m,边跨与中跨之比为0.445,主梁采用C60混凝土,主梁横断面为Π形肋板式梁,采用全预应力混凝土梁设计。桥面宽度为24.1m,梁体高度为2.7m,主梁顶板厚度为0.32m。该桥斜拉索的布置形式属于双索面的扇形密索体系,两个主塔都布置有27对空间结构的斜拉索,主塔位置设有一对0号索作为竖向支承,全桥斜拉索共有220根。其中主跨部分的斜拉索在梁上位置的索间距是7.8m,根据每个梁段长度的不同,索距也有6.5m、5.5m等几种不同的布置(图5-25、图5-26)。

主梁处塔梁间采用纵向漂浮体系,主梁与主梁连接处在主梁悬浇过程中临时固结,全桥合龙后解除。过渡墩处竖向均设活动盆式橡胶支座,横向均设抗风防震挡块,辅助墩处竖向均设拉压支座,塔处主梁设置0号索,塔梁之间设置纵向阻尼器。

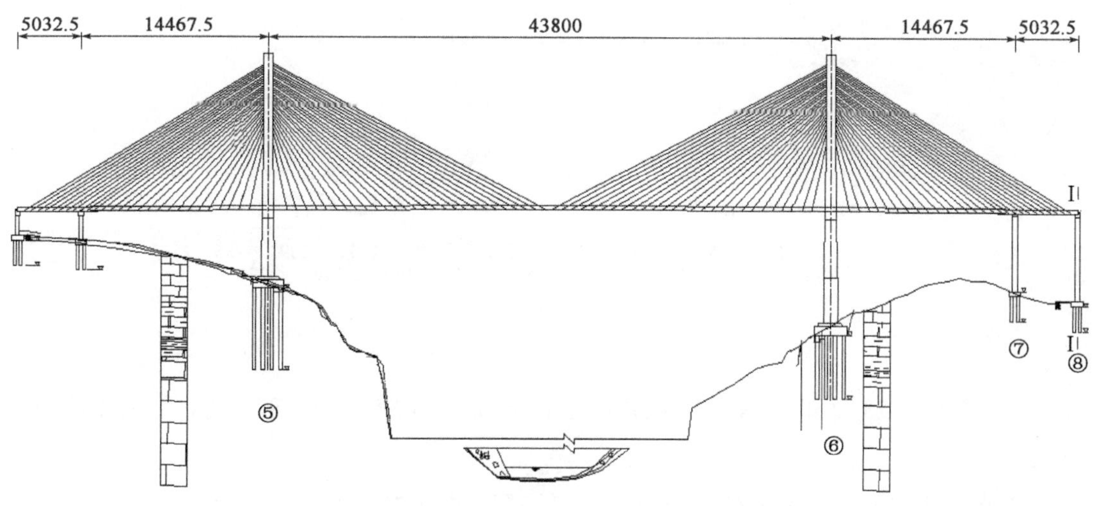

图 5-25　贵州六冲河特大桥桥型布置图(尺寸单位:cm)

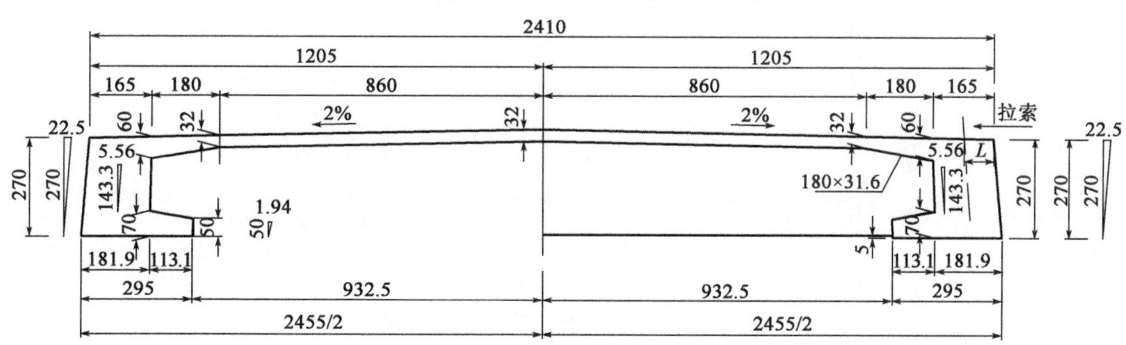

图 5-26　贵州六冲河特大桥跨中主梁横截面布置图(尺寸单位:cm)

在原全预应力混凝土梁的基础上,减小 40% 的后期预应力量,考虑结构自重、二期恒载、汽车荷载、温度荷载(包括整体升温、整体降温、索梁温差、主塔两侧温差、温度梯度),按照相关规范要求进行各类相应的荷载组合,对贵州六冲河特大桥进行施工阶段应力验算、主梁承载能力极限状态验算、正常使用极限状态应力验算。

(1)正常使用状态主梁短期效应组合应力包络图如图 5-27、图 5-28 所示。

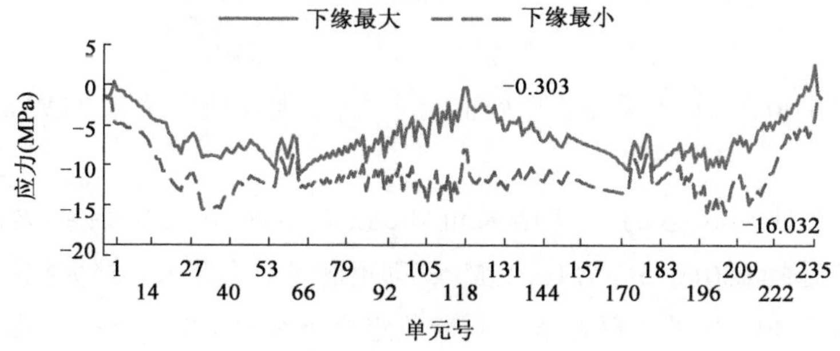

图 5-27　短期效应组合主梁下缘应力包络图

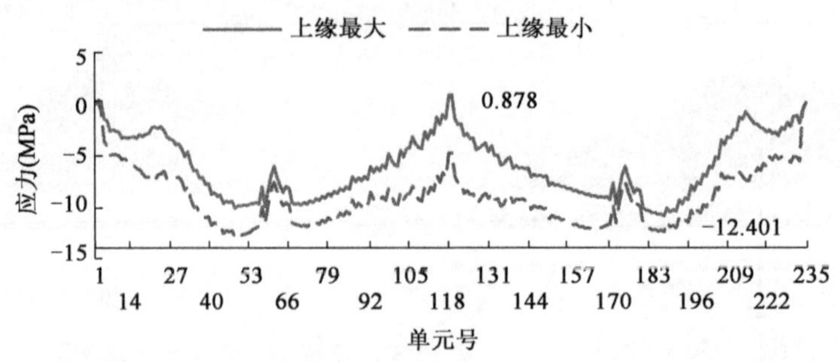

图 5-28　短期效应组合主梁上缘应力包络图

由图 5-27、图 5-28 可知，主梁在短期效应组合下，最大拉应力为 0.878MPa，最大压应力为 16.03MPa。

(2)正常使用状态主梁长期效应组合应力包络图如图 5-29、图 5-30 所示。

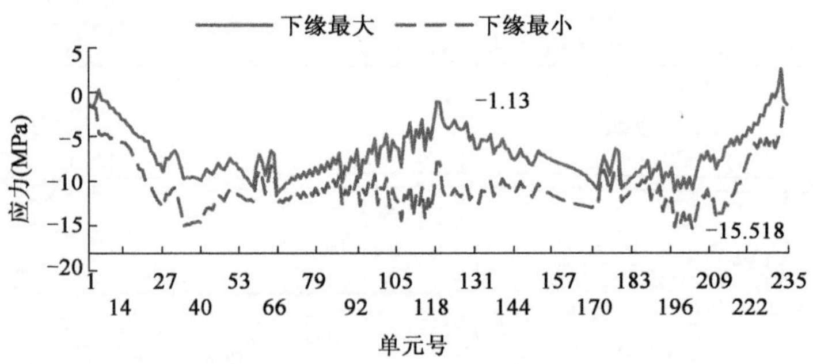

图 5-29　长期效应组合主梁下缘应力包络图

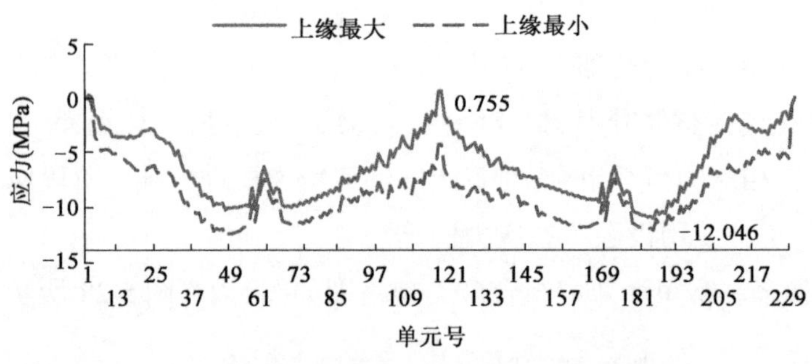

图 5-30　长期效应组合主梁上缘应力包络图

由图 5-29、图 5-30 可知，主梁在长期效应组合下，最大拉应力为 0.74MPa，最大压应力为 15.8MPa。

综合以上正常使用状态的计算结果可知，预应力减小 40% 后主梁最大压应力为 16.10MPa，混凝土选择 C50($0.5f_{ck}$ 为 16.20MPa)即可满足应力要求。最大拉应力为 0.74MPa。

(3)预应力减小 40% 后的主梁在最不利荷载组合下荷载效应 $\gamma_0 M_d$ 与抗力 M_u 的对比如图 5-31 所示。

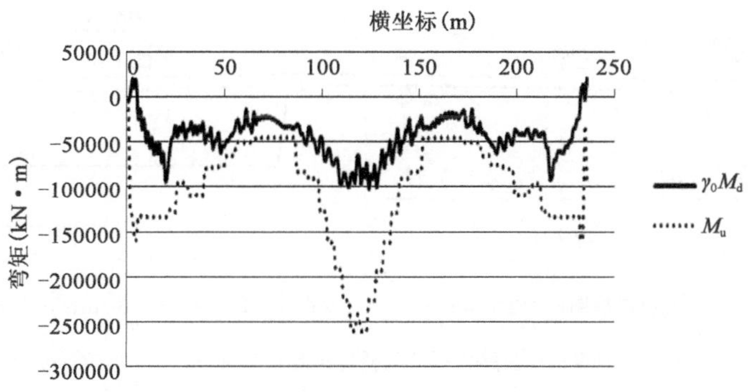

图 5-31　主梁弯矩与抗力对比图

由图5-31 可以看出,该桥减小 40% 预应力后主梁在最不利荷载组合下的弯矩效应小于结构抗力,结构有足够的安全储备。

通过本实例部分预应力混凝土主梁的分析可知:

(1)该桥的预应力后期减小 40% 后,混凝土主梁压应力在主梁截面各位置均有不同程度的减小,跨中区域压应力减小较多,主梁受力性能更为合理。

(2)根据部分预应力混凝土的应力状态,可以适当降低混凝土的强度等级,给施工带来方便。

(3)预应力减小 40% 后,主梁仍有足够的弯矩抵抗能力。

实例 2:湖北荆州长江公路大桥

湖北荆州长江公路大桥是目前中国最大跨径的 PC 斜拉桥,主桥跨径布置为 200m + 500m + 200m。主梁采用预应力混凝土肋板式梁,梁顶宽 26.5m,底宽 27.0m,双主肋高 2.4m,梁高与主跨比为 1/208,标准梁段肋宽 1.7m,桥面板厚 32cm。主梁中设置了 126 道横梁(每对拉索处设 1 道),横梁厚度为 26cm。采用 H 形索塔。全桥共布置 126 对斜拉索,为扇形双索面形式,标准截面索间距 8m,主梁全漂浮,两端桥墩设 4 个拉压球形制作,如图 5-32、图 5-33 所示。

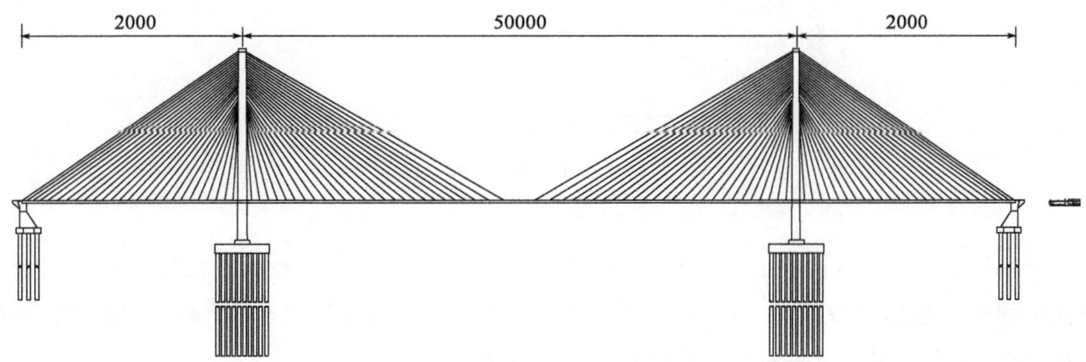

图 5-32　荆州长江公路大桥北汊桥桥型布置图(尺寸单位:cm)

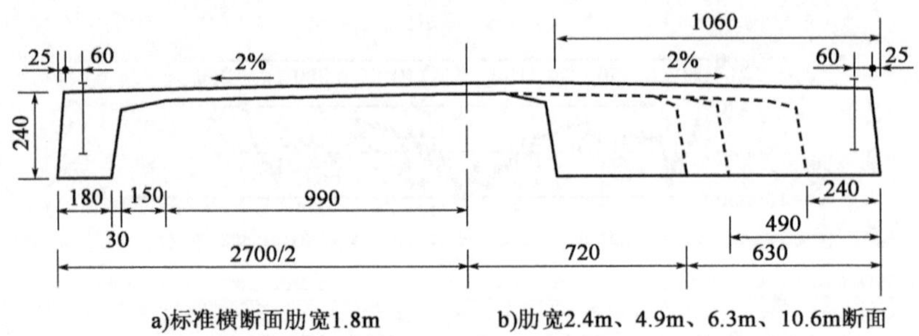

图 5-33　荆州长江公路大桥北汊桥标准半横断面图(尺寸单位:cm)

由于该桥修建时间较长,当时设计采用的是 1984 公路桥涵设计规范且该桥跨径大,故下文着重对其主梁开裂后的性能是否考虑非线性进行对比分析。

该桥非线性计算结果显示,当荷载加至汽车荷载的 3 倍时,主梁开裂,开裂区间为跨中合龙段(单元 129 号和 130 号),最大裂缝深度约 200mm;当荷载加至汽车荷载的 26 倍时,L31 号索索力达 15519.6kN(应力为 1425.2MPa),斜拉索破坏,结构破坏,此时下缘开裂区间为跨中 53m 范围内,裂缝最大深度为 922.9mm(约为梁高的 0.4 倍)。

图 5-34、图 5-35 所示为跨中截面荷载-挠度曲线和荷载-弯矩曲线。

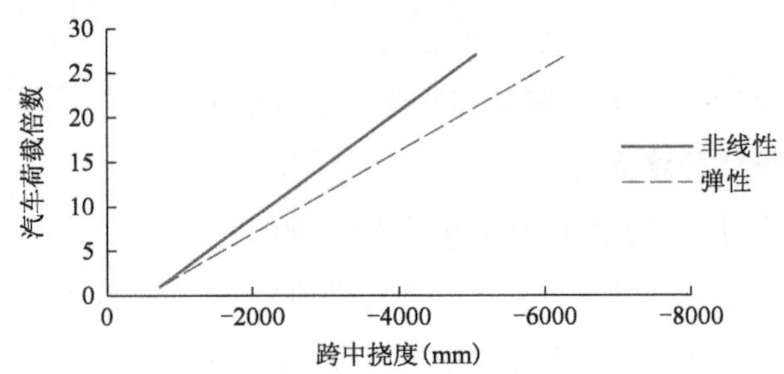

图 5-34　荆州长江公路大桥跨中截面荷载-挠度曲线

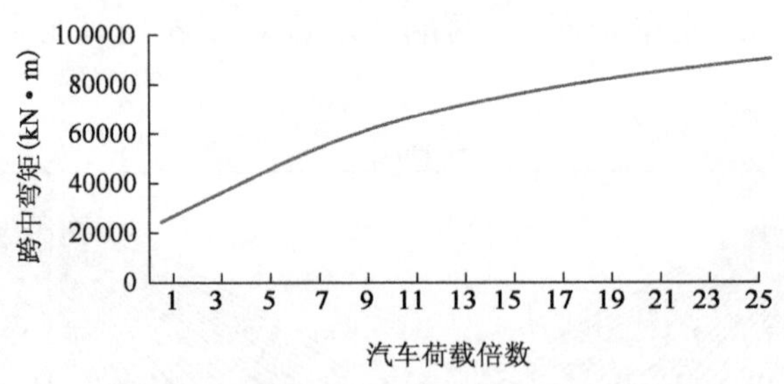

图 5-35　荆州长江公路大桥跨中截面荷载-弯矩曲线

图 5-34、图 5-35 说明,随着荷载的增加,跨中截面的挠度和弯矩相比弹性结果更小。同时对比荆州长江公路大桥(图 5-34)和广东李家沙大桥(图 5-8)的跨中截面荷载-弯矩曲线,不难发现,跨径加大后内力重分布现象和结构材料非线性效应更明显。

通过上述计算结果和贵州六冲河特大桥、湖北荆州长江公路大桥两个案例,我们可以发现，目前的混凝土斜拉桥预应力设计偏保守，而过于保守的预应力加大了设计和施工的难度，同时并没有使结构更安全；对部分现有混凝土斜拉桥的预应力适当减小，仍能满足结构正常使用的要求，而且受力更合理；斜拉桥受到自身体系的作用，能承受的最大极限荷载一般是由索的强度决定的。

5.4 小　结

通过分析混凝土斜拉桥开裂后的非线性性能，比较不同预应力度和配筋率对混凝土斜拉桥正常使用和承载能力状态的影响，以及对3座不同跨径、不同边中跨比的混凝土斜拉桥案例分析，得到以下结论：

(1)混凝土斜拉桥在混凝土开裂后发生内力重分布，且重分布幅度随开裂程度的加深而变大；开裂截面由于刚度减小导致分配的弯矩下降，支撑开裂弯矩的斜拉索索力增加；对于斜拉桥全桥而言，在正常使用阶段跨中截面挠度受混凝土开裂的影响不大。

(2)后期预应力筋的布置主要是为了满足跨中合龙段预压应力不足的需要，将此预压力合理降低，在施工阶段均未出现拉应力，却能有效减小混凝土最大压应力，进而降低混凝土强度等级。

(3)受多点弹性支撑的斜拉桥全桥承载力主要受斜拉索强度控制，减小后期预应力对全桥的承载能力并无影响。

(4)在不同预应力作用下，混凝土开裂初期跨中截面的典型裂缝宽度随预应力减小而有明显增加，但是随着荷载的增加，出现裂缝的范围加大，此裂缝的宽度增长趋势减弱。

(5)加大普通钢筋配筋率能减小裂缝宽度和主梁挠度，但效果并不明显，对结构承载力也没有影响。减少预应力后，可以适当增加普通钢筋的数量，但普通钢筋配置主要还是由截面的构造要求控制。

第 6 章　大跨径混凝土斜拉桥主梁设计方法

斜拉桥设计中的一项关键任务是确定合理成桥状态。斜拉桥的合理成桥状态是指桥梁结构在满足规范及具体设计要求,达到特定性能指标最优条件下,在桥梁施工结束后期望实现的结构状态,即几何线形和力的状态达到理想目标。几何线形状态主要指主梁的成桥高程,其主要由纵断面设计决定,根据不同的施工方法可通过立模高程(悬浇施工)或制作放样线形(悬拼施工)来满足要求,在成桥状态计算时可以不考虑。力的状态主要包括主梁、索塔、斜拉索和桥墩的受力,主要由结构的恒载、索力和支反力决定。

确定合理成桥状态主要是指合理的成桥恒载受力状态,一般要满足以下原则:

(1)索力。

索力要求均匀,同时又有较大的灵活性。全桥索力不宜过大或过小,索力通常随索长增加而增加,但局部区域允许突变。一般 0 号索(当为全漂浮体系的桥型时)和 1 号索的索力通常用较大的值。

(2)主梁弯矩。

主梁弯矩往往是混凝土斜拉桥设计中的控制内力。在成桥状态下,主梁的恒载弯矩要控制在“可行域”范围内。

(3)主塔弯矩。

在恒载状态下,主塔弯矩不能太大,还需考虑活载和混凝土后期收缩徐变的影响。通常在活载作用下加之混凝土后期收缩徐变的影响,主塔往江侧的弯曲程度相比岸侧大,最终塔会向江侧侧偏。因此,在成桥恒载状态下常将塔向岸侧作一定的预偏。主塔弯矩通常是大跨径钢梁斜拉桥设计中的控制内力。

(4)边墩、辅助墩支反力。

为避免设置拉力支座,边墩与辅助墩支座反力在恒载下应有足够的压力储备,或者在此处设置配重,以使活载下不出现负反力。

以上各项受力要求中,主梁的合理受力状态为斜拉桥合理成桥状态中最重要的一环。

目前确定斜拉桥合理成桥状态的方法多样,主要有根据力学原理进行索力优化,如零位移法和刚性支撑连续梁法,以及以调值计算原理为依据的相对刚度法、影响矩阵法和内力平衡法等。在实际应用时,往往一种方法难以取得理想的效果,因此一般采用多种方法结合进行合理成桥状态的确定。

6.1　"应力平衡法"确定部分预应力混凝土(PPC)斜拉桥主梁合理状态

6.1.1　"应力平衡法"基本思路

"应力平衡法"确定斜拉桥主梁合理状态是一种比较实用的合理成桥状态确定方法,其基本思路是将主梁各截面上、下缘的拉压应力作为控制条件,来确定其合理的预加力,再根据合理预加力配置预应力并确定成桥恒载弯矩的可行域,最后根据可行域综合考虑结构合理受力要求,确定最终索力。在此确定过程中,主梁恒载弯矩可行域必须有一定的宽度,如果弯矩可行域和混凝土上、下缘的允许拉、压应力等参数选择过于苛刻,则会导致设计不太合理,甚至合理成桥索力无法确定。

根据应力平衡法的基本原理,在恒载和活载组合下主梁截面上、下缘的最大拉应力(σ_{sl}和$\sigma_{x\mathrm{l}}$)和最小压应力(σ_{sa}和$\sigma_{x\mathrm{a}}$)均不超过材料的容许拉、压应力$[\sigma_{\mathrm{l}}]$、$[\sigma_{\mathrm{a}}]$,故有:

$$\sigma_{\mathrm{sl}} = -\frac{N_{\mathrm{d}} + N_y}{A} - \frac{M_{\mathrm{d}}}{W_{\mathrm{s}}} + \sigma_{\mathrm{s}m} \leqslant [\sigma_{\mathrm{l}}] \tag{6-1}$$

$$\sigma_{x\mathrm{l}} = -\frac{N_{\mathrm{d}} + N_y}{A} + \frac{M_{\mathrm{d}}}{W_x} + \sigma_{xm} \leqslant [\sigma_{\mathrm{l}}] \tag{6-2}$$

$$\sigma_{x\mathrm{a}} = -\frac{N_{\mathrm{d}} + N_y}{A} + \frac{M_d}{W_x} + \sigma_{xn} \geqslant [\sigma_{\mathrm{a}}] \tag{6-3}$$

$$\sigma_{\mathrm{sa}} = -\frac{N_{\mathrm{d}} + N_y}{A} - \frac{M_{\mathrm{d}}}{W_{\mathrm{s}}} + \sigma_{\mathrm{s}n} \geqslant [\sigma_{\mathrm{a}}] \tag{6-4}$$

式中:M_{d}——预应力和恒载产生的弯矩;

N_y——有效预加力;

A——主梁的面积;

W_{s}、W_x——上、下缘抗弯截面模量;

$\sigma_{\mathrm{s}m}$、σ_{xm}——活载在上、下缘产生的最大拉应力;

$\sigma_{\mathrm{s}n}$、σ_{xn}——活载在上、下缘产生的最小压应力。

以上4式稍做变换,可得:

$$M_{\mathrm{d}} \geqslant \left[-\frac{N_{\mathrm{d}} + N_y}{A} - [\sigma_{\mathrm{l}}] + \sigma_{\mathrm{s}m}\right] W_{\mathrm{s}} = M_{\mathrm{dl2}} \tag{6-5}$$

$$M_{\mathrm{d}} \leqslant \left[\frac{N_{\mathrm{d}} + N_y}{A} + [\sigma_{\mathrm{l}}] - \sigma_{xm}\right] W_x = M_{\mathrm{dl1}} \tag{6-6}$$

$$M_{\mathrm{d}} \geqslant \left[\frac{N_{\mathrm{d}}+N_{y}}{A}+[\sigma_{\mathrm{a}}]-\sigma_{xn}\right]W_{x}=M_{\mathrm{da2}} \tag{6-7}$$

$$M_{\mathrm{d}} \leqslant \left[-\frac{N_{\mathrm{d}}+N_{y}}{A}-[\sigma_{\mathrm{a}}]+\sigma_{sn}\right]W_{\mathrm{s}}=M_{\mathrm{da1}} \tag{6-8}$$

令 $M_{\mathrm{d1}}=\min(M_{\mathrm{dl1}},M_{\mathrm{da1}})$，$M_{\mathrm{d2}}=\max(M_{\mathrm{dl2}},M_{\mathrm{da2}})$，则主梁成桥恒载弯矩可行域：

$$M_{\mathrm{d2}} \leqslant M_{\mathrm{d}} \leqslant M_{\mathrm{d1}} \tag{6-9}$$

主梁恒载弯矩最小可行域宽$[\Delta M_{\mathrm{d}}] \leqslant M_{\mathrm{d1}}-M_{\mathrm{d2}}$

令 $M_{\mathrm{dl1}}=M_{\mathrm{da1}}$，则：

$$N_{y}=\frac{A}{1+W_{\mathrm{s}}/W_{x}}[(\sigma_{sn}-[\sigma_{\mathrm{a}}])W_{\mathrm{s}}/W_{x}+\sigma_{xm}-[\sigma_{1}]]-N_{\mathrm{d}}=N_{y\mathrm{l}1} \tag{6-10}$$

令 $M_{\mathrm{dl2}}=M_{\mathrm{da2}}$，则：

$$N_{y}=\frac{A}{1+W_{\mathrm{s}}/W_{x}}[\sigma_{xn}-[\sigma_{\mathrm{a}}]+(\sigma_{sm}-[\sigma_{1}])W_{\mathrm{s}}/W_{x}]-N_{\mathrm{d}}=N_{y\mathrm{l}2} \tag{6-11}$$

上式显示，若不改变预应力 N_y 大小，当$[\sigma_1]$加大时，$[\sigma_{\mathrm{a}}]$可减小，即混凝土的强度等级可以减小。进而：

若由混凝土上缘拉应力控制最小设计弯矩，对应 $M_{\mathrm{dl2}} \geqslant M_{\mathrm{da2}}$，反之，由混凝土下缘压应力控制最小设计弯矩；由混凝土下缘拉应力控制最大设计弯矩时，$M_{\mathrm{dl1}} \geqslant M_{\mathrm{da1}}$，反之，由混凝土上缘压应力控制最大设计弯矩。一般情况下，由于梁截面较高，受压区面积较大，截面上、下缘的压应力不是控制因素，为简便计算，可只考虑截面上、下缘拉应力这个限制条件。当 $M_{\mathrm{dl2}} \geqslant M_{\mathrm{da2}}$，由混凝土上缘拉应力控制最小设计弯矩，$[\sigma_1]$加大时，$M_{\mathrm{dl2}}$减小，相应的可行域宽$[\Delta M_{\mathrm{d}}]$加大；当 $M_{\mathrm{dl1}} \geqslant M_{\mathrm{da1}}$，$[\sigma_1]$加大时，$M_{\mathrm{dl1}}$加大，$[\Delta M_{\mathrm{d}}]$也加大。

总之，混凝土允许抗拉强度$[\sigma_1]$加大，混凝土的强度等级可适当降低，主梁恒载弯矩最小可行域宽加大，给设计带来更大的调整空间。

全预应力混凝土结构要求不出现拉应力，即$[\sigma_1]=0$，A 类部分预应力构件$[\sigma_1]=f_{\mathrm{ct}}$（混凝土容许拉应力），而 B 类部分预应力$[\sigma_1]$的确定往往需要与裂缝宽度限值联系起来，因而变得更加复杂。

6.1.2 B 类部分预应力混凝土构件设计

全预应力混凝土梁要求在使用荷载下结构必须处于受压状态，只有在超载情况下才允许开裂；相反，部分预应力混凝土梁允许梁在使用荷载时出现不超过允许宽度的裂缝。对于裂缝的允许宽度，我国《公路钢筋混凝土及预应力混凝土桥涵设计规范》（JTG 3362—2018）对钢筋混凝土结构的正常使用阶段裂纹规定限值为 0.2mm，预应力构件的钢束比钢筋混凝土构件更易腐蚀，因而预应力结构的正常使用阶段裂纹规定限值为 0.1mm。

另外，前文试验结果显示，当混凝土斜拉桥开裂至 0.1mm 时卸载，裂缝能完全闭合，且重新加载时没有明显的刚度降低。因此，以0.1mm为限，根据裂缝宽度公式，即可确定相应的受拉钢筋允许应力$[\sigma_s]$，从而讨论部分预应力混凝土构件的设计。

B类部分预应力混凝土主梁截面上缘最大应变关系应满足：

$$\varepsilon_{s1} = -\frac{N_d + N_y}{E_c A} - \frac{M_d}{E_c W_s} + \varepsilon_{sm} \leqslant [\varepsilon_1] \tag{6-12}$$

由$[\varepsilon_1] \approx [\varepsilon_s]$，令$n = \dfrac{E_s}{E_c}$，则

$$\varepsilon_{s1} = -\frac{N_d + N_y}{E_c A} - \frac{M_d}{E_c W_s} + \varepsilon_{sm} \leqslant \frac{[\sigma_s]}{E_c n} \tag{6-13}$$

$$\varepsilon_{x1} = -\frac{N_d + N_y}{E_c A} + \frac{M_d}{E_c W_x} + \varepsilon_{xm} \leqslant \frac{[\sigma_s]}{E_c n} \tag{6-14}$$

主梁上、下缘最小应力组合仍可采用应力控制，关系同式(6-3)、式(6-4)。

由式(6-5)、式(6-6)可得：

$$M_d \geqslant \left[-\frac{N_d + N_y}{A} - \frac{[\sigma_s]}{n} + \sigma_{sm}\right] W_s = M_{d12} \tag{6-15}$$

$$M_d \leqslant \left[\frac{N_d + N_y}{A} + \frac{[\sigma_s]}{n} - \sigma_{xm}\right] W_x = M_{d11} \tag{6-16}$$

式(6-15)、式(6-16)可看成将式(6-5)、式(6-6)的$[\sigma_1]$换成$\dfrac{[\sigma_s]}{n}$，如此可得相应的最小可行域宽$[\Delta M_d]$。不过此时主梁的面积A和上、下缘抗弯截面模量W_s、W_x需要根据开裂后的截面重新计算。

要计算混凝土开裂后的截面特性，就要先计算截面中性轴的位置和混凝土受压区高度。以图6-1部分预应力混凝土T梁为例，计算混凝土受压区高度。

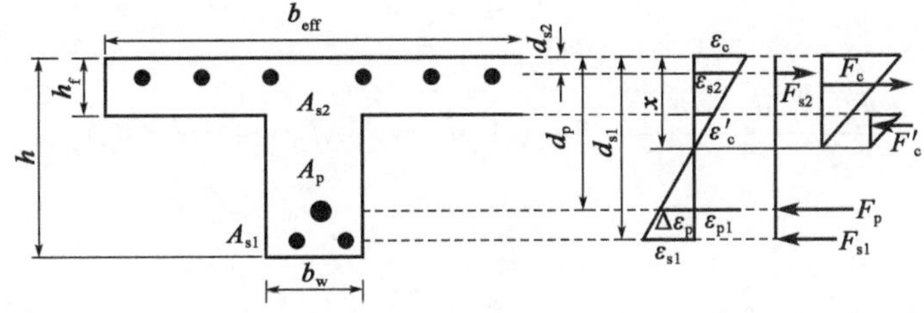

图6-1　T梁截面图

由力和弯矩的平衡关系$\sum F = 0$，$\sum M = 0$可得：

$$F_c - F'_c + F_{s2} - F_p - F_{s1} = 0 \tag{6-17}$$

$$F_c\left(\frac{2x}{3}\right) - F'_c\left[\frac{2(x - h_f)}{3}\right] + F_{s2}(x - d_{s2}) - F_p(d_p - x) - F_{s1}(d_{s1} - s) = M \tag{6-18}$$

而根据材料的本构关系有：

$$\varepsilon_{s1} = \frac{\sigma_s}{E_s}, F_{s1} = A_{s1}\varepsilon_{s1}E_s = A_{s1}\sigma_s \tag{6-19}$$

$$\varepsilon_c = \frac{\varepsilon_{s1}x}{d_{s1} - x}, F_c = \frac{b_{eff}x}{2}E_c\varepsilon_c = \frac{b_{eff}x^2}{2\alpha_e(d_{s1} - x)}\sigma_s \tag{6-20}$$

$$\varepsilon_c' = \frac{\varepsilon_{s1}(x - h_f)}{d_{s1} - x}, F_c' = \frac{(b_{eff} - b_w)(x - h_f)}{2}E_c\varepsilon_c' = \frac{(b_{eff} - b_w)(x - h_f)^2}{2\alpha_e(d_{s1} - x)}\sigma_s \tag{6-21}$$

$$\varepsilon_{s2} = \varepsilon_{s1}\frac{x - d_{s2}}{d_{s1} - x}, F_{s2} = A_{s2}\varepsilon_{s2}E_s = A_{s2}\frac{x - d_{s2}}{d_{s1} - x}\sigma_s \tag{6-22}$$

$$\Delta\varepsilon_p = \frac{\varepsilon_{s1}(d_p - x)}{d_{s1} - x}, F_p = A_p(\varepsilon_{pt} + \Delta\varepsilon_p)E_s = A_p\varepsilon_{pt}E_s + A_p\frac{d_p - x}{d_{s1} - x}\sigma_s \tag{6-23}$$

式中：M——外弯矩；

ε_c——混凝土最大应变(0.002)；

ε_s——钢筋拉应变(小于屈服应变)。

故有：

$$F_c\left[(d_p - x) + \frac{2x}{3}\right] - F_c'\left[(d_p - x) + \frac{2(x - h_f)}{3}\right] + F_{s2}[(d_p - x) + (x - d_{s2})] - F_{s1}[(d_p - x) - (d_{s1} - x)] = M \tag{6-24}$$

如此得到一关于 x 的三次方程：

$$Ax^3 + Bx^2 + Cx + D = 0 \tag{6-25}$$

式中，

$$A = -\frac{b_w}{2} \tag{6-26}$$

$$B = \frac{3b_w d_p}{2} \tag{6-27}$$

$$C = \frac{3h_f(b_{eff} - b_w)(2d_p - h_f)}{2} - 3\alpha_e(A_{s1}d_{s1} + A_{s2}d_{s2}) + 3\alpha_e d_p(A_{s1} + A_{s2}) + \frac{3\alpha_e M}{\sigma_s} \tag{6-28}$$

$$D = -\frac{h_f^2(b_{eff} - b_w)(3d_p - 2h_f)}{2} + 3\alpha_e(A_{s1}d_{s1}^2 + A_{s2}d_{s2}^2) - 3\alpha_e d_p(A_{s1}d_{s1} + A_{s2}d_{s2}) - \frac{3\alpha_e M d_{s1}}{\sigma_s} \tag{6-29}$$

求解此三次方程，便可得到相应的受压区高度 x，从而获得开裂后主梁的面积 A、W_s、W_x。

6.1.3 主梁合理预加力

主梁恒载弯矩最小可行域宽[ΔM_d]确定后，即要求：

$$M_{d1} - M_{d2} \geqslant [\Delta M_d] \tag{6-30}$$

根据 N_{y11} 和 N_{y12} 的大小可以将 N_y 分成 4 个数值区间。采用试算的方法，让 N_y 从 0 开始，按一定的步长增加，在 4 个可能的数值区间内逐一检验，直到找到满足式(6-30)的最小预加力(合理预加力)数量为止。具体实施步骤如下[121]：

(1)当 $N_y \leqslant \min(N_{y11}, N_{y12})$ 且 $\min(N_{y11}, N_{y12}) > 0$，式(6-30)变成：

$$M_{d11} - M_{d12} \geqslant [\Delta M_d] \tag{6-31}$$

故有：

$$N_y \geqslant \frac{A}{1+\alpha}(\sigma_{sm}\alpha + \sigma_{xm}) - N_d - [\sigma_1]A + \frac{[\Delta M_d]}{(1+\alpha)W_x} = N_{y1} \tag{6-32}$$

当 $N_y \leqslant \min(N_{y11}, N_{y12})$ 时，满足此段要求，N_y 分两种情况取值：

①当 $N_{y1} > 0$ 时，$N_y = N_{y1}$；

②当 $N_{y1} < 0$ 时，$N_y = 0$。

(2)当 $\min(N_{y11}, N_{y12}) \leqslant N_y \leqslant \max(N_{y11}, N_{y12})$ 且 $N_{y11} > N_{y12}$，$N_{y11} > 0$ 时，式(6-30)变成：

$$M_{d11} - M_{da2} \geqslant [\Delta M_d] \tag{6-33}$$

故有：

$$[\sigma_1] - [\sigma_a] - (\sigma_{xm} - \sigma_{xa}) \geqslant \frac{[\Delta M_d]}{W_x} \tag{6-34}$$

式(6-34)说明只要 N_y 在该区间，式(6-32)与 N_y 无关。若式(6-34)能满足，N_y 分两种情况取值：

①当 $N_{y12} \geqslant 0$ 时，$N_y = N_{y12}$；

②当 $N_{y11} < 0$ 时，$N_y = 0$。

(3)当 $\min(N_{y11}, N_{y12}) \leqslant N_y \leqslant \max(N_{y11}, N_{y12})$ 且 $N_{y11} < N_{y12}$，$N_{y11} > 0$ 时，式(6-30)变成：

$$M_{da1} - M_{d12} \geqslant [\Delta M_d] \tag{6-35}$$

故有：

$$[\sigma_1] - [\sigma_a] - (\sigma_{sm} - \sigma_{sa}) \geqslant \frac{[\Delta M_d]}{W_s} \tag{6-36}$$

类似的，式(6-36)与 N_y 无关。若式(6-36)能满足，N_y 也分两种情况取值：

①当 $N_{y11} > 0$ 时，$N_y = N_{y11}$；

②当 $N_{y11} < 0$ 时，$N_y = 0$。

(4)当 $N_y \geqslant \max(N_{y11}, N_{y12})$ 时，式(6-30)变成：

$$M_{da1} - M_{da2} \geqslant [\Delta M_d] \tag{6-37}$$

故有：

$$N_y \leqslant \frac{A}{1+\alpha}(\sigma_{sa}\alpha + \sigma_{xa}) - N_d - [\sigma_a]A + \frac{[\Delta M_d]}{(1+\alpha)W_x} = N_{y2} \tag{6-38}$$

当 $N_{y2} \geqslant \max(N_{y11}, N_{y12})$ 且 $N_{y2} > 0$ 时，满足此段要求，N_y 分两种情况取值：

①当 $\max(N_{y11}, N_{y12}) \geqslant 0$ 时，$N_y = \max(N_{y11}, N_{y12})$；

②当 $\max(N_{y11}, N_{y12}) < 0$ 时，$N_y = 0$。

从全预应力混凝土设计改为B类部分预应力混凝土设计后，参数 $[\sigma_1]$ 由0变成 $\frac{[\sigma_s]}{n}$，相应的主梁恒载弯矩最小可行域宽 ΔM_d 更大，预应力的选择范围更大。如果在4个数值区间仍不能满足式(6-32)的要求，便需要考虑修改截面尺寸或截面效率指标及结构体系的布置等内容。

6.2 部分预应力估算和布束

预应力混凝土斜拉桥的受力比较复杂，无索区梁体属于纯弯状态，标准段梁体是压弯状态，而靠近塔根处梁体又承受了很大的压力。因此，不同部位的主梁要按不同的受力状态计算配筋。随着道路桥梁建设等级的不断提高，斜拉桥的横向宽度也越来越大，导致斜拉桥主梁的组合内力变成活载内力，占组合内力的60% ~70%以上。活载的变化使得同一截面的内力在不同荷载位置作用下产生完全不同的内力值，而内力变化幅度增大带来的直接后果是加大理想布束的难度。

部分预应力的概念可以加大预应力压力线的范围，易于找出合理的布束位置和束数，既经济合理又可以提高混凝土结构的延性。

求得使用阶段预应力钢筋永久应力的合力 N_y 后，再确定适当的张拉控制应力 σ_{con} 并扣除相应的应力损失 σ_1（对于配高强钢丝或钢绞线的后张法构件 σ_1 约为 $0.2\sigma_{con}$），就可以估算出所需要的预应力钢筋的总面积：

$$A_p = \frac{N_y}{(1-0.2)\sigma_{con}} \tag{6-39}$$

A_p 确定之后，则可按一束预应力钢筋的面积 A_{p1} 算出所需的预应力钢筋束数 n_1：

$$n_1 = \frac{A_p}{A_{p1}} \tag{6-40}$$

式中：A_{p1}——一束预应力钢筋的截面面积。

对于截面上、下缘预应力筋的布置：

参考《公路钢筋混凝土及预应力混凝土桥涵设计规范》(JTG 3362—2018)规定，对于部分预应力混凝土构件，截面上最大压应力小于允许压应力，即预压应力与荷载引起的压应力之和应小于混凝土的允许压应力（为 $0.5f_{ck}$），同时截面上裂缝宽度不超过允许宽度，钢筋拉应力不超过允许裂缝宽度对应的钢筋应力值。

对于截面上缘：

$$\sigma_{ps} + \frac{M_{min}}{W_s} \leqslant \frac{[\sigma_s]}{n} \tag{6-41}$$

$$\sigma_{ps} + \frac{M_{max}}{W_s} \geqslant 0.5f_{ck} \tag{6-42}$$

对于截面下缘：

$$\sigma_{px} - \frac{M_{max}}{W_x} \leqslant \frac{[\sigma_s]}{n} \tag{6-43}$$

$$\sigma_{px} - \frac{M_{min}}{W_x} \geqslant 0.5f_{ck} \tag{6-44}$$

式中：σ_{ps}、σ_{px}——预应力在截面上、下缘产生的应力；

f_{ck}——混凝土轴心抗压强度标准值。

同样，简化上、下缘的压应力，只考虑上、下缘拉应力的限值，可求得预应力筋束数的最小值。

式(6-41)变为：

$$\sigma_{ps} \leqslant \frac{[\sigma_s]}{n} - \frac{M_{min}}{W_s} \tag{6-45}$$

式(6-42)变为：

$$\sigma_{px} \leqslant \frac{[\sigma_s]}{n} + \frac{M_{max}}{W_x} \tag{6-46}$$

由预应力钢束产生的截面上缘应力 σ_{ps} 和截面下缘应力 σ_{px} 分 3 种情况讨论：

(1)截面上、下缘均配有力筋 N_{ps} 和 N_{px} 以抵抗正负弯矩，由力筋 N_{ps} 和 N_{px} 在截面上、下缘产生的压应力分别为：

$$-\frac{N_{ps}}{A} - \frac{N_{ps}e_s}{W_s} - \frac{N_{px}}{A} + \frac{N_{px}e_x}{W_s} = \sigma_{ps} \tag{6-47}$$

$$-\frac{N_{ps}}{A} + \frac{N_{ps}e_s}{W_x} - \frac{N_{px}}{A} - \frac{N_{px}e_x}{W_x} = \sigma_{px} \tag{6-48}$$

将式(6-45)、式(6-46)分别代入式(6-47)、式(6-48)，解联立方程后得到：

$$N_{ps} = \frac{M_{max}(e_x - K_s) - M_{min}(K_x + e_x)}{(K_s + K_x)(e_s + e_x)} + \frac{A[\sigma_s](e_xK_s + e_sK_x)}{n(K_s + K_x)(e_s + e_x)} \tag{6-49}$$

$$N_{px} = \frac{M_{max}(e_s + K_s) - M_{min}(K_x + e_x)}{(K_s + K_x)(e_s + e_x)} - \frac{A[\sigma_s](e_xK_s + e_sK_x)}{n(K_s + K_x)(e_s + e_x)} \tag{6-50}$$

故：

$$n_s \geqslant N_{ps} \cdot \frac{1}{A_p \sigma_{pe}} \tag{6-51}$$

$$n_x \geqslant N_{px} \cdot \frac{1}{A_p \sigma_{pe}} \tag{6-52}$$

式中：A——混凝土截面面积，取有效截面计算；

A_p——每束预应力筋的面积；

K——截面的核心距：

$$K_x = \frac{W_x}{A}, K_s = \frac{W_s}{A} \tag{6-53}$$

σ_{pe}——预应力筋的有效应力（可取 $0.5 \sim 0.75 f_{pd}$ 估算）；

e——预应力筋重心距截面重心的距离。

（2）当截面只在下缘布置力筋 N_{px} 以抵抗正弯矩时：

当由上缘拉应力控制时：

$$n_x \leqslant \frac{M_{min} + [\sigma_s] \dfrac{W_s}{n}}{e_x - K_s} \cdot \frac{1}{A_p \sigma_{pe}} \tag{6-54}$$

当由下缘拉应力控制时：

$$n_x \geqslant \frac{M_{max} + \dfrac{W_x [\sigma_s]}{n}}{e_x + K_s} \cdot \frac{1}{A_p \sigma_{pe}} \tag{6-55}$$

（3）当截面中只在上缘布置力筋 N_{ps} 以抵抗负弯矩时：

当由上缘拉应力控制时：

$$n_s \geqslant \frac{[\sigma_s] \dfrac{W_s}{n} - M_{min}}{e_s + K_x} \cdot \frac{1}{A_p \sigma_{pe}} \tag{6-56}$$

当由下缘拉应力控制时：

$$n_s \leqslant \frac{[\sigma_s] \dfrac{W_x}{n} - M_{max}}{-e_s + K_x} \cdot \frac{1}{A_p \sigma_{pe}} \tag{6-57}$$

（4）当按上缘和下缘的压应力限制条件计算时（求得预应力筋束数的最大值），可由前面式(6-41)和式(6-43)推导得：

$$n_s \leqslant \frac{-M_{max}(e_x + K_s) - M_{min}(K_x - e_x) + (W_s + W_s)e_s}{(K_s + K_x)(e_s + e_x)} \cdot \frac{f_{ck}}{A_p \sigma_{pe}} \tag{6-58}$$

$$n_x \leqslant \frac{M_{min}(K_x + e_s) + M_{max}(K_s - e_x) + (W_s + W_x)e_s}{(K_s + K_x)(e_s + e_x)} \cdot \frac{f_{ck}}{A_p \sigma_{pe}} \tag{6-59}$$

(5)若需调整束数,当截面承受负弯矩时,如果截面下部多配 n'_x根束,则上部束也要相应增配 n'_s根,才能使上缘不出现拉应力;同理,当截面承受正弯矩时,如果截面上部多配 n'_s根束,则下部束也要相应增配 n'_x根。其关系为:

当承受 M_{min}时:

$$n'_s = \frac{e_x - K_x}{k_x + e_s} n'_x \tag{6-60}$$

当承受 M_{max}时:

$$n'_x = \frac{e_s - K_s}{k_s + e_x} n'_s \tag{6-61}$$

6.3　PPC 斜拉桥主梁设计步骤及算例

6.3.1　设计步骤

对部分预应力混凝土斜拉桥主梁通过控制裂缝宽度进行设计可按以下步骤进行:

(1)初选合理的截面形式与尺寸;

(2)按最小弯矩能量法初定成桥状态,获得除预应力外的恒载产生的主梁轴向力 N_d;

(3)计算主梁活载弯矩包络图;

(4)拟定最大允许裂缝宽度为 0.1mm;

(5)根据经验选择非预应力钢筋配筋率(可参考欧洲规范 EC2-04 建议值,根据不同混凝土强度等级、钢筋净保护层厚度在 1% ~2% 选择);

(6)根据杆件的几何和力学性能计算开裂截面钢筋的拉应力;

(7)求解三次方程,计算中性轴高度;

(8)计算主梁恒载弯矩合理域(M_{d1},M_{d2})和合理预加力 N_y;

(9)根据预加力布置预应力筋,根据弯矩合理域调整成桥状态,获得新的 N_d;

(10)将实际的预应力计入 N_d 中,重复步骤(8),计算新的合理预加力 N_y。如果新 N_y 为零,且新的(M_{d1},M_{d2})能包住包含了预应力的成桥恒载弯矩,即可以此确定斜拉桥的合理成桥状态;否则需增加预应力并调整成桥状态,有必要时还需调整结构尺寸。

从以上计算内容可以看出,通过控制裂缝宽度进行设计,部分预应力梁的设计涉及开裂后截面特性的计算,需要通过求解三次方程才能找到混凝土受压区高度和中性轴位置,尤其预应力未知时,要根据当前截面的实际受力情况来计算截面特性,需进行非线性迭代,给计算带来较大困难。

在实际设计计算中,可采用简化方法进行设计。

根据混凝土边缘的应力限制条件,可以分别计算公式中截面面积和上、下抗弯截面模量的上、下限值 A_{max}、A_{min}、W_{smax}、W_{smin}、W_{xmax} 和 W_{xmin},这样式(6-13)、式(6-14)和式(6-3)、式(6-4)便变成:

$$-\frac{N_d+N_y}{A_{min}}-\frac{M_d}{W_{smin}}+\sigma_{sm}\leqslant\frac{[\sigma_s]}{n} \tag{6-62}$$

$$-\frac{N_d+N_y}{A_{min}}+\frac{M_d}{W_{xmin}}+\sigma_{xm}\leqslant\frac{[\sigma_s]}{n} \tag{6-63}$$

$$-\frac{N_d+N_y}{A_{max}}+\frac{M_d}{W_{xmax}}+\sigma_{xn}\geqslant[\sigma_a] \tag{6-64}$$

$$-\frac{N_d+N_y}{A_{max}}-\frac{M_d}{W_{smax}}+\sigma_{sn}\geqslant[\sigma_a] \tag{6-65}$$

相应的,可得到 M_{dl1}、M_{da1}、M_{dl2}、M_{da2}、N_{yl1}、N_{yl2} 的表达式。

根据其他计算结果,加载至结构破坏时主梁裂缝高度均不到梁高的一半,故以上参数的最大值 A_{max}、W_{smax} 和 W_{xmax} 按全截面计算,最小值 A_{min}、W_{smin} 和 W_{xmin} 偏保守地按开裂后裂缝至梁高一半时的截面特性计算。这样就避免了混凝土受压区高度的求解和截面特性的迭代计算,得到的 N_y 为通过控制裂缝宽度进行设计的合理预加力的上限。

通过控制裂缝宽度进行部分预应力构件设计,为确定斜拉桥合理成桥状态提供了最大的操作空间。考虑到混凝土长期裂缝对结构耐久性的影响,编者建议在短期荷载效应组合下结构可以出现不超过允许宽度的裂缝,而在长期荷载效应组合下考虑到斜拉桥结构的重要性和耐久性要求,建议结构仍不出现裂缝。为简化设计,编者建议先根据长期荷载效应组合对其进行全预应力设计,再对短期荷载效应组合下的裂缝宽度(应小于等于 0.1mm)进行验算。

6.3.2 算例

算例 1:

广东李家沙特大桥(主跨 220m)主梁为双主肋截面,梁高 2.2m。跨中断面几何特性为 $A=14.121\text{m}^2$,$I=6.237\text{m}^4$,$W_x=4.092\text{m}^3$,$W_s=8.531\text{m}^3$,混凝土开裂至梁高一半后 $A_{min}=8.9\text{m}^2$,$I_{min}=1.11\text{m}^4$,$W_{xmin}=0.68\text{m}^3$,$W_{smin}=1.42\text{m}^3$,$\Delta M_d=10000\text{kN}\cdot\text{m}$。按控制裂缝宽度为 0.1mm设计,$\frac{[\sigma_s]}{n}=8.2\text{MPa}$,$[\sigma_a]=-17.5\text{MPa}$。

跨中截面活载产生的最大拉应力 $\sigma_{sm}=2.18\text{MPa}$,$\sigma_{xm}=7.59\text{MPa}$;最小压应力 $\sigma_{sn}=-4.07\text{MPa}$,$\sigma_{xn}=-3.62\text{MPa}$。

按前述方法,以跨中截面为例,检查前文对该桥后期预应力减少 40% 后预应力配置的合理性。

计算得 $N_{yl1}=173559\text{kN}$，$N_{yl2}=100234\text{kN}$。

根据第 5 章的计算结果，荷载加至汽车荷载的 8 倍时，开裂截面主梁弯矩重分布系数约为 −20%，以下分别按不考虑弯矩重分布、考虑弯矩重分布系数为 −10% 和 −20% 时，确定合理预加力的变化，见表 6-1。

考虑弯矩重分布合理预加力对比　　表 6-1

弯矩重分布系数	$M_{d1}-M_{d2}$(kN·m)	ΔM_d(kN·m)	合理预加力 N_y(kN)	实际预加力(kN)
0%	10606	10000	30000	48012
−10%	10559		33000	
−20%	10606		37500	

后期预应力减小 40% 后跨中截面实际预加力为 48012kN。

表 6-1 说明，考虑不同弯矩重分布系数时，合理预加力有所增加，但是影响并不大，实桥跨中预加力在减小 40% 后均大于合理预加力。

算例 2：

贵州六冲河特大桥（主跨 438m），主梁横断面为 Π 形肋板式梁，梁高 2.7m。跨中断面截面几何特性为 $A=17.944\text{m}^2$，$I=16.245\text{m}^4$，$W_x=9.106\text{m}^3$，$W_s=14.041\text{m}^3$，混凝土开裂至梁高一半后 $A_{\min}=11.047\text{m}^2$，$I_{\min}=6.503\text{m}^4$，$W_{x\min}=3.645\text{m}^3$，$W_{s\min}=5.621\text{m}^3$，$\Delta M_d=10000\text{kN}\cdot\text{m}$。按控制裂缝宽度为 0.1mm 设计，$\dfrac{[\sigma_s]}{n}=8.4\text{MPa}$，$[\sigma_a]=-17.5\text{MPa}$。

跨中截面活载产生的最大拉应力 $\sigma_{sm}=2.519\text{MPa}$，$\sigma_{xm}=7.937\text{MPa}$；最小压应力 $\sigma_{sn}=-5.043\text{MPa}$，$\sigma_{xn}=-3.169\text{MPa}$。

以跨中截面为例，检查前文对该桥后期预应力减小 40% 后预应力配置的合理性。

计算得 $N_{yl1}=155712.3\text{kN}$，$N_{yl2}=95878.8\text{kN}$。

仍分别按不考虑弯矩重分布、考虑弯矩重分布系数为 −10% 和 −20% 时，确定合理预加力的变化，见表 6-2。

考虑弯矩重分布合理预加力对比　　表 6-2

弯矩重分布系数	$M_{d1}-M_{d2}$(kN·m)	ΔM_d(kN·m)	合理预加力 N_y(kN)	实际预加力(kN)
0%	11259	10000	31000	62580
−10%	10133.0		31000	
−20%	11020.2		34000	

后期预应力减小 40% 后跨中截面实际预加力为 62580kN。

表 6-2 说明，该桥考虑不同弯矩重分布系数时，合理预加力影响并不大，实桥跨中预加力在减小 40% 后相比合理预加力仍有较大富余。

综合以上两个算例分析结果，考虑弯矩重分布后对合理预加力的影响不大，编者提出的简化方法可用于部分预应力混凝土斜拉桥主梁预应力筋设计。

6.4 小　结

按 A 类部分预应力对混凝土斜拉桥主梁进行设计与常规全预应力设计方法相同;若按 B 类部分预应力对其进行设计,可以通过控制最大允许裂缝宽度为 0.1mm 进行。本章主要内容如下:

(1)根据主梁截面上、下缘的拉、压应力均不超限的控制条件,用“应力平衡法”确定部分预应力混凝土斜拉桥主梁合理状态。

(2)讨论了各裂缝宽度计算公式,提出了根据允许最大裂缝宽度确定主梁允许拉应力的大小,从而作为部分预应力混凝土斜拉桥主梁设计参考;确定合理预加力后,研究了预估预应力损失后进行部分预应力估算和布束的方法。

(3)讨论了通过控制裂缝宽度进行部分预应力斜拉桥主梁设计的基本步骤。

(4)提出了简化计算公式,并按部分预应力对实桥算例进行了预应力设计,验证了简化设计方法的可行性。

第7章　大跨径混凝土斜拉桥主梁疲劳性能研究

混凝土斜拉桥现在普遍采用密索体系，减小了索距、增加了主梁弹性支撑点、减小了梁高，使得主梁自重产生的内力所占比例减小，并且由于斜拉索力的可调性，通过索力调整可以使主梁的恒载弯矩优化到近"零弯矩"状态，因此在荷载组合下结构的弯曲受力以活载为主，受车辆荷载的影响比普通梁式桥要大得多。由于各种原因，开裂的全预应力或者按部分预应力设计的混凝土斜拉桥，在出现裂缝后构件截面应力（混凝土的拉压应力、预应力钢筋和非预应力钢筋的应力）变化幅值大大增加。通过分析主跨径为220m、438m和500m的混凝土斜拉桥应力数据（表7-1）发现：汽车荷载和恒载在跨中截面混凝土下缘产生的应力比值分别为28.7%、41.0%和91.9%，运营10年后这一比值变为59.1%、81.1%和187.3%，而且，斜拉桥主跨径越大，车辆荷载比例越大，运营时间越长，车辆荷载比例也更大。

混凝土斜拉桥主梁应力　　表7-1

主跨径（m）	活载应力（MPa）	活载应力幅（MPa）	恒载应力（MPa）		应力比值（活载/恒载）	
			成桥	10年后	成桥	10年后
220	2.953	3.287	-10.28	-5	28.71%	59.06%
438	2.757	3.316	-6.72	-3.4	41.05%	81.09%
500	4.495	5.787	-4.89	-2.4	91.92%	187.29%

另外，随着我国公路交通事业的蓬勃发展，车辆荷载趋于重型化，交通运输呈现出"大流量、超重和渠化交通"的特点。这都使得主梁内力变化幅度加大，斜拉桥受到车辆荷载的影响越来越大（表7-1），当主跨径超过400m后，活载应力幅数值与成桥10年后的恒载应力水平相比，变化显著。在反复承受车辆荷载时，组成各种桥梁构件的材料如钢绞线、钢筋、混凝土等在交变荷载的作用下，应力虽然远低于强度极限或屈服极限，但却极易发生疲劳破坏，或虽未发生疲劳破坏，但构件会由于材料疲劳剩余强度低于初始强度而使极限承载能力下降，导致既有桥梁的运营存在安全隐患。因此，深入研究混凝土斜拉桥主梁疲劳性能与演变机理，对于完善其设计理论，提高大跨径混凝土斜拉桥的安全运营能力具有重要的学术和应用价值。

对于混凝土斜拉桥而言，车辆荷载作用下的疲劳问题多表现为斜拉索的腐蚀疲劳失效，而混凝土主梁的疲劳问题往往被忽略。事实上，斜拉索是可更换部件，往往在未达到其疲劳寿命前即被更换掉。然而，作为部分预应力构件的混凝土主梁，在重载车流的长期作用下，混凝土下缘可能出现拉应力或开裂。混凝土底缘开裂后,钢筋应力重分布,导致其应力增加,因此车辆荷载长期作用产生的疲劳问题不可忽视。

编者研究了随机车流作用下部分预应力混凝土斜拉桥主梁的疲劳可靠度。首先,以某主跨420m的混凝土斜拉桥为背景,分析部分预应力对斜拉桥主梁成桥状态的静力影响;其次,采用元胞自动机模拟稀疏与密集随机车流,分析车流密集程度对斜拉桥疲劳应力谱的影响;最后,研究了部分预应力对主梁疲劳可靠度的影响。

7.1 部分预应力对混凝土斜拉桥成桥静力性能的影响

7.1.1 工程背景

某斜拉桥的跨径布置为210m+420m+210m,结构体系为刚构体系。主梁与主塔的材料分别为C60和C50混凝土。斜拉索的数量在每个索塔均为34对,双向四车道,公路—I级汽车荷载。桥梁的结构尺寸如图7-1所示。主梁为三向预应力混凝土双肋结构,截面尺寸如图7-2所示。

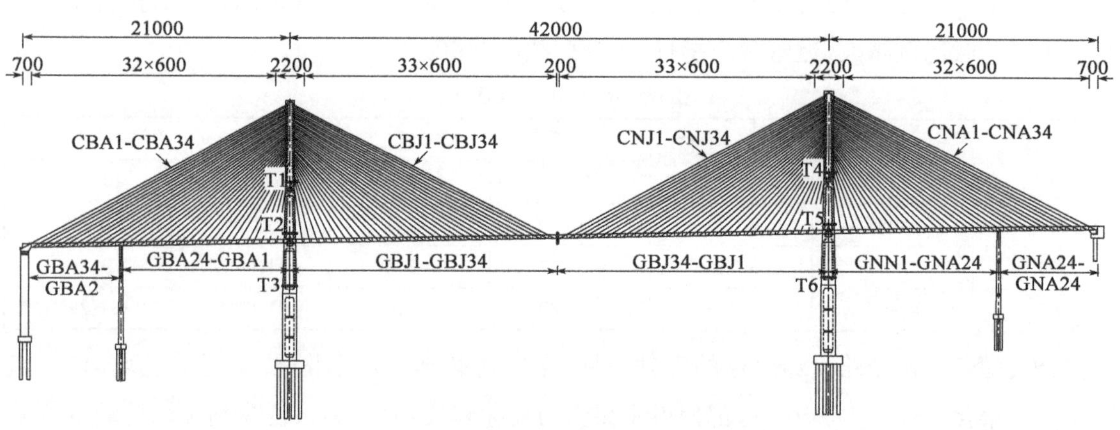

图7-1 某斜拉桥桥型布置图(尺寸单位:cm)

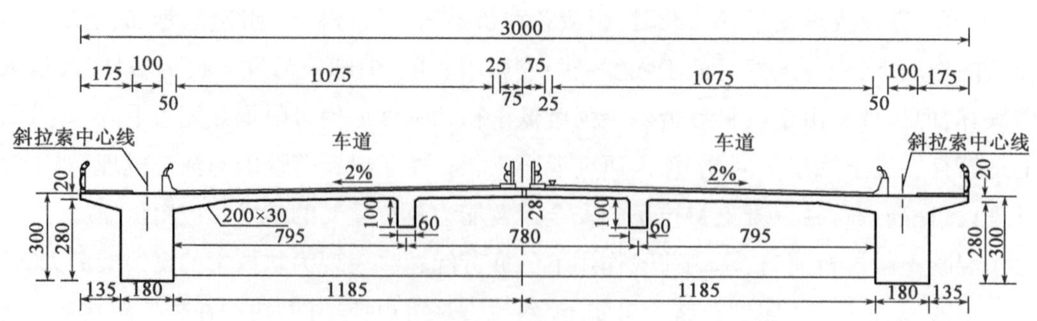

图7-2 主梁设计标准段面(尺寸单位:cm)

每个索塔有34对斜拉索，每个斜拉索由一定数量的钢绞线组成，钢绞线数量见表7-2。斜拉索索力由合理成桥状态优化得到，斜拉索张拉力如图7-3所示。

斜拉索的钢绞线数量表　　表7-2

斜拉索编号	1	2~6	7~11	12~14	15~21	22~25	26~28	29~31	32~34
钢绞线数量	61	43	37	43	50	55	61	67	73

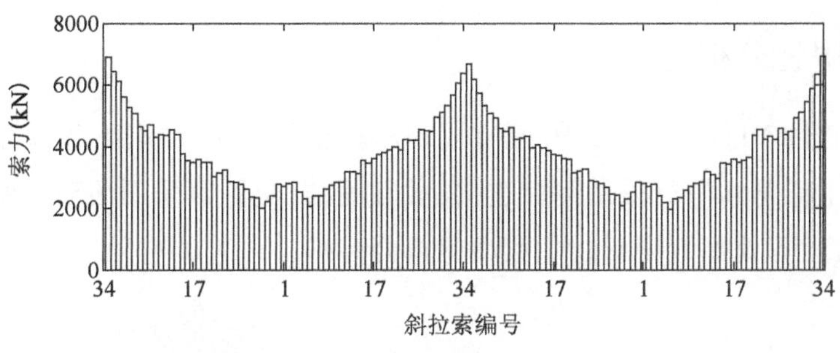

图7-3　成桥索力图

由于本书编写时的工程背景桥梁采用了全预应力混凝土主梁，为了研究部分预应力斜拉桥主梁，需调整主梁的预应力钢束。原桥的预应力钢束主要包含顶板束、腹板束、合龙束。由于顶板束和腹板束是为悬臂施工阶段所考虑，暂不调整其数量，而通过调整中跨合龙束的方式考虑部分预应力。根据刘超豪[117]的研究结果，编者将跨中合龙束取60%的预应力数量，每根钢绞线的张拉控制力不变。全桥跨中合龙束的预应力钢绞线数量见表7-3。

全桥跨中合龙束预应力参数　　表7-3

钢　束　名	全 预 应 力	部分预应力	长度(m)	全 桥 束 数
Z18	Φ^s15-19	Φ^s15-11	32	2
Z19	Φ^s15-19	Φ^s15-11	68	2
Z20	Φ^s15-19	Φ^s15-11	80	2
Z21	Φ^s15-19	Φ^s15-11	92	2
Z22	Φ^s15-19	Φ^s15-11	176	2
Z23	Φ^s15-19	Φ^s15-11	188	2
Z24	Φ^s15-27	Φ^s15-16	32	2
Z25	Φ^s15-27	Φ^s15-16	44	2
Z26	Φ^s15-27	Φ^s15-16	56	2
Z27	Φ^s15-27	Φ^s15-16	68	2
Z28	Φ^s15-27	Φ^s15-16	80	2
Z29	Φ^s15-27	Φ^s15-16	92	2
Z30	Φ^s15-27	Φ^s15-16	116	2
Z31	Φ^s15-27	Φ^s15-16	128	2
Z49	Φ^s15-27	Φ^s15-16	140	2
Z50	Φ^s15-27	Φ^s15-16	152	2

续上表

钢 束 名	全 预 应 力	部分预应力	长度(m)	全 桥 束 数
Z51	Φ^s15-27	Φ^s15-16	200	2
Z52	Φ^s15-27	Φ^s15-16	164	2
Z53	Φ^s15-27	Φ^s15-16	19	2

7.1.2 有限元分析

采用有限元软件 Midas/Civil 2010 建立了该斜拉桥的有限元模型,该模型主要由梁单元和桁架单元模拟。主梁与索塔处采用刚性连接,墩底固结,交界墩采用活动支座模拟。斜拉索由桁架单元模拟,考虑等效弹性模量。主梁由梁单元模拟。建立的有限元模型如图 7-4 所示。

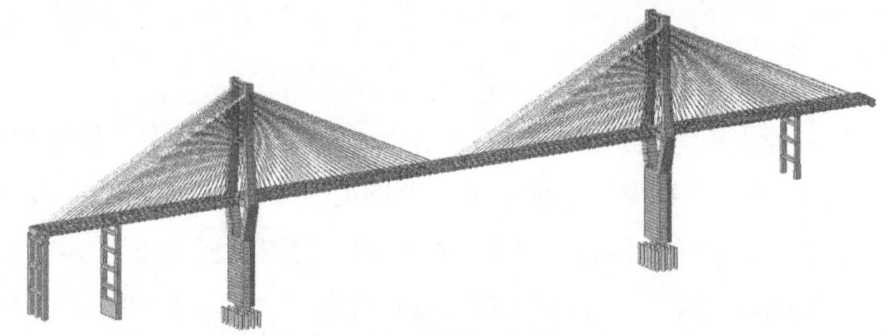

图 7-4 某斜拉桥有限元模型

采用降低合龙段预应力组合系数的形式研究部分预应力对主梁应力分布的影响。考虑荷载组合为:自重+拉索张拉力+预应力+二期恒载,计算分析结果如图 7-5 所示。

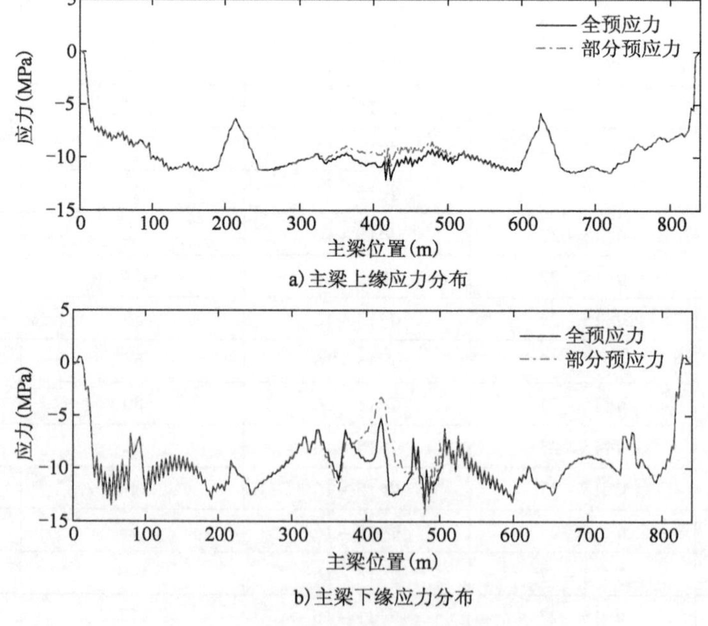

图 7-5 部分预应力对成桥主梁应力的影响

由图7-5可知，中跨合龙束预应力对主梁跨中附近梁段的影响较大，而对其他梁段的应力影响较小。全预应力结构的跨中主梁上、下缘应力分别为 -10.92MPa 和 -5.33MPa，部分预应力结构的主梁上、下缘应力分别为 -9.19MPa 和 -3.91MPa。

为了获得随机车流作用下主梁的应力时程曲线，提取了主梁跨中截面的应力影响线。假定移动集中力的大小为1000kN，则在该移动集中力作用下主梁跨中截面的上、下缘应力时程曲线如图7-6所示。从图中可以看出，上、下缘应力峰值分别为0.58MPa、1.45MPa，换算成梁底纵筋的应力约为8.19MPa。

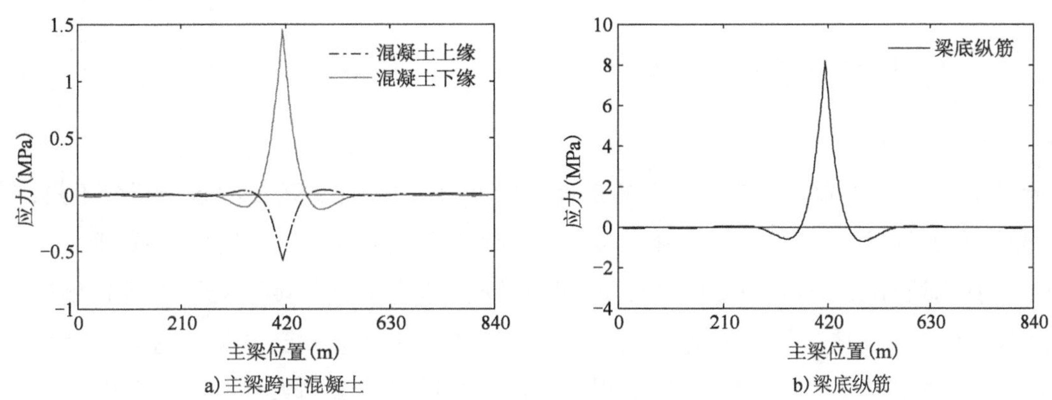

图7-6　主梁跨中应力影响线

7.2　车流参数统计分析

7.2.1　车流监测大数据背景

现阶段，动态称重系统(Weigh in Motion)在高速公路交通情况调查、车辆超限载治理及其车辆计重收费等方面均有广泛应用。该系统可用来收集统计动态车辆相关数据，包括行车速度、车辆总重、车辆轴重、轴间距及其轴重等参数。动态称重系统主要分为传统路面式动态称重系统(WIM)和桥梁动态称重系统(B-WIM)[103,104]。其中，路面式动态称重系统研究起步较早，它主要是通过在行车道路表面开挖凹槽，埋入传感器来测量车辆参数[105]。桥梁动态称重系统则是将测试传感器安装在桥梁底部，通过测量桥梁动应变来换算车辆车速、轴重及车距等参数[106]。

四川盆地南部宜宾至泸州的宜泸高速公路，是国家高速公路网规划的G93成渝环线高速公路在四川境内的一段。该高速公路全长约77km，设计时速80km，路基宽24.5m。宜泸高速公路所经地地形复杂，桥梁和隧道比重达48.9%。分析时所涉及车辆统计数据之一来自宜泸高速公路某大桥动态称重系统。

该桥梁是总长度为1295.89m、主桥为820m的特大型悬索桥，桥梁形式为双塔门式拉索桥,双向四车道,设计时速为 80km。该大桥共有 1 套车速车轴仪监测点。车速车轴传感器测点布设图如图 7-7 所示。

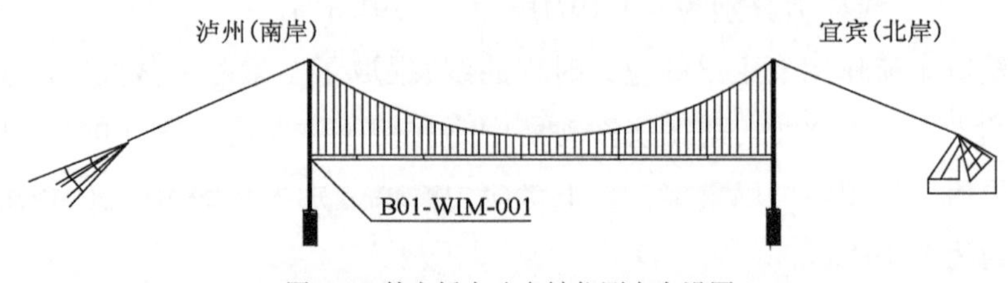

图 7-7　某大桥车速车轴仪测点布设图

7.2.2　车流参数概率分布模型

1. 高斯混合模型

高斯混合模型(GMM)是高斯模型的扩展与延伸,作为一种高精度的数据拟合工具,在不同领域均得到了广泛应用[107]。GMM 模型与特定概率密度函数相比,融合了参数模型与非参数模型。在高斯分量个数足够多的情况下,可以精确表达任意连续随机变量的概率密度分布。利用 GMM 对随机变量进行概率建模时,需要确定最优高斯分量个数 M 的取值。一般而言,M 取值越大,则概率模型拟合精度越高,但提高精确度的同时将会加大计算的复杂度。因此,M 的取值应根据实际情况权衡拟合的精度及计算效率两个方面内容。

高斯混合模型的定义如下:

$$f(x) = \sum_{i=1}^{M} w_i f_i(x) = \sum_{i=1}^{M} w_i N(x \mid \mu_i, \Sigma_i) \tag{7-1}$$

式中,M 为混合模型的分类个数;w_i 为混合模型的权重系数,表示第 i 个分类发生的先验概率,其中 $\sum_{i=1}^{M} w_i = 1$;$N(x|\mu_i, \Sigma_i)$ 为第 i 个高斯概率密度函数。

2. 伽马分布

伽马分布(Gamma distribution)是统计学中的一种连续概率函数,Gamma 分布所包含的曲线形式较多,已被广泛应用于许多统计问题。Gamma 分布定义如下:

$$\begin{cases} f_\Gamma(x) = \dfrac{\beta^\alpha}{\Gamma(\alpha)} x^{\alpha-1} e^{-\beta x} & (x > 0) \\ f_\Gamma(x) = 0 & (x \leqslant 0) \end{cases} \tag{7-2}$$

式中,α 为形状参数;β 为尺寸参数。该分部中均值为 $\mu = \dfrac{\alpha}{\beta}$,方差为 $\sigma = \dfrac{\alpha}{\beta^2}$。

3. 韦布尔分布

韦布尔分布,即韦伯分布(Weibull distribution),是可靠性分析和寿命检验的理论基础。韦伯分布被广泛应用于各种可靠性工程中。韦伯分布概率密度表达式如下:

$$\begin{cases} f(x;\lambda,k) = \dfrac{k}{\lambda}\left(\dfrac{x}{\lambda}\right)^{k-1} e^{-(x-\lambda)^k} & (x \geqslant 0) \\ f(x;\lambda,k) = 0 & (x < 0) \end{cases} \tag{7-3}$$

式中,x 为随机变量;λ 为比例参数,$\lambda > 0$;k 为形状参数,$k > 0$,其累积分布函数是扩展的指数分布函数。

7.2.3　车流量统计分析

车流量是指单位时间内通过公路某断面的车辆数量,以 d 为单位。由于公路交通系统非线性、不稳定性、复杂性等特点,单位时间内的车流量各不相同。其中,高速公路车流量主要受区域经济发展的影响。高速公路车流量统计分析,不仅能够反映该地区社会经济运行的规律与趋势,还有助于高速公路交通管理部门采取有效的方法措施,提高高速公路的交通能力。

对某高速公路桥梁每日车流量进行统计,每日车流量分布如图 7-8 所示,其中图 7-8a) 中每日车流量采集数据的时间为 2013 年 10 月 19 日至 2013 年 10 月 27 日,连续 9d;图 7-8b) 每日车流量采集数据时间为 2016 年 8 月 11 日至 2016 年 9 月 25 日。

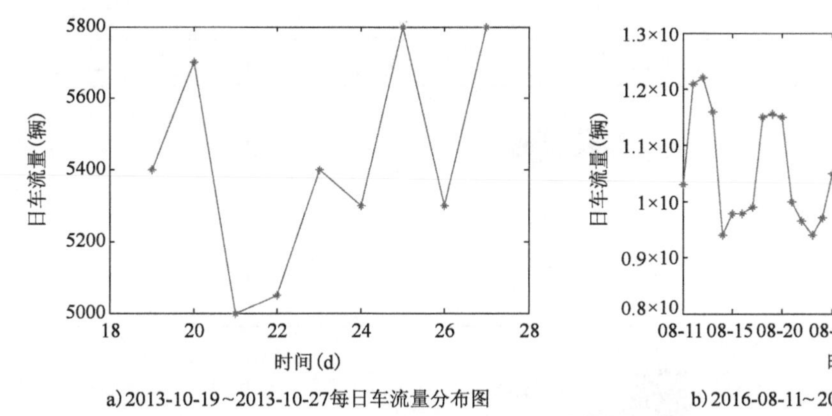

a) 2013-10-19~2013-10-27每日车流量分布图　　b) 2016-08-11~2016-09-25每日车流量分布图

图 7-8　某长江大桥每日车流量分布图

由图 7-8 可知,该长江大桥 2013 年每日车流量为 5000 ~ 5900 辆,2016 年每日车流量增至 7000 ~ 12200 辆。

7.2.4　车型统计分析

车辆种类复杂多样,因此笼统将车辆总体作为随机车流的研究对象,将难以基于大数据监测对车流参数进行分类统计分析。所以,现基于各车型轴组类型与轴组间距对车型进行分类。

现阶段,高速公路管理部门为制定车辆行驶收费标准,依据车辆装载乘客与货物的能力将车辆划分为客车、货车两大类,同时根据载重大小将车辆分为五大类,具体划分标准见表 7-4。为保证最终建立的车型分类准确且易于计算,根据疲劳损伤等效原理,对相似类型车辆的轴重及轴距进行优化。其中等效轴重表达式如下：

$$W_{\mathrm{eq}} = \left[\sum f_i W_{ij}^3 \right]^{\frac{1}{3}} \tag{7-4}$$

式中：f_i——同车型中第 i 个车辆出现频率；

W_{ij}——第 i 个车辆的第 j 个轴重；

W_{eq}——等效轴重。

将车辆分为 6 种基本车型，其参数与几何分布见表 7-5。

高速公路管理部分车型划分标准 表 7-4

类　型	车型及描述	
	客车	货车
第一类	≤7 座	≤2t
第二类	8 ~ 19 座	2 ~ 5t
第三类	20 ~ 39 座	5 ~ 10t
第四类	≥40 座	10 ~ 15t
第五类	无	>15t、40 英尺集装箱车

车型统计分类 表 7-5

车　型	车辆几何分布（m）	概　述
V1	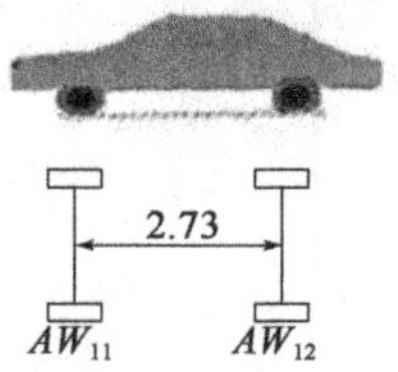 2.73 AW_{11} AW_{12}	轿车及小型客车
V2	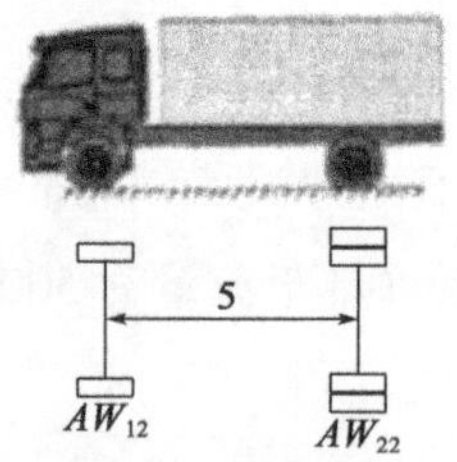 5 AW_{12} AW_{22}	两轴货车
V3	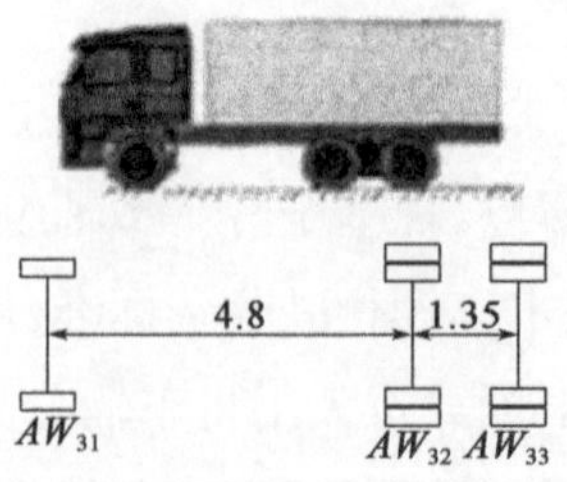 4.8 1.35 AW_{31} AW_{32} AW_{33}	三轴货车

续上表

车　型	车辆几何分布(m)	概　述
V4	AW_{41} 3.75 AW_{42} 8.6 AW_{43} 1.3 AW_{44}	四轴货车
V5	AW_{51} 3.6 AW_{52} 6.8 AW_{53} 1.31 AW_{54} 1.31 AW_{55}	五轴货车
V6	AW_{61} 3.3 AW_{62} 1.3 AW_{63} 7.34 AW_{64} 1.31 AW_{65} 1.31 AW_{66}	六轴货车

根据上述分类，基于某长江大桥 WIM 系统，2016 年 7 月 1 日至 7 月 31 日共 231812 辆车的统计数据，6 种车型通行量数据及占有率如图 7-9、图 7-10 所示。

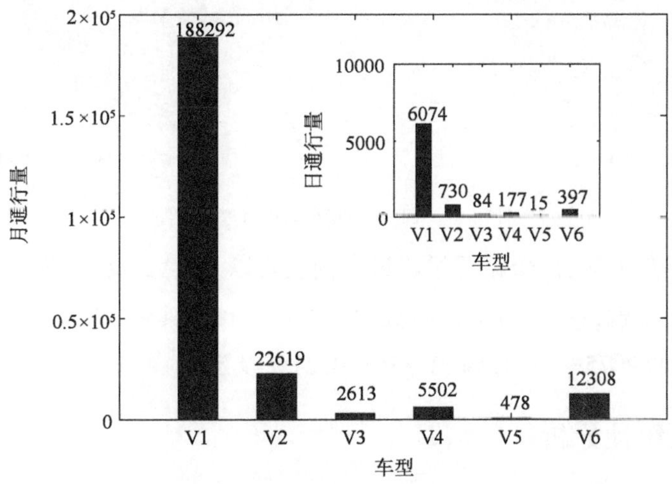

图 7-9　某高速公路 6 种车型车流量比较

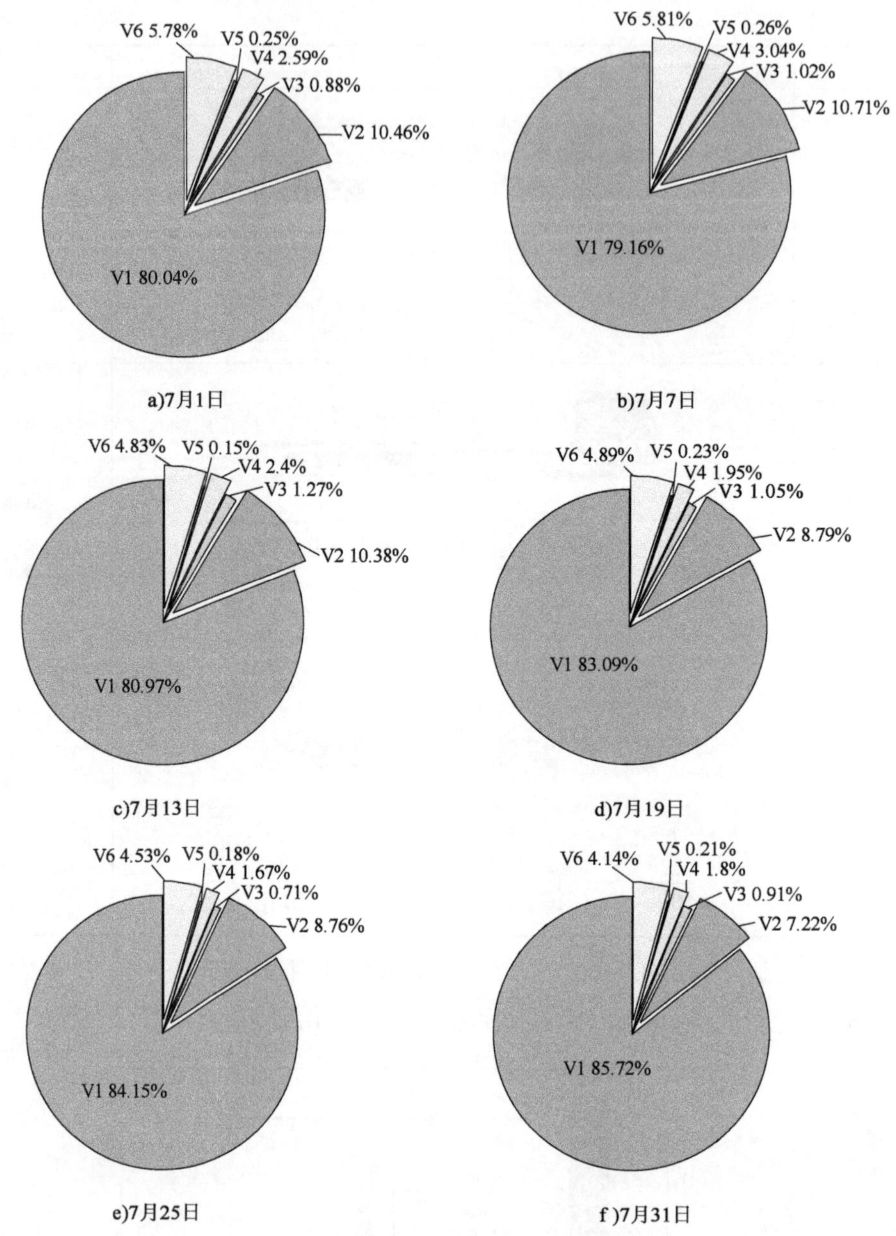

图 7-10　某高速公路车型占有率统计图

由图 7-9、图 7-10 可知，该公路桥梁通过车辆主要以 V1、V2 及 V6 车型为主，其中 V1 车型月交通流量为 188292 辆，约占全部交通总流量的 81.23%，其余 V2、V3、V4、V5 及 V6 车型分别约占总交通流量的 9.75%、1.13%、2.37%、0.21% 及 5.31%。

7.2.5　车道统计分析

为了满足行车需要，高速公路设置了不同用途的车道，即行车道、超车道、变速车道及爬坡车道。对于桥梁,车辆不同的横桥向作用位置将导致不同的荷载效应。因此,需要统计车辆在桥梁不同位置的分布概率,使得桥梁上车辆荷载效应得到更精细化的分析。

对某长江大桥各车道的车流量进行统计,各车道车流量分布如图7-11所示,车道车流量采集数据时间为2013年8月—2013年12月。不同车型在各车道的车辆占有率情况见表7-6和图7-12。

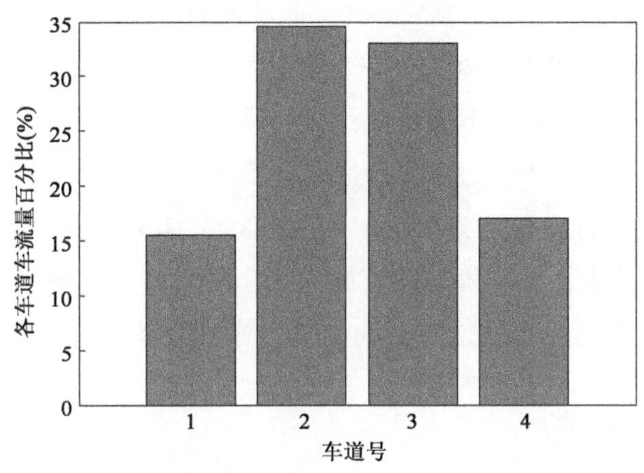

图7-11　2013年8月—2013年12月某长江大桥各车道车流量分布图

不同车型在各车道的车辆占有率(%)　　表7-6

车　　型	第1车道	第2车道	第3车道	第4车道
V1	18.32	32.58	31.07	18.03
V2	42.29	4.48	6.40	46.83
V3	45.55	0.97	1.66	51.82
V4	48.20	1.32	1.60	48.88
V5	51.57	1.16	0.98	46.29
V6	43.48	0.95	0.95	54.62

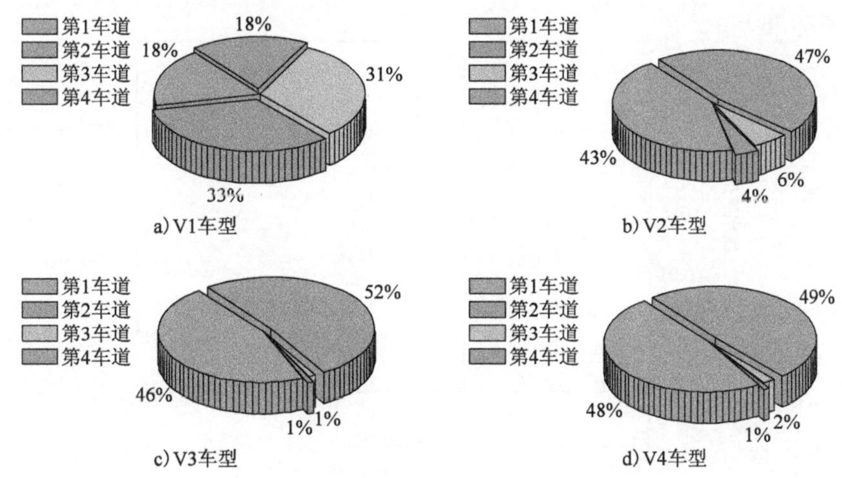

图　7-12

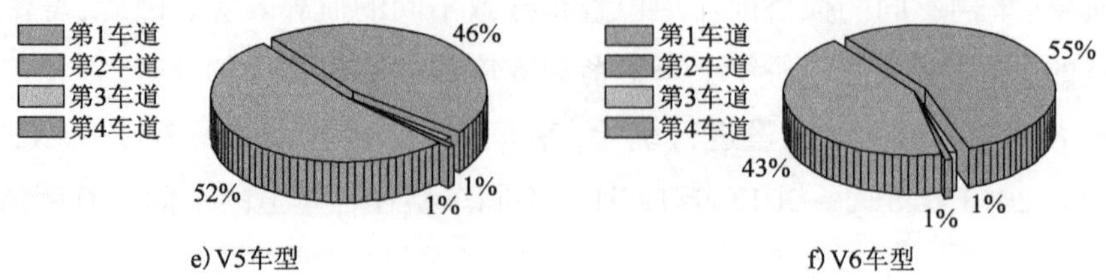

图 7-12　不同车型在各车道的车辆占有率饼状图

由图 7-11 可知，2013 年 8 月—2013 年 12 月期间，2、3 车道的车辆较多，车流量占有率百分比分别为 34% 与 32%；1、4 车道车辆较少，车流量百分比分别为 16% 与 18%。由表 7-5 与图 7-12 可知，不同车型在各车道的占有率特征略有不同，其中 2 轴车主要集中在 2、3 车道，该车型在第 1 至第 4 车道占有率分别为 18.32%、32.58%、31.07% 及 18.03%，可以看出，各个车道所占比例不小，这说明 2 轴车机动性较好，变道方便；其余车型则基本集中在 1、4 车道。其中 1 车道与 4 车道分别为行车道，2 车道与 3 车道分别为超车道。

7.2.6　车速统计分析

车辆的行驶速度受车型、驾驶员行驶技术、道路环境及交通状况等因素影响，因此存在一定的差异。车速作为衡量车辆运行状态的一个重要指标，其分布特性能够反映车辆对桥梁的实际影响。现阶段，国内外学者主要针对高速公路、普通干线公路、城市快速路与城市主干线进行了车速分布特性研究。其中，大量研究认为高速公路及城市主干线车速基本服从正态分布[108,109]；戴越等[110]研究表明国内普通干线公路大都服从 Logistic 分布；钟连德等[111]指出城市快速路车速服从偏正态分布。编者基于某长江公路大桥 WIM 系统，建立该高速公路的车辆车速数据库，并对车速进行统计拟合，为后文有限元计算奠定数据基础。其中该长江大桥车速频率分布图如图 7-13 所示，V1 ~ V6 车型车速统计拟合图如图 7-14 所示，其中 u 表示车速均值，σ 表示车速标准差。

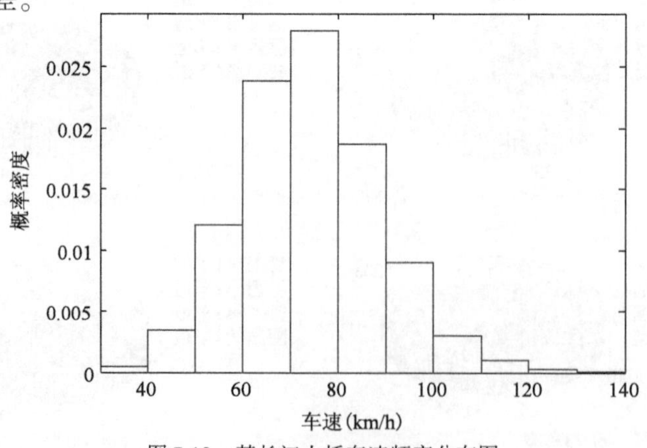

图 7-13　某长江大桥车速频率分布图

由图7-13可知,该长江大桥99.1%的过桥车辆车速集中在40~130km/h;根据《中华人民共和国道路交通安全法》规定,高速公路上车速不能低于60km/h,不能超过120km/h,因此,该长江大桥过桥车速过低车辆百分比为16.1%,超速车辆百分比为0.4%。由图7-14可知,正态分布函数较好地拟合了各车型对应的车速分布特性。其中,V1车型车速均值较其他车型大,集中在80km/h,V2~V6车型车速均值及标准差较为接近,其均值主要集中在65km/h。

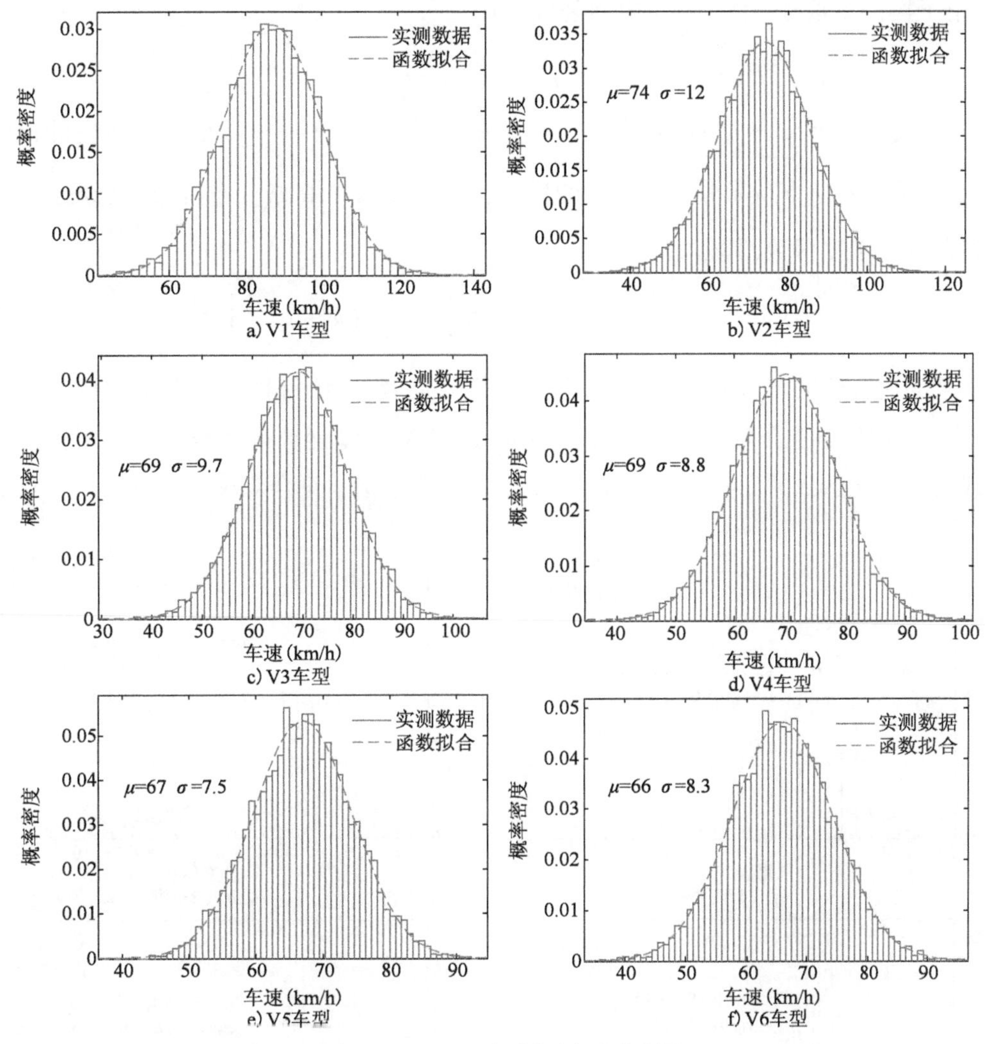

图7-14 V1~V6车型车速概率分布图

7.2.7 车重统计分析

车辆重量直接反映负荷强度,是桥梁主要受力构件疲劳评定的重要参数。在对车辆荷载进行拟合时,常用的单峰型分布(如对数正态分布[112]与反正态分布[113,114]等)不能准确地拟合现阶段由于超载车辆增多导致车辆荷载呈现多峰分布的特征。在相对应用较少的交通运输行业,梅刚等[87]研究发现车重概率模型的车峰现象,基于高斯加权对车重模型进行了拟合;

余志武等[115]通过统计分析得到了茅草冲大桥不同车型的车重概率分布图，但未能得到其概率拟合函数；贡金鑫等[116]研究指出针对非治超地区，4 个高斯函数加权与截尾分布能较好地模拟车重概率密度。因此为准确描述实际存在的多峰车辆荷载分布，本章采用高斯混合模型(GMM)来拟合该长江大桥 WIM 数据车重分布函数。根据指定车型实际载重情况，将车辆分为空载、一般载重与超载三种情况。因此将 M 赋值为 3，利用 3 个高斯模型对车重分布进行概率拟合，用于模拟车重分布的 GMM 模型公式为：

$$P\{w \mid (a_i,\mu_i,\sigma_i^2)\} = \sum_{i=1}^{3} a_i \cdot g(w \mid \mu_i,\sigma_i^2) \tag{7-5}$$

其中，w 代表车重；a_i是第 i 个高斯混合模型中车重权重，即某一类型车辆所占的比例，其中$\sum_{i=1}^{3} a_i = 1$；u_i表示第 i 个高斯分布中车重的均值；σ_i表示第 i 个高斯分布函数的标准差；g( )为基准高斯分布密度函数，其公式为：

$$g(w \mid \mu_i,\sigma_i^2) = \frac{1}{\sqrt{2\pi\sigma_i}}\exp\left[-\frac{1}{2\sigma_i^2}(w-\mu_i)^2\right] \tag{7-6}$$

根据某高速公路的车流监测数据，对车型进行分类后，统计每种车型车重的概率分布，如图 7-15 所示。比较各类车辆车重概率拟合图可知，GMM 模型能够准确描述由于车辆空载、满载与超载明显分化造成的车重多峰现象，特定车型的车重基本符合双峰或三峰分布特点。

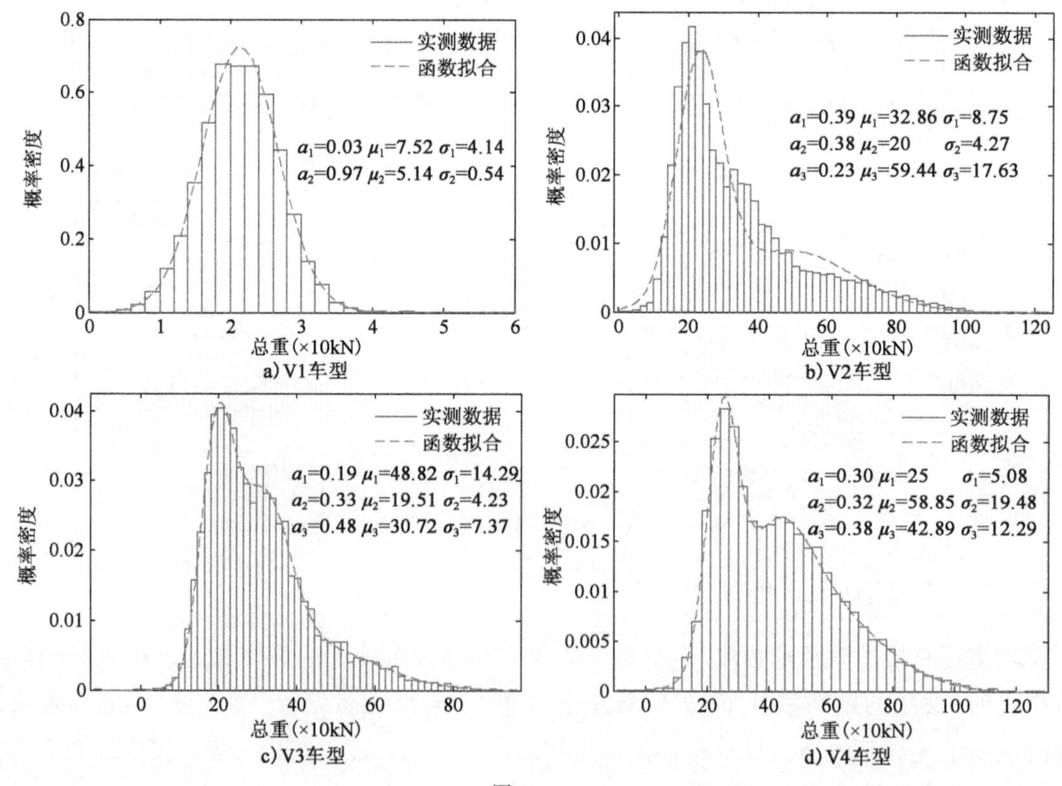

图 7-15

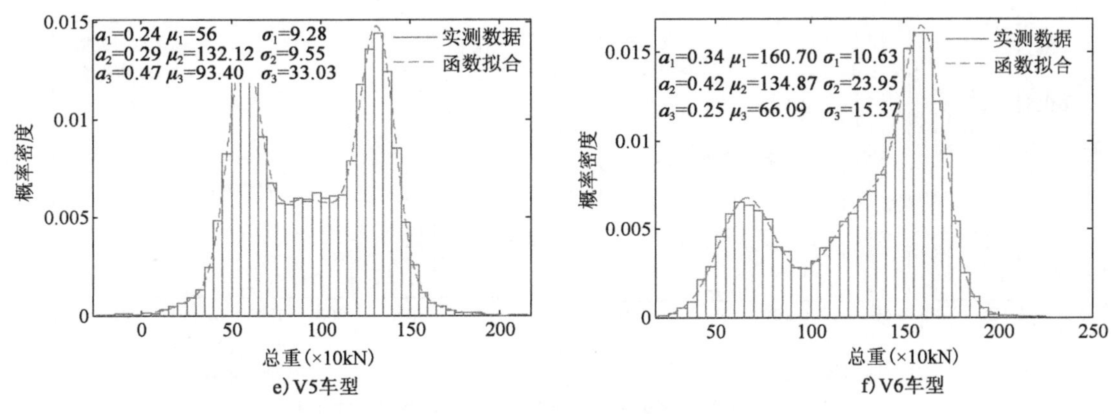

图 7-15　V1 ~ V6 车型总重概率分布图

7.2.8　车距统计分析

相比上述其他的车流参数,不断变化的车距随机性更大。根据某长江大桥 2014 年 3 月份 WIM 系统大数据将车距 D 按照区间划分,可得图 7-16 所示的车距统计图。

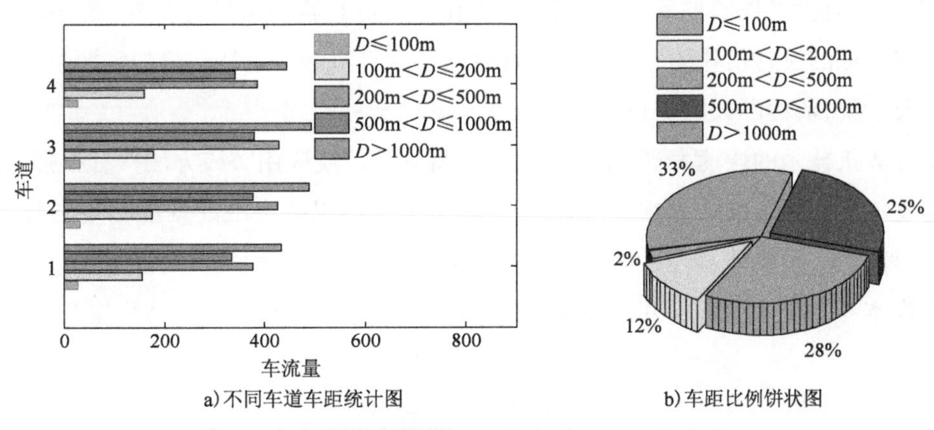

图 7-16　车距统计图

由图 7-16 可知,车道 1 ~ 4 车流行驶距离遵循相似的规律,其中车距在 1000m 以上的占有率最大,占总车辆的 33%,车距小于 100m 的车流量最小,占总数的 2%。

为区分该高速公路车流密集与稀疏状态,本节将车距低于 100m 的车辆定义为密集运行车辆,其余为稀疏运行车辆,则该高速公路密集状态运行车辆及稀疏状态运行车辆占有率分别为 2% 与 98%,分别采用 Gamma 与 Weibull 分布拟合车流密集运行状态与稀疏运行状态,可得图 7-17 所示的车距概率密度统计图。

由图 7-17 可知,Gamma 与 Weibull 分布较好地拟合了稀疏与密集车辆行车状态下车距概率特征,其中密集行车状态车辆间距大部分集中在 40 ~ 80m;而在稀疏行车状态下,随着车距的增加,车辆占有率越来越少。

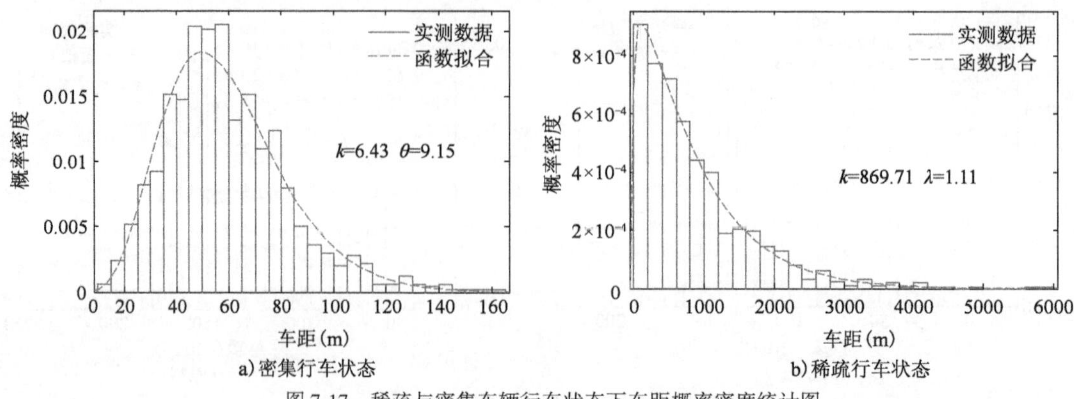

a)密集行车状态　　b)稀疏行车状态

图 7-17　稀疏与密集车辆行车状态下车距概率密度统计图

7.2.9　随机疲劳车流荷载模型

蒙特卡洛方法(Monte Carlo method)[117],也称统计模拟方法,其主要思路是,首先建立与描述该问题有相似性的概率模型,并利用相似性把概率模型的某些特征(如随机变量的均值、方差等)与数学计算的解答联系起来,然后对模型进行随机模拟或统计抽样,最终利用所得结果求出这些特征的统计值作为原来的数值计算问题的近似解。蒙特卡洛的解题过程可以归结为三个主要步骤,流程图如图 7-18 所示。

由于计算机技术的快速发展,蒙特卡洛方法得到了广泛应用。该方法具有很强的适用性,且收敛速度不受问题维数的影响。因此,蒙特卡洛方法不仅解决了高难度和复杂数学计算问题,且在统计科学、可靠性及计算机科学等领域都得到了广泛应用。本章将基于蒙特卡洛方法对车辆大样本参数进行抽样,建立随机车流模型。随机车流模拟步骤及流程图如图 7-19 所示。

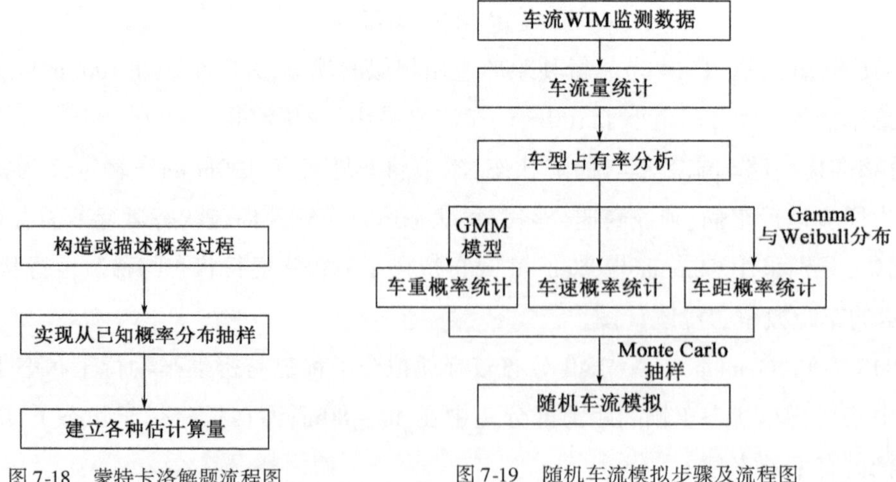

图 7-18　蒙特卡洛解题流程图　　图 7-19　随机车流模拟步骤及流程图

对该高速公路的 WIM 系统统计的车流数据进行分析与过滤，以获得有效的疲劳车辆数据。过滤标准如下：①总重小于 3t 的车辆；②轴重大于 30t 或小于0.5t 的车辆；③车长大于 20m 或小于 3m 的车辆。根据上述标准，可得车流量概率密度图，如图 7-20 所示。

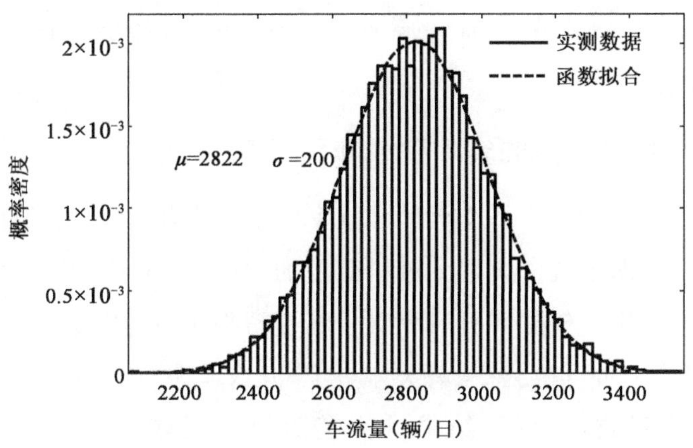

图 7-20　车流量概率密度图

根据车流量、车型、车道、车速、车重及车距的统计拟合数据，采用 Monte Carlo 方法可得出图 7-21 中稀疏与密集行车状态下 1h 内随机车流样本图。

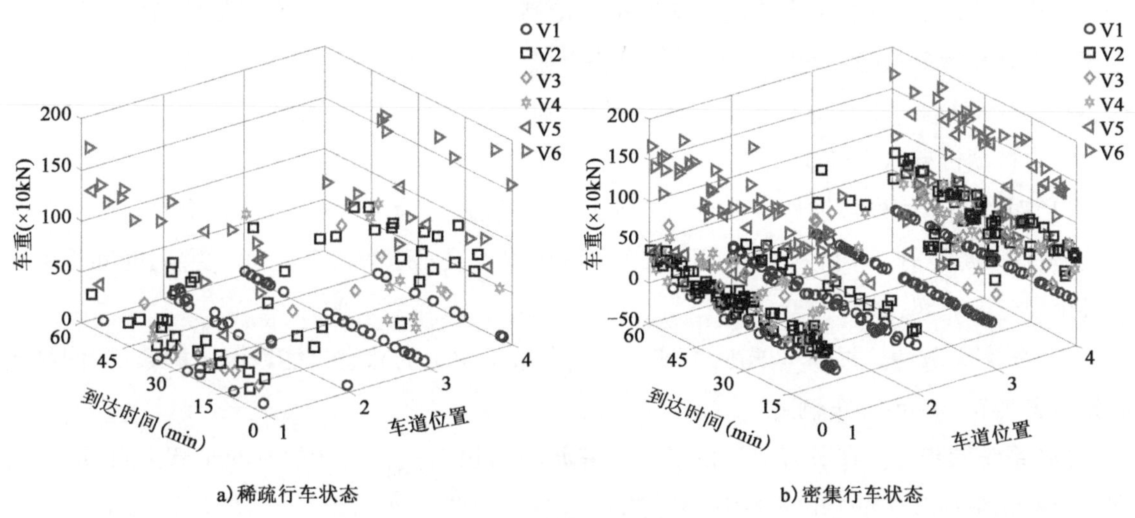

图 7-21　1h 内随机车流样本图

由图 7-21 所示的随机疲劳车流荷载模型可知，该模型考虑了实测车流数据的概率参数，如车型、车重、车道及车距等，大量的抽样数据隐含了上述参数的概率分布特征。此外，通过对上述参数的改变，可以用于研究车流变化对桥梁疲劳应力的影响。例如，可以通过增加车流量的方法模拟车流量的增长，可以通过筛选超载车辆的方法研究现有措施对桥梁疲劳应力的影响。

7.3 随机车流作用下斜拉桥 PPC 主梁疲劳应力谱分析

针对斜拉桥这类大跨桥梁,桥梁的疲劳应力谱模拟方法可忽略车辆荷载的冲击效应,但需要考虑车流的稀疏与密集对疲劳应力谱的影响。此外,还需要考虑重载车流对 PPC 主梁开裂后应力重分布的影响。

7.3.1 基于元胞自动机的密集随机车流荷载模型

由于车流密度随时间变化,导致车流间距概率分布特征有所改变,从而影响斜拉桥主梁应力的概率分布。为了考虑车流密集程度对斜拉桥的影响,本书将实际车流根据车距大小划分为密集车流与稀疏车流。根据现有研究对稀疏与密集车流车距的界限取值,周宗红等[190]建议前后两辆车的通行时间间隔为 2s,韩万水等[191]建议车距取值为 4.8m,鲁乃唯等[165]对高速公路桥梁的车流监测数据分析,结果认为车距界限可取 100m。综上所述,本书参考肖强[166]的研究成果,取稀疏车流为 12veh/km/lane,一般车流为 25veh/km/lane,密集车流为 45veh/km/lane。

针对随机车流的模拟方法,目前多采用 Monte Carlo 抽样、Possion 分布、白噪声模型等。然而,Monte Carlo 抽样方法生成的随机车流是确定性车流模型,不能考虑驾驶员的随机行为及车流的密集与稀疏状态。元胞自动机模型(图 7-22)属于微观交通流模型,可考虑驾驶员的加速、减速、变道行为,以及由于交通拥堵等对车流荷载的影响等,在交通工程领域有较多的应用。元胞自动机有以下特征:

(1)时间与空间的离散性。在空间范围内,将路线划分为等值的格子,每个格子即为一个元胞,每辆车被占有一个元胞;在时间上,车辆的位置根据元胞的运动规划而更新,时间步可取为某个固定的时间,如 1s、0.5s 等。

(2)状态离散性。每辆车子在某个时间点、在某个位置的状态仅能取限定的数值,例如元胞的状态是有车辆或无车辆。

(3)系统同步性。在所有空间范围内所有元胞的状态在所定义的时间步骤内自动更新,即所有的元胞状态在每个时间步内同步更新,其状态协调一致。

(4)干扰局部性。元胞与元胞之间存在一定的干扰或相互作用,但其作用受到距离限制,在超出某个固定距离的情况下,元胞之间的干扰作用失效。

(5)维度无限。在整个状态空间内,元胞的数量可以无限多,且每个元胞有多种运动方式,因此在整个状态空间内的元胞是有无限维度的。

图 7-22 基于元胞自动机的 4 车道随机车流模型

基于元胞自动机的车流模型在空间与时间上是离散的，每个元胞的运动规则根据车辆的加速、减速、变道等规则决定。假定车辆的正常行驶速度为2cell/s，如图7-23所示为车辆在元胞之间的三个简单的运动规则，具体如下：

(1)加速：如图7-23所示的车辆1，该车辆与前方车辆的车距较大，则该车辆会加速行驶，下一个时间节点，该车辆行驶了3个元胞。但是，每种车型会设置一个加速上限，达到速度的上限值后，该车辆会保持车辆速度最大值行驶。

(2)减速：如图7-23所示的车辆2，在同一车道内行驶的两辆车型，若后面的车辆与前方车辆车距小于某个设置的距离，如50m等，则后方车辆会减速行驶。若车速减至与前方车辆速度相同，则与前方车辆车速保持一致行驶。

(3)变道：若后方车辆与前方车辆的间距较近，且后方车辆的车速大于前方车辆，且另一车道周围无车辆，则该车辆会有一定的概率选择变道行驶，或有一定的概率选择继续减速跟随前方车辆继续行驶。

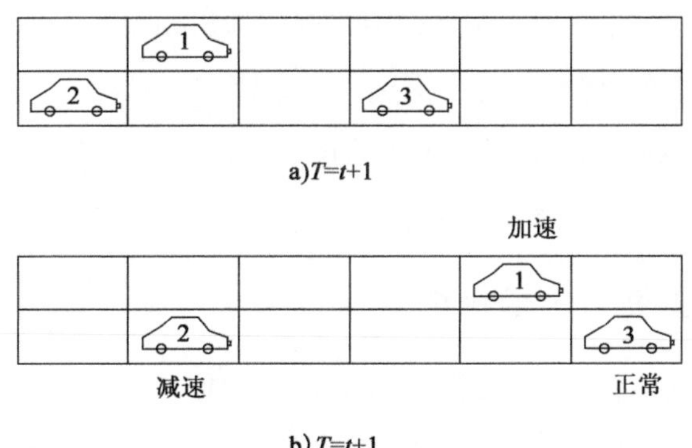

图7-23　基于CA的随机车流示意图(v_i=2cell/s)

根据该桥的车流监测数据的统计分析结果，建立不同密集程度的随机车流荷载模型。假定货车从超车道向行车道变道的概率为0.8，从行车道向超车道变道的概率为0.2，车速上限为120km/h，按照稀疏、一般、密集车流的车辆数量取值分别为12veh/km/lane、25veh/km/lane、45veh/km/lane，则生成的随机车流样本如图7-24所示。

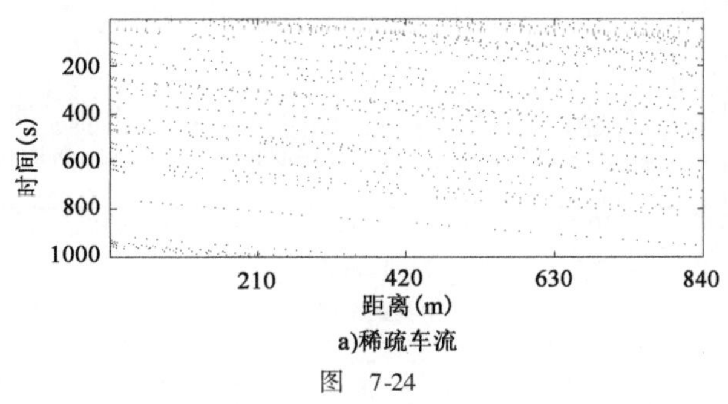

图　7-24

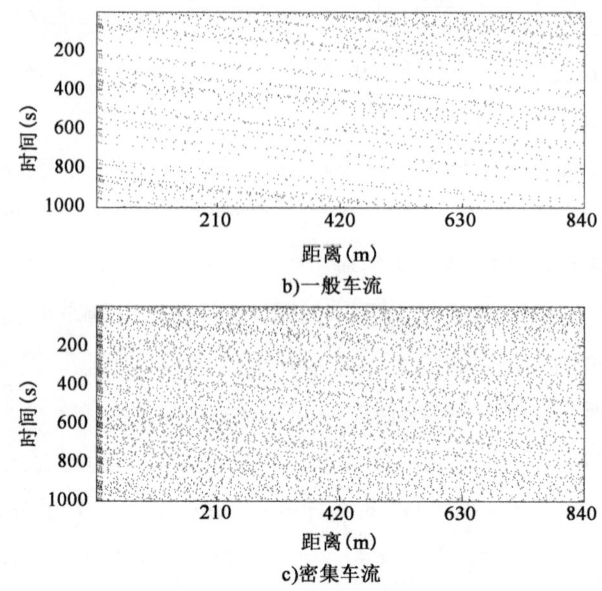

图 7-24 基于元胞自动机的随机车流模型

如图 7-24 所示的随机车流模型,每个黑点表示车辆,横坐标表示车辆位置到桥头的距离,纵坐标表示时间,从左上至右下表示某个车辆的运动轨迹。从图 7-24 中黑点的密集程度可以看出车流的密集情况。

7.3.2 PPC 梁底钢筋应力谱模拟

将图 7-15 所示的随机车流模型加载至图 7-6 中的影响线上,即得到应力时程曲线,如图 7-25所示。从图中可以看出,随着车流密集程度的增加,主梁钢筋的应力幅值有所增加,且平均应力有所提高。

在 MATLAB 平台,首先采用谷峰方法对应力时程曲线进行压缩处理,其次采用 Rainflow 命令对时程曲线进行雨流计数,得到应力谱,如图 7-26 ~ 图 7-28 所示。疲劳应力谱的三维图如图 7-29 所示。

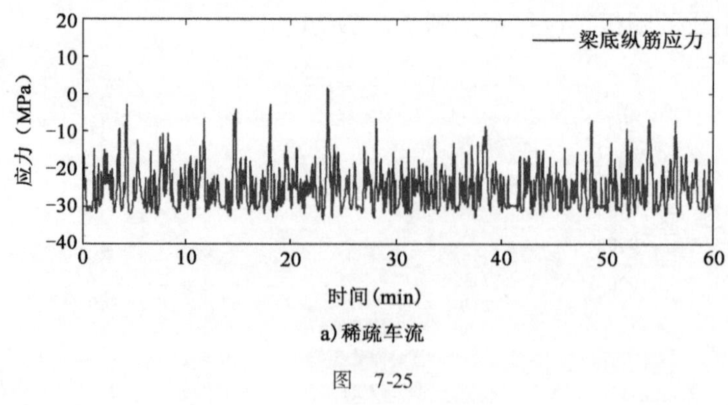

图 7-25

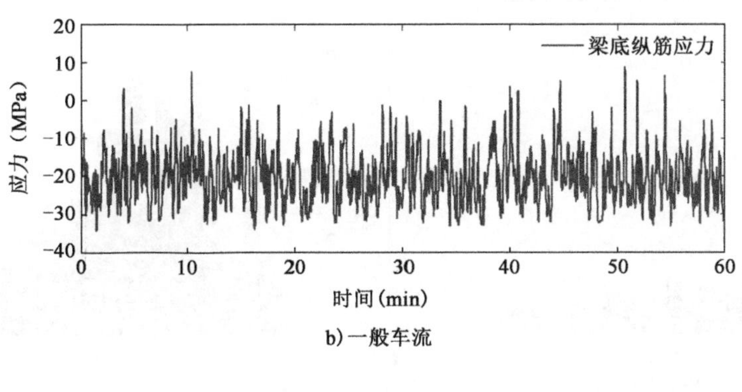

b)一般车流

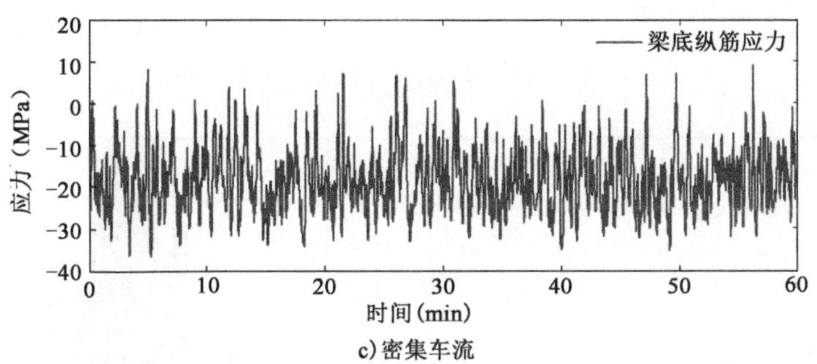

c)密集车流

图7-25　1h随机车流作用下主梁跨中梁底纵向钢筋应力时程曲线

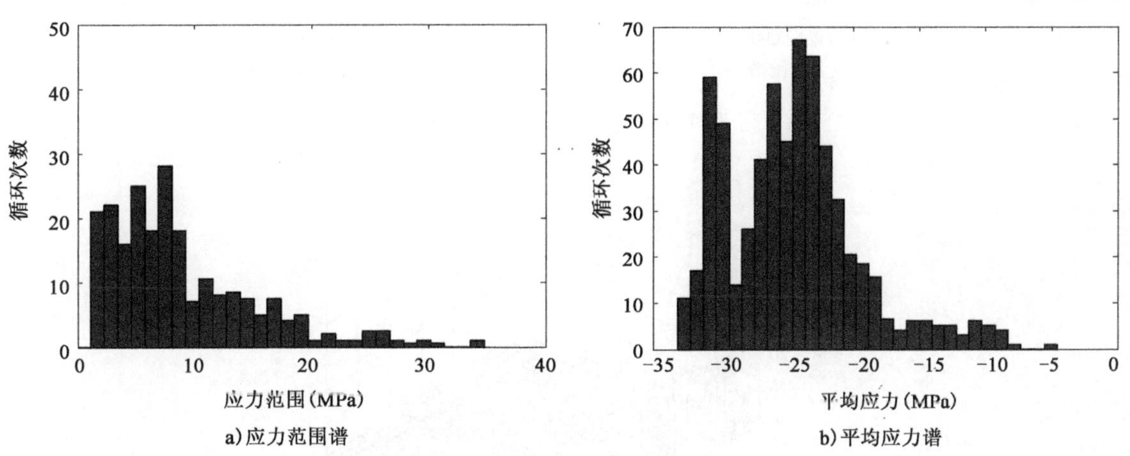

a)应力范围谱　b)平均应力谱

图7-26　稀疏车流作用下的应力谱

由图7-26～图7-29所示的随机车流作用下的疲劳应力谱可知，疲劳应力范围最大值约为40MPa，平均应力为20～25MPa；随着车流密度的增长，高应力幅的循环次数有所提高，且由25MPa下降至20MPa，甚至出现拉应力。

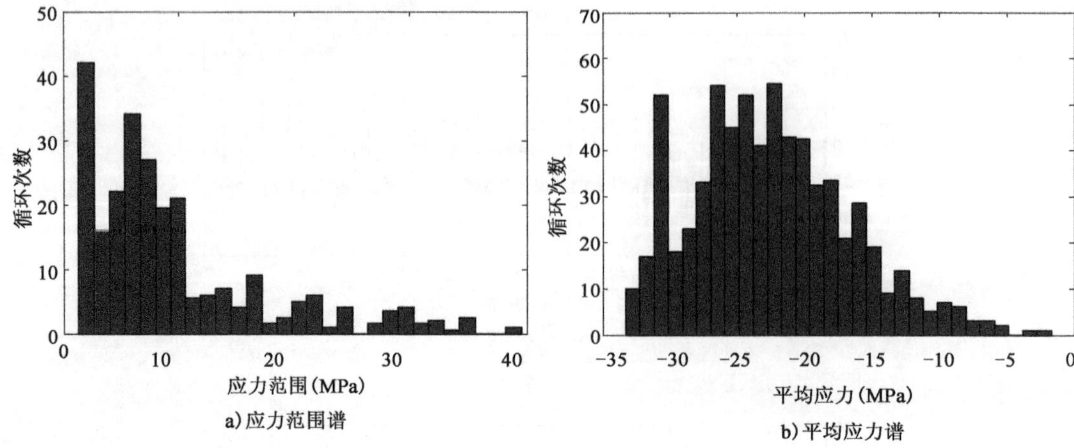

图 7-27　一般车流作用下的应力谱

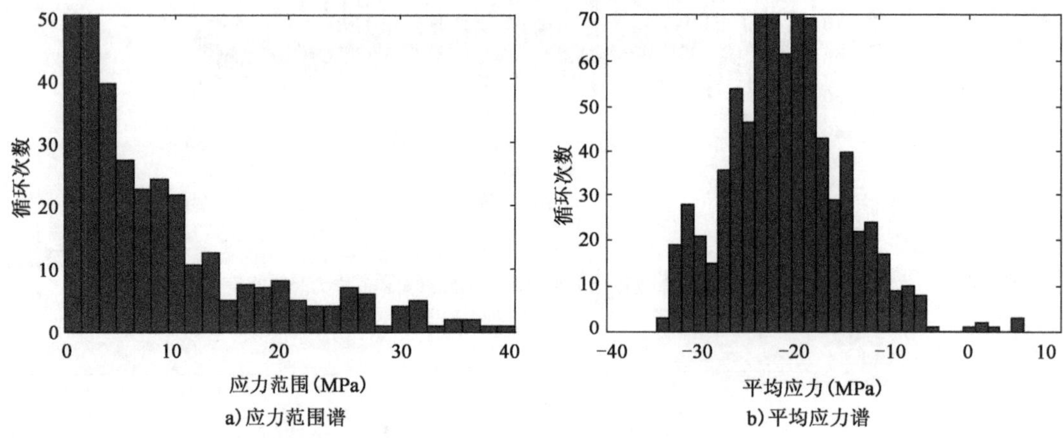

图 7-28　密集车流作用下的应力谱

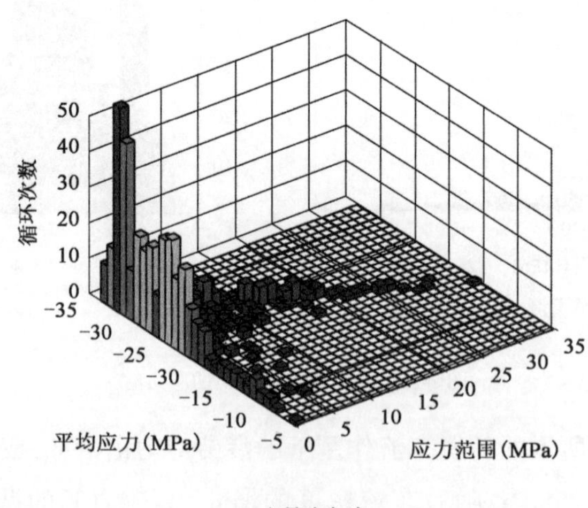

a)稀疏车流

图　7-29

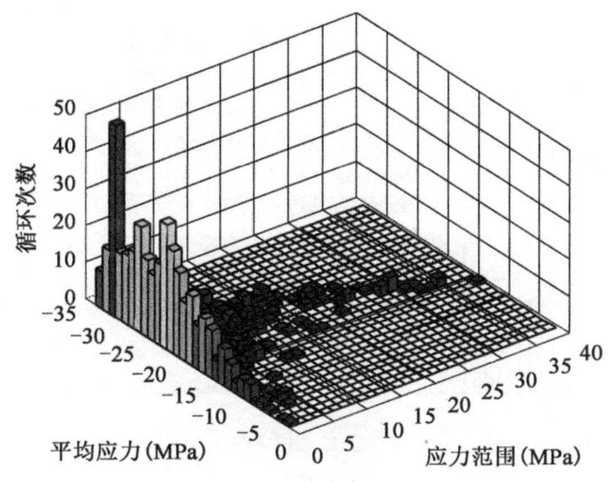

b)一般车流

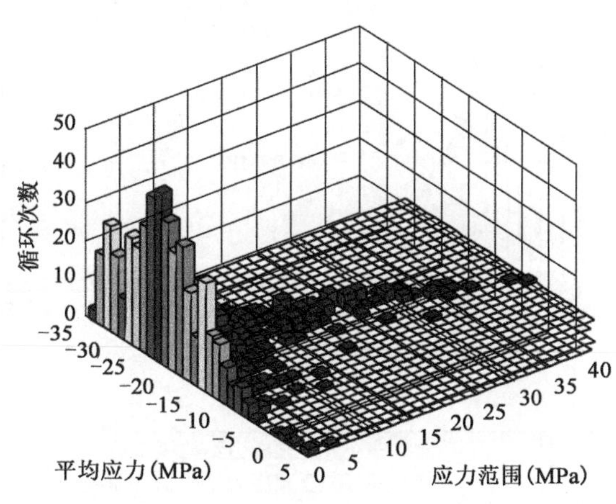

c)密集车流

图 7-29　随机车流作用下的三维应力谱

7.3.3　部分预应力对疲劳应力谱的影响

上文所建立的疲劳应力谱模型是基于全预应力结构进行分析的，即主梁未开裂，钢筋的应力是基于平截面假定换算出来的。在考虑部分预应力的情况下，主梁跨中压应力储备降低，在密集重载车流的作用下主梁底部有可能开裂，导致梁底钢筋应力增长。基于第 2 章的研究结果，本章考虑最不利的影响，即部分预应力主梁底开裂，导致预应力筋与非预应力筋的应力比值约为 0.65，即非预应力谱的应力放大 1.53 倍。在此假定条件下，全预应力与部分预应力主梁的应力谱与拟合曲线如图 7-30 所示。

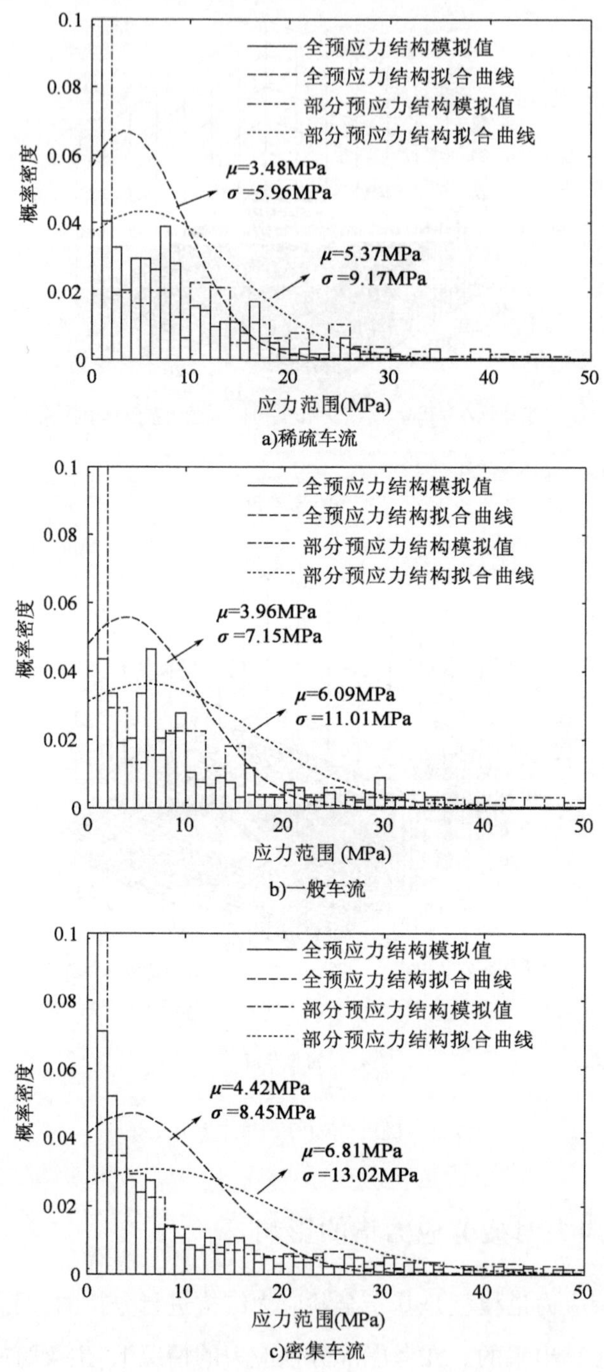

图 7-30　随机车流作用下斜拉桥跨中主梁底钢筋应力谱

由图 7-30 可知，部分预应力混凝土主梁的应力概率密度曲线均值明显大于全预应力混凝土结构。值得说明的是，图 7-30 所示的疲劳应力概率密度函数显示虽然疲劳车辆荷载服从高斯混合分布，但斜拉桥的疲劳应力受多个车辆共同作用的影响，其概率密度曲线并非表现出多峰分布，而是类似于正态分布。

根据实际车流作用占有率，将上述概率模型叠加，形成实际车流作用效应的概率密度曲线，如图7-31所示。将三种随机车流作用及混合车流作用效应的概率密度函数进行总结，见表7-7。

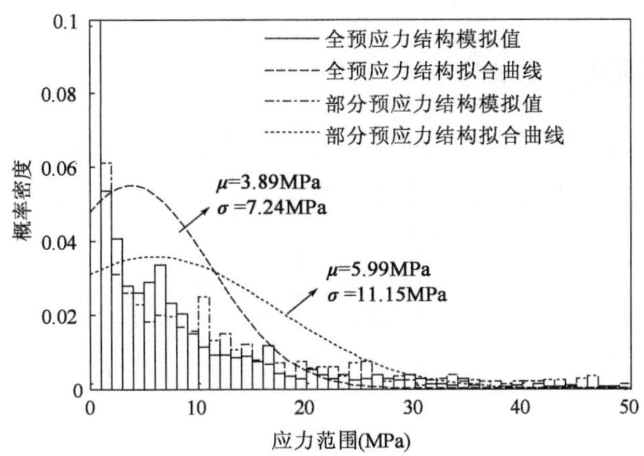

图7-31　混合车流作用下斜拉桥跨中主梁底钢筋的疲劳应力谱

疲劳应力概率密度曲线特征值(单位：MPa)　　表7-7

车流类型	全预应力主梁		部分预应力主梁	
	均值	标准差	均值	标准差
稀疏车流	3.48	5.96	5.37	9.10
一般车流	3.96	7.15	6.09	11.01
密集车流	4.42	8.45	6.81	13.02
实际(混合)车流	3.89	7.24	5.99	11.15

同样采用叠加方法，将上述1h内的随机车流疲劳应力循环次数叠加为日随机车流等效疲劳应力循环次数，可得到实际车流作用下疲劳应力循环次数的概率分布，如图7-32所示。

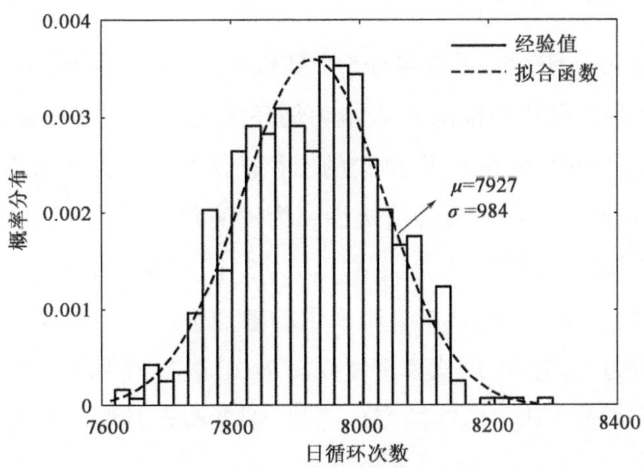

图7-32　日随机车流作用下等效疲劳应力的循环次数

经过数值分析,建立了混合随机车流作用下全预应力与部分预应力主梁底钢筋的疲劳应力概率模型及日循环次数的概率模型。

7.4 随机车流作用下 PPC 主梁的疲劳可靠度研究

7.4.1 疲劳极限状态方程

随机车流作用下桥梁疲劳损伤的功能函数通常采用累积疲劳损伤的方式建立。针对 PPC 主梁,考虑车流的密集状态,将第 i 种车流作用对主梁的疲劳损伤表示为:

$$D_{i,n}(X) = \frac{365 \cdot n}{C} S_i^m N_i \tag{7-7}$$

式中:C——疲劳特征常数;

n——时间(年);

S_i、N_i——第 i 种随机车流作用产生的疲劳应力范围与循环次数。

将三种随机车流作用效应叠加起来,形成混合车流作用下的累积疲劳损伤表达式:

$$\begin{aligned} g_n(X) &= \Delta - \sum_{n=1}^{T}\sum_{i=1}^{l} D_{i,j}(X) = \Delta - 365\,\frac{e}{C}\sum_{i=1}^{l} S_i^m N_i \sum_{n=1}^{T} n \\ &= \Delta - 365\,\frac{\Delta\sigma_{\text{re}}^{2.9} \cdot \sigma_{\text{s,max}}^{3.51} N_{\text{d}} e}{C}\sum_{n=1}^{T} n \end{aligned} \tag{7-8}$$

式中,$D_{i,j}(X)$表示第 i 种随机车流作用产生的第 j 年的累积疲劳损伤。多种密度随机车流作用效应等效处理为疲劳应力范围为 S_{eq} 的等效随机车流作用效应。

7.4.2 随机变量概率模型

如式(7-8)所示,疲劳损伤功能函数共有 5 个随机变量,即临界疲劳损伤 Δ、疲劳特征参数 C、第 i 种随机车流作用的疲劳应力范围 S_i 及应力循环次数 N_i。诸多研究表明,疲劳累积破坏状态的累积损伤值为 1,但也有研究表明,结构的累积损伤在未达到 1 或者超出 1 时也会发生疲劳破坏,且临界疲劳损伤表现出明显的随机性。为了简化分析,编者采用 Wisching[183] 对临界疲劳损伤的概率分布假定,即假定 Δ 是服从均值为 1、标准差为 0.3 的对数正态分布。

针对疲劳特征常数 C,编者采用第 5 章所采用的考虑平均应力影响的 S-N 曲线中的疲劳特征常数。等效疲劳应力 S_{eq} 与 N_{eq} 的概率密度如图 7-16、图 7-17 所示。针对随机车流概率密度常数的取值,由于无法预计其在后期的变化趋势,编者假定其服从均值为 1、标准差为 0.1 的正态分布。因此,上述随机变量的统计参数见表 7-8。

随机变量概率分布参数　　表 7-8

变量名称	变量符号	分布类型	均　值	标准差
临界损伤	Δ	对数正态	1	0.3
疲劳常数	C	对数正态	$1\times10^{20.71}$	$0.34\times10^{20.71}$
等效疲劳应力(MPa)	S_{eq}	正态分布	全:3.89 部分:5.99	全:7.24 部分:11.15
等效循环次数	N_{eq}	正态分布	7927	984
车流变化系数	e	正态分布	1	0.1

7.4.3　PPC 主梁的疲劳可靠度估算

针对式(7-8)的疲劳损伤极限状态方程的可靠指标计算方法,该方程具有较高的非线性,因此常规的 JC 方法计算误差较大。为了提高计算精度,采用 Monte Carlo 抽样方法计算失效概率,抽样次数为 1×10^6次,可靠指标计算最大值约为 5.5。

首先,计算全预应力与部分预应力混凝土主梁的疲劳可靠指标,如图 7-33 所示。从图中可以看出,在 100 年的桥梁服役期内,全预应力混凝土主梁的疲劳可靠指标大于 5,而部分预应力混凝土主梁的疲劳可靠指标约为 4.23;在第 200 年,全预应力混凝土主梁疲劳可靠指标为 4.93,而部分预应力混凝土主梁的疲劳可靠指标为 3.60。按照目标疲劳可靠指标的取值 $\beta_0=2.0$,则两种预应力主梁的疲劳寿命均大于 200 年。

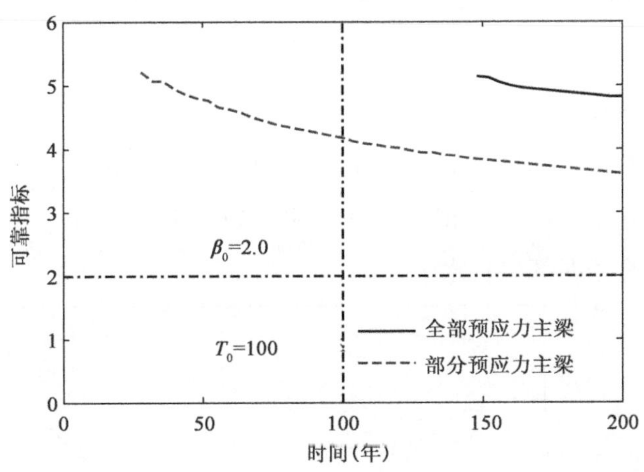

图 7-33　可靠指标的变化趋势

由上述分析可知,无论是全预应力还是部分预应力混凝土主梁的疲劳可靠指标均能满足设计要求,而部分预应力主梁的疲劳可靠指标相对于疲劳可靠指标略低。由于超载车辆作用可导致部分预应力混凝土主梁底部开裂,从而导致普通钢筋与预应力筋的应力呈一定的比例分布。本书计算时保守地将所有疲劳应力均按照该比例进行放大,即认为是部分预应力主梁的疲劳应力,因此计算出的可靠指标较全预应力主梁低。

7.5 车流量变化对 PPC 主梁疲劳可靠度的影响研究

上文所述疲劳可靠度研究未考虑交通荷载变化(例如车流量增长与超载车辆控制等)对疲劳可靠度的影响。实际上,车流量会随着社会发展而逐步提高,交通量增长导致车流作用疲劳效应的循环次数增长,因此需研究交通量增长对 PPC 主梁疲劳可靠度的影响。

7.5.1 车流增长对 PPC 主梁疲劳可靠度的影响

由于我国是发展中国家,随着经济的快速增长,交通运输水平逐步提高,车流量与载质量也会有所提升。车流增长主要表现在时间和空间两个方面:时间上,会受季节特征影响,且交通量增长水平与社会发展水平紧密相关;空间上,车流量增长呈现区域性分布,且重车占比有所不同。现有研究结果表明,车流量增长呈现曲线式发展趋势,如图 7-34 所示,主要表现在交通量前期增长迅速,后期增长缓慢。

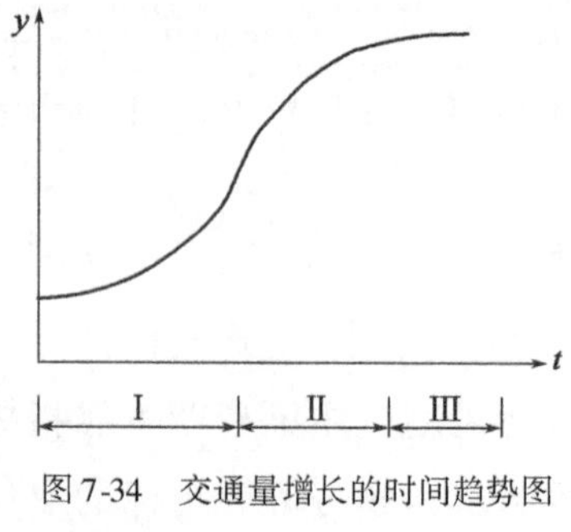

图 7-34 交通量增长的时间趋势图

由图 7-34 所示的交通量增长模型可知,交通量增长的第二个阶段的长度将影响交通量的最大值。通常采用 Growth 曲线描述车流量的增长公式:

$$y = e^{(b_0 + b_1 t)} \tag{7-9}$$

式中:t——时间,通常以年为单位;

y——交通量值;

b_0、b_1——地域特征参数。

我国东部高速公路地域特征参数值为 $b_0 = 13.003$,$b_1 = 0.145$;我国西部高速公路地域特征参数值为$b_0 = 11.796$,$b_1 = 0.117$,相应的增长曲线如图 7-35 所示。由图 7-35 可知,东部公路交通量增长水平远高于西部增长水平。

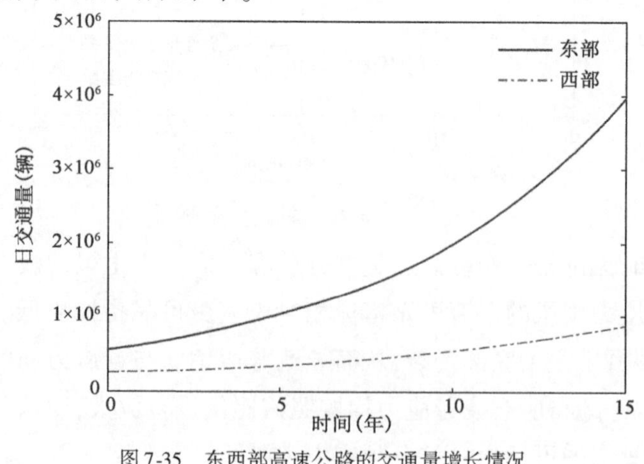

图 7-35 东西部高速公路的交通量增长情况

在上述分析基础上，采用上述交通量的指数增长模型，并假定交通量增长速率西部地域相同，即 $b_1 = 0.117$。目前，公路车流量为1.4万辆/日，对应的增长模型参数为 $b_0 = 9.5$。双向四车道的车流量上限约为5.5万辆，双向六车道的车流量约为8万辆。因此，该增长模型对应的增长时间约为17年。交通量增长模型如图7-36所示。

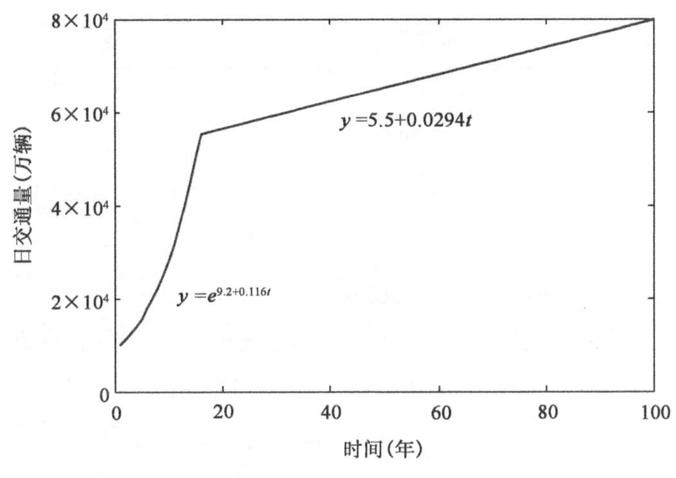

图7-36　交通量增长模型

由图7-36可知，前17年时间的交通量呈指数增长趋势，后期呈线增长趋势。

考虑图7-36所示的车流量增长模型，即交通量由第1至第16年呈指数方式增长至5.5万辆的通行能力，再由第17年至第100年由5.5万辆呈线性增长至8万辆上限值。相关研究表明，车流量增长导致车流密度发生变化，但车流增长对车流密度变化的规律尚未明确，因此本章暂不考虑车流增长对车流密度的影响，即三种随机车流的比例保持不变。

基于上述假定可知，车流的增长并不影响疲劳应力范围，即疲劳应力谱不变；车流的增长导致疲劳应力循环次数按照车流量增长的比例变化。因此，可将车流量的增长系数引入至疲劳损伤功能函数，即得到考虑车流量增长的疲劳损伤功能函数：

$$\begin{aligned} g_n(X) &= \Delta - \sum_{n=1}^{T}\sum_{i=1}^{l} D_{i,j}(X) = \Delta - 365\,\frac{e}{C}\sum_{i=1}^{l} S_i^m N_i \sum_{n=1}^{T} n\,\frac{veh_n}{veh_1} \\ &= \Delta - 365\,\frac{N_{\mathrm{d}}}{C} e S_{\mathrm{eq}}^m \sum_{n=1}^{T} n\alpha_n \end{aligned} \tag{7-10}$$

式中，veh_1 和 veh_n 分别表示第1年和第 n 年的车流量；$\alpha_n = \dfrac{veh_n}{veh_1}$，表示车流量增长导致的疲劳损伤放大系数。

仅考虑部分预应力混凝土主梁，考虑交通量增长对疲劳可靠指标的影响，求解式(7-10)所示的功能函数，即可得到交通量增长对疲劳可靠指标的影响，如图7-37所示。

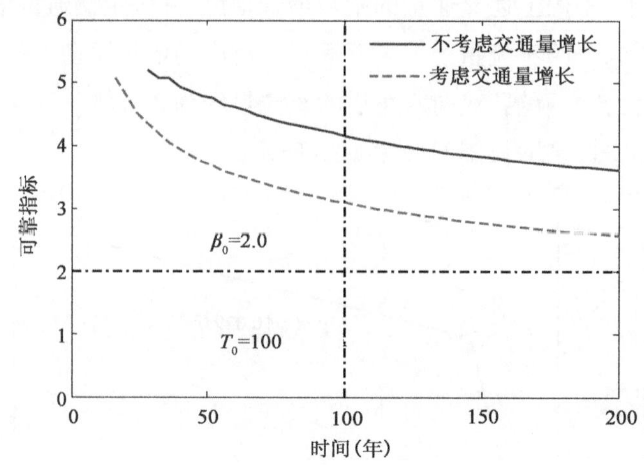

图 7-37　交通量增长对疲劳可靠指标的影响

由图 7-37 可知,交通量增长导致疲劳可靠指标迅速降低。主要表现在:在第 1 至 17 年时间,交通量增长率较高,导致桥梁疲劳可靠指标下降趋势略大;而在后期,交通量增长速率较为缓和,疲劳可靠指标下降趋势也较为平缓;在第 100 年,考虑交通量增长导致部分预应力主梁的疲劳可靠指标由 4.23 下降至 3.10;在目标可靠指标为 2.0 的条件下,两者的疲劳寿命均大于 200 年。

7.5.2　限载措施对桥梁疲劳可靠度的影响

随着时间的推移,桥梁的结构性能逐步劣化,公路交通流量逐步增长,导致桥梁的安全系数持续降低,如何评估桥梁在未来运营期内的安全性显得尤为重要。从监测数据可以看出,该桥车辆超载现象较为严重,车辆轴重的增长对桥梁产生的损伤的影响系数呈指数方式。因此,需研究限载措施对部分预应力混凝土桥梁主梁疲劳可靠度的影响。

目前,根据国内外相关规范和文献研究成果,桥梁限载的方法主要有:对所有通过车辆限制一个统一的荷载上限值;对不同轴数的车辆分别设定其载重上限,同时限制车辆总重与每个轴重上限。第一种限载方法较为简单,便于计算,但针对小型货车的超载现象难以控制;后两种限载方法根据车型划分较为合理,但管理起来较为困难。根据我国规范要求,2 轴、3 轴、4 轴、5 轴、6 轴货车的载重上限分别为 200kN、300kN、400kN、500kN、550kN。本书将每种车型的超载上限定为 $R_o = 20\%$、50% 和 100%,研究这些上限参数对疲劳可靠度的影响规律。

在随机车流模型中,将超出限制值以外的车辆重量调整至上限值,然后按照分析流程进行疲劳应力谱分析。首先,将随机车流模型加载至主梁跨中梁底纵筋影响线,得出应力时程曲线;然后,将该应力时程曲线由雨流计数法转换至应力谱;采用概率密度函数拟合,即可得到考虑限载的疲劳应力谱。取 $R_o = 100\%$,得到的疲劳应力谱曲线如图 7-38 所示。

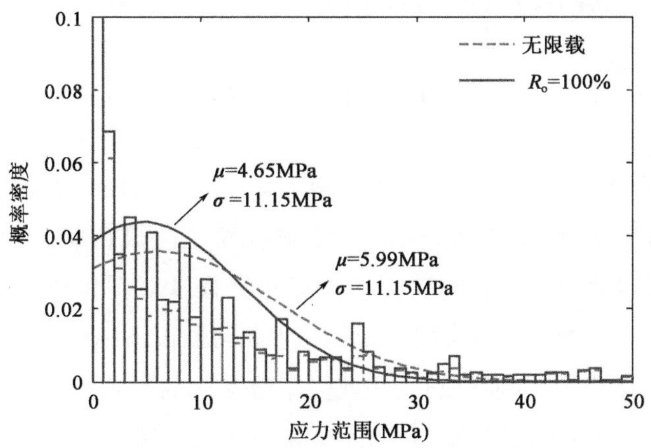

图7-38　考虑限载的主梁等效疲劳应力谱

由图7-38可知,在考虑限载的情况下,与无限载的情况相对,疲劳应力谱的均值与标准差均有所降低;由于超限的车辆均取为某个固定的上限值,导致应力谱中某些数值的概率密度较为突出。

将疲劳应力谱模型导入式(7-10),即可求得考虑限载的斜拉桥主梁疲劳可靠度。仍然以部分预应力主梁为研究对象,分别以考虑交通量增长和不考虑交通量增长两种情况进行分析,结果如图7-39所示。

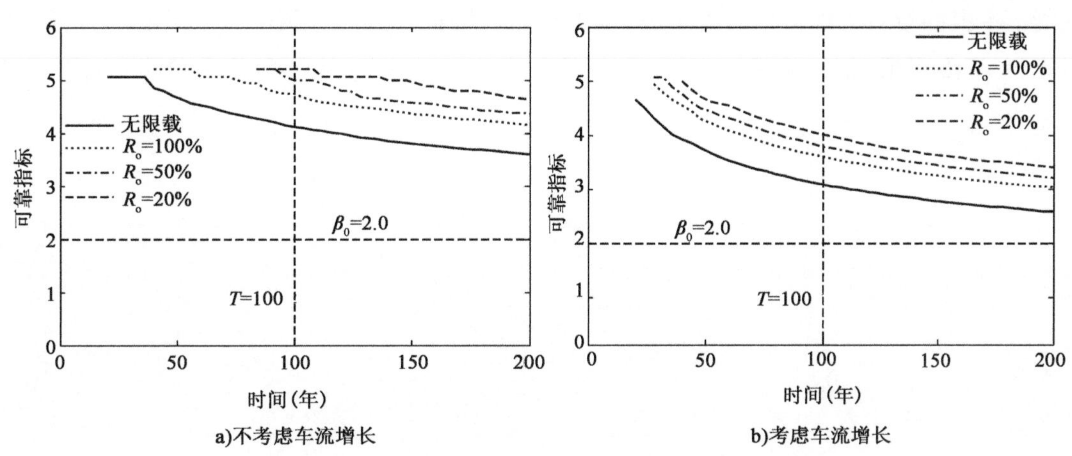

图7-39　车辆限载措施对斜拉桥主梁疲劳可靠度的影响

由图7-39可知:①针对不考虑车流增长的情况,车辆限载上限取为100%将导致第100年的疲劳可靠指标由4.23显著提高到4.82;在限载率为50%时,疲劳可靠指标提高到5.03;在限载率为20%时,疲劳可靠指标提高到5.20;②针对考虑车流增长的情况,车辆限载上限取为100%将导致第100年的疲劳可靠指标由3.10显著提高到3.76;限载率为50%与20%对应的疲劳可靠指标分别为3.90和4.05;③即使设置较高的车辆超载上限值,例如100%,即6轴车最大车重为110t,也可使得斜拉桥的疲劳可靠指标显著提高,表明了限载措施的有效性。

7.6 小　　结

本章研究了随机车流作用下部分预应力混凝土斜拉桥主梁的疲劳可靠度。首先,以某主跨420m的混凝土斜拉桥为例,分析部分预应力对斜拉桥主梁成桥状态的静力影响;其次,采用元胞自动机模拟稀疏与密集随机车流,分析车流密集程度对斜拉桥疲劳应力谱的影响;最后,研究了部分预应力对主梁疲劳可靠度的影响。主要得出以下结论:

(1)由于斜拉桥主梁应力影响线较长,因此受车流密度的影响较大,可将实际车流划分为稀疏、一般和密集三种状态的随机车流,分别计算并叠加其疲劳应力谱,即可模拟实际车流作用下大跨度桥梁疲劳应力。

(2)无论是全预应力还是部分预应力混凝土主梁的疲劳可靠指标均能满足设计要求,而部分预应力主梁的疲劳可靠指标相对于疲劳可靠指标略低。由于超载车辆作用可导致部分预应力混凝土主梁底部开裂,从而导致普通钢筋与预应力筋的应力呈一定的比例分布。本书保守地将所有疲劳应力均按照该比例进行放大,即认为是部分预应力主梁的疲劳应力,因此计算出的可靠指标较全预应力主梁低。

(3)在桥梁的100年运营期内,全预应力混凝土主梁的疲劳可靠指标大于5,而部分预应力混凝土主梁的疲劳可靠指标约为4.23,考虑交通量增长导致部分预应力主梁的疲劳可靠指标由4.23下降至3.10,即使采用$R_o=100\%$的较高限载措施,也可使得疲劳可靠指标显著提高至3.76。

参考文献

[1] 项海帆.中国斜拉桥的发展前景[C]//中国土木工程学会桥梁及结构工程学会第13届年会论文集.上海:中国土木工程学会桥梁及结构工程学会,1998.

[2] 严国敏.现代斜拉桥[M].成都:西南交通大学出版社,1996.

[3] 肖光宏,张秋陵,江炳章.钢筋混凝土薄板斜拉桥试验研究(一)——薄板主梁的可靠性研究[C]//中国公路学会桥梁与结构工程学会一九九五年桥梁学术讨论会论文集.北京:人民交通出版社,1995.

[4] D. Allan Firmage,邹立中.斜拉桥的经济设计[J].国外桥梁,1983(1).

[5] 林元培.斜拉桥[M].北京:人民交通出版社,1994.

[6] 王伯惠.斜拉桥的极限跨径(连载二)[J].公路,2002(4).

[7] 周履.关于悬臂灌注的长跨度铁路连续梁桥采用部分预应力问题的探讨[C].上海:同济大学出版社,1992.

[8] Freyssinet E. Prestressed concrete, principles and applications[J]. ICE Proceedings. 1950,33(4): 331-380.

[9] 张旭东,姚训惠.部分预应力混凝土——评述与建议[J].世界桥梁,1988(4).

[10] Karayannis C G, Chalioris C E. Design of partially prestressed concrete beams based on the cracking control provisions[J]. Engineering Structures. 2013(48), 402-416.

[11] Thurlimann B, Calfiseh R. Teilweise Vorges Pannter Beton[J]. Deutseher Beton Tag,1969.

[12] Cheung Y K, Kwan A K H. CONCRETE RESEARCH IN THE UNIVERSITY OF HONG KONG[C]//Proceedings of the International Symposium on Innovation & Sustainability of Structures in Civil Engineering,2005(1).

[13] Bruggeling A S G. Partially Prestressed Concrete Structures-A Design Challenge[J]. journal prestressed concrete institute, 1985, 30(2): 140-171.

[14] Joint ACI-ASCE Committee 423. State-of-the-art Report on Partially Prestressed Concrete (ACI 423.5R-99). Farmington Hills, Michigan: American Concrete Institute. 2000.

[15] 戴振藩,周履.利用部分预应力的混凝土桥[J].世界桥梁,1982(4).

[16] 鲍卫刚.部分预应力混凝土设计方法综述[J].中南公路工程,1989(1).

[17] Lv-xiang M, Xue-kang T. Experimental Study on the Short-term Stiffness for PPC Beams with Bonded and Unbonded FRP Tendons[J]. Building Science, 2011, 27(Sup 2): 28-31.

[18] 叶见曙.结构设计原理[M].北京:人民交通出版社,2005.

[19] Emperger H V. Reinforced concrete with additions of high-strength pretensioned steel[J]. Forschungsarbeiten auf dem Gebiete des Eisenbetons No. 47; Berlin:Ernest. 1939.

[20] Abeles P W. Saving reinforcement by prestressing[J]. Concrete and Constructional Engineering, 1940: 35(7): 328-333.

[21] Abeles P W. Fully and partially prestressed reinforced concrete[J]. Journal of the American Concrete Institute, 1945: 41(3): 181-214.

[22] 杜拱辰.现代预应力混凝土结构[M].北京:中国建筑工业出版社,1988.

[23] Abeles P W. Static and fatigue tests on partially prestressed concrete[J]. Journal of the American Concrete Institute 1954: 51(12): 361-376.

[24] Abeles P W. Studies of crack width and deformation under sustained and fatigue loading[J]. PCI Journal, 1965: 10(6): 43-52.

[25] 陈祖述.预应力度、抗裂度和强度之间的关系以及按预应力度进行设计的方法[J]. 工业建筑,1983(12).

[26] 张士铎.部分预应力混凝土[M].北京:人民交通出版社,1990.

[27] 中国土木工程学会,混凝土及预应力混凝土学会.部分预应力混凝土结构设计建议[M].北京:中国铁道出版社,1985.

[28] 刘家锋.部分预应力混凝土在我国桥梁上的应用和发展[J].铁道建筑技术,1999.

[29] 劳远昌.部分预应力混凝土桥梁发展中的一些问题[J].国外公路,1995(6).

[30] 邵厚坤.预应力混凝土设计理论的发展——兼谈部分预应力混凝土[J].铁道标准设计,1998(1).

[31] 张福绵,黄林根.部分预应力混凝土梁试验及在桥梁上的应用[J].桥梁建设,1982(8).

[32] 郭变梅.桥梁工程中的部分预应力混凝土构件[J].科技情报开发与经济,2004(5).

[33] 苏清宏.PPC 桥经济性和适用性的一次实践与探索——介绍福州五四北桥设计[J].桥梁建设,2000.

[34] 董明.以瑞士经验为依据的部分预应力混凝土结构设计[J].世界桥梁,1986(3).

[35] 四川省交通厅公路规划勘察设计院.部分预应力混凝土构件设计概述[C]//四川省公路学会桥梁专委会 2000—2001 年桥梁学术讨论会论文集.成都:西南交大出版社,2001.

[36] 章坚洋,宋玉普,章一涛.混合配筋部分预应力混凝土梁在疲劳荷载下的裂缝宽度计算[J].混凝土,2005(12):21-24.

[37] Au FT K, Du JS. Partially prestressed concrete[J]. Progress in Structural Engineering and Materials, 2004, 6(2): 127-135.

[38] 张同伟.部分预应力混凝土结构性能[J].佳木斯大学学报,2001.

[39] Hugo Bachmann. Journal Prestressed Concrete institute[J]. Vol. 29 No. 4 July/Aug 1984, 1984,29(4): 84-105.

[40] 邵厚坤.预应力混凝土设计理论的发展[J].铁道工程学报,1998(6).

[41] 叶见曙.结构设计原理[M].北京:人民交通出版社,2005.

[42] Shahawi M E, Batchelor B V. Design methods for partially prestressed concrete-a review[J]. Canadian Journal of Civil Engineering, 1987,14(2): 269-277.

[43] Ozell A M. Behavior of Single-span and Continuous Composite Prestressed Concrete Beams[J]. Journal of the Prestressed Concrete Institute,1957,2(1): 18-31.

[44] 卢树圣.预应力度及部分预应力混凝土 A、B 类构件分类限值[J].长沙铁道学院学报,1991(3).

[45] Guyon Y. The strength of statically indeterminate prestressed concrete structures[C]//Symposium on the Strength of Concrete Structures, London, UK, Cement and Concrete Association. 1956.

[46] Boczkaj B K. Section partially prestressed: an exact solution[J]. PCI journal, 1994, 39(6): 99-106.

[47] 张士铎.部分预应力混凝土[M].北京:人民交通出版社,1990.

[48] 杜拱辰.部分预应力混凝土[M].北京:中国建筑工业出版社,1990.

[49] 白青侠.部分预应力混凝土梁钢筋用量计算方法述评[J].中南公路工程,1999(12).

[50] Chern J C, You C M, Bazant Z P. Deformation of progressively cracking partially prestressed concrete beams [J]. PCI Journal, 1992, 37(1): 74-85.

[51] 陈惠玲.部分预应力结构设计的应力比"预应力度法"[J].建筑结构,1993(1).

[52] 杜拱辰,蔡鲁生,徐戊己.部分预应力混凝土的现状与发展——1980年国际预应力协会部分预应力学术讨论会简介[J].建筑结构,1981(2).

[53] 梁硕,曾庆元,张起森.大跨度混凝土斜拉桥极限承载力分析综述[J].长沙交通学院学报,1997(9).

[54] Spacone E, Filippou F C, Taucer F F. Fiber beam-column model for non-linear analysis of R/C frames(Part l) formulation[J]. Earthquake Engineering and Structural Dynamics. 1996, 25(7):711-725.

[55] Spacone E, Filippou F C,Taucer F F. Fiber beam-column model for non-linear analysis of R/C frames:(Part II) Applications[J]. Earthquake Engineering and Structural Dynamics. 1996,25:727-742.

[56] Kim S E,Kim Y,Choi S H. Nonlinear analysis of 3-D steel frames[J]. Thin Walled Structures, 2001, 39(6): 445-461.

[57] Attalla M R, Deierlein G G, McGuire W. Spread of plasticity: Quasi-plastic hinge approach[J]. Journal of Structural Engineering, 1994, 120(8):2451-2473.

[58] Krishnan S. Modified elastofiber element for steel slender column and brace modeling[J]. Journal of Structural Engineering, ASCE, 2010, 136(11):1350-1366.

[59] 曾庆元,任伟新.偏心钢压杆局部与整体相关屈曲的极限承载力研究[D].长沙:长沙铁道学院,1992.

[60] 颜全胜.大跨径钢斜拉桥极限承载力分析[D].长沙:长沙铁道学院,1994.

[61] 戴公连.混凝土斜拉桥局部与整体相关屈曲极限承载力分析[D].长沙:长沙铁道学院,1997.

[62] 王荣辉.板桁组合梁非线性分析[D].长沙:长沙铁道学院,1997.

[63] 梁硕.大跨度混凝土斜拉桥局部与整体相关屈曲空间极限承载力分析[D].长沙:长沙铁道学院,1999.

[64] Ren W X, Tan X G, Zheng Z C. Nonlinear analysis of plane frames using rigid body-spring discrete element method[J]. Computers& Structures,1999,71(1):105-119.

[65] Liew J Y R,White D W, Chen W F. Second-order refined plasti-hinge analysis for frame design:Part I and Part II [J]. Journal of Structural Engineering, ASCE, 1993, 119(11): 3196-3237.

[66] 文颖,曾庆元.平面框架弹塑性分析的增量内力塑性系数法[J].中南大学学报(自然科学版),2012,43(6).

[67] E Hinton, D R Owen. Finite Element Software for Plates and Shells[M]. Pineridge Press Ltd. Swansea, 1984.

[68] 张翔,黄赤,贺栓海.大跨径混凝土桥梁结构的极限承载力分析[J].华东公路,1996, 6.

[69] S P Seif, W H Dilger. Nonlinear Analysis and Collapse Load of P/C Cable-Stayed Bridge[J]. ASCE. J.

Struct. Engng. 1990,116(3).

[70] 郭彦林,梅占馨.加筋板的非线性相关屈曲研究[J].应用力学学报,1992,9(2).

[71] 伏魁先,刘学信,黄华彪.斜拉桥桥面内整体失稳分析[J].铁道学报,1993(04):74-79.

[72] 周凌远.斜拉桥非线性理论及极限承载力研究[D].成都:西南交通大学,2007.

[73] 韦成龙.大跨度板桁结合主梁斜拉桥极限承载力分析[D].长沙:中南大学,2004.

[74] 蒲黔辉.部分预应力混凝土连续梁塑性行为研究[D].成都:西南交通大学土木工程学院,1998.

[75] 程进,肖汝诚,项海帆.超大跨径缆索承重桥梁极限承载力分析的现状与展望[J].中国公路学报,1999,12(4):59-63.

[76] 邓志刚, 黎世彬.曲线斜拉桥的现场试验、模型试验及数值分析[J].公路交通技术, 2000(4): 23: 64-68.

[77] 杨勇.PC单索面斜拉桥极限承载力分析[D].上海: 同济大学,1996.

[78] 周绪红,狄瑾,戴公连.大跨度预应力混凝土斜拉桥主梁节段模型的研究[J].土木工程学报.2005,38(3).

[79] 叶梅新,李恩良,候文崎.单索面斜拉桥主梁变宽段模型试验方法[J].中南大学学报, 2011,42(1).

[80] 王斐峰,叶见曙,邓学钧.滨州黄河大桥主梁边箱模型试验[J].东南大学学报. 2005,35(11).

[81] 李德建,戴公连,黄玉盈.混凝土斜拉桥肋板式主梁截面应力分布特性[J].华中科技大学学报(自然科学版).2002,30(12).

[82] 许崇法,盛可鉴.混凝土斜拉桥双箱梁桥面板模型试验研究与分析[J].黑龙江工程学院学报.2007,21(1).

[83] 陈开利.日本新渡桥的设计和施工[J].中外公路,1994.

[84] 林国雄,等.武汉长江公路桥斜拉桥设计[A].全国桥梁结构学术大会,1992.

[85] 梁立农,吴恩彻,戴耀中.东莞市南阁大桥主跨装配式斜拉桥设计//中国公路学会桥梁和结构工程学会1999年桥梁学术讨论会论文集[C],1999.

[86] Priestley M J N, Park R. Moment redistribution in continuous prestressed concrete beams[J]. Magazine of Concrete Research, 1972, 24(80): 157-166.

[87] 梅刚, 秦权, 林道锦. 公路桥梁车辆荷载的双峰分布概率模型[J]. 清华大学学报(自然科学版), 2003, 43(10):(1394-1396).

[88] Harajli M H. Behavior of partially prestressed concrete joints under cyclic loading[J]. Journal of Structural Engineering, 1988, 114(11): 2525-2543.

[89] Agrawal G, Bhattacharya B. Partial safety factor design of rectangular partially prestressed concrete beams in ultimate flexural limit state[J]. Journal of Structural Engineering, 2010, 37(4): 257-267.

[90] 刘昀,颜东煌. 基于带刚臂分层梁单元法的混凝土结构材料非线性分析[J], 中国公路学报, 2014,27(8):53-59.

[91] Ngo D, Scordelis A C. Finite element analysis of RC beams[J]. ACI Journal, Title 64-14, Marzo. 1967: 152-163.

[92] D Ngo, A C Scordelis. Finite Element Analysis of Concrete Beams[J]. American Concrete Ititute. Joumal. 1967,64:3.

[93] White D W, Chen W F. Plastic-hinge based methods for Advanced Analysis of Steel Frames[J]. Journal of Constructional Steel Research. 1993,24(2):21-152.

[94] Wongkaew K, Chen W F. Consideration of out-of-plane buckling in advanced analysis for planar steel frame design[J], Journal of Constructional Steel Research, 2002,58:943-965.

[95] Seung-Eock kim, Jaehong Lee. Improved refined plastic-hinge analysis accounting for lateral torsional buckling [J], Journal of Constructional Steel Research, 2002,58:1431-1453.

[96] 潘家英,张国政,程庆国. 大跨度桥梁极限承载力的几何与材料非线性耦合分析[J]. 土木工程学报. 2000(2).

[97] 陈惠玲. 高效预应力结构 “预应力度法”的应用实践 15 年[J]. 工业建筑,1998,28(12):1-4.

[98] 杨建民,吕志涛. 部分预应力混凝土框架结构的非线性分析[J]. 工程力学,1992(9).

[99] 楼铁炯,郭乙木,王振林. 双筋工形预应力混凝土梁截面的非线性分析[J]. 土木工程学报,2004(7).

[100] 朱伯龙,董振祥. 钢筋混凝土非线性分析[M]. 上海:同济大学出版社,1984.

[101] 李传习,李德慧. 考虑材料非线性时钢筋混凝土平面梁单元刚度的计算方法[J]. 长沙理工大学学报(自然科学版), 2004(6).

[102] 赵振铭,陈保春. 杆系与箱型梁桥结构分析及程序设计[M]. 广州:华南理工大学出版社,1997.

[103] Yen J Y R. Quasi-Newton Methods for Reinforced-concrete Column Analysis and Design [J]. J Struct. Engrg, 1991, 117(3): 657-666.

[104] 周基岳,刘南科. 钢筋混凝土框架非线性分析中的截面弯矩-曲率关系[J]. 重庆建筑工程学院学报. 1984(2).

[105] Rao A S P, Jayaraman R. Creep and shrinkage analysis of partially prestressed concrete members[J]. Journal of Structural Engineering, 1989, 115(5):1169-1189.

[106] 江见鲸. 钢筋混凝土结构非线性有限元分析[M]. 西安:陕西科学技术出版社,1994.

[107] 叶海青. 钢筋砼梁非线性平面有限元分析[J]. 五邑大学学报(自然科学版),1993,7(3).

[108] 沈聚敏,翁义军. 钢构件的刚度和延性[J]. 建筑工程学报,1980(2).

[109] 邹银生. 钢筋混凝土压弯构件全过程分析的能量法(英文) [J]. 湖南大学学报(英文版),1986,13(1).

[110] 戴越. 普通公路车速分布特性研究[D]. 南京:东南大学, 2010.

[111] 钟连德, 荣建, 周荣贵,等. 快速路交通流中车速特性研究[J]. 公路, 2004(12):158-162.

[112] 刘冬梅,唐永菁. 基于预应力度概念的预应力混凝土结构性能的研究[J]. 盐城工学院学报(自然科学版),2007,20(4).

[113] 陈惠玲. 预应力度法的结构设计应用[J]. 建筑科学,1989(1).

[114] Naaman AE. Partially prestressed concrete: review and recommendations[J]. PCI Journal,1985, 30(6): 30-71.

[115] 余志武, 朱红兵, 蒋丽忠,等. 公路桥梁车辆荷载随机过程模型[J]. 中南大学学报(自然科学版),

2011,42(10):3131-3135.

[116] 贡金鑫, 李文杰, 赵君黎, 等. 公路桥梁车辆荷载概率模型研究(一)——非治地区[J]. 公路交通科技, 2010, 27(6):40-45.

[117] 刘超豪. 部分预应力混凝土梁在大跨度双塔斜拉桥上的应用与研究[D]. 长沙:长沙理工大学,2014.

[118] 颜东煌. 斜拉桥合理设计状态确定与施工控制[D]. 长沙:湖南大学,2001.

[119] 朱海峰. 大跨径混凝土斜拉桥施工过程仿真分析[D]. 重庆:重庆交通大学,2008.

[120] 汪劲丰,施笃铮,徐兴. 确定斜拉桥最优恒载索力方法的探索[J]. 浙江大学学报,2002,2. 152-155.

[121] 颜东煌,李学文,刘光栋,等. 用应力平衡法确定斜拉桥主梁的合理成桥状态[J]. 中国公路学报,2000, 13(3): 49-52.

[122] ACI Committee 318 (1995). Building Code requirements for structural concrete. American Concrete Institute, Farmington Hills, Detroit, Michigan, USA.

[123] CEN. Eurocode 2. Design of concrete structures- Pare 1-1: general rules and rules for buildings[M]. EN 1992-1-1:2004:E.

[124] 李国平. 预应力混凝土结构设计原理[M]. 北京:人民交通出版社,2000.

[125] Naaman A E. An approximate nonlinear design procedure for partially prestressed concrete beams[J]. Computers & Structures, 1983,17(2): 287-299.

[126] 交通运输部综合规划司. 2017 年公路货物运输量快报数据[DB/OL]. http://zizhan. mot. gov. cn/zfxxgk/bnssj/zhghs/201801/t20180126_2983355. html.

[127] 刘均利, 张晋豪. 2007 年—2015 年超载导致桥梁垮塌案例的统计分析[J]. 公路,2017(4):79-83.

[128] Abeles P W. Static and Fatigue Tests on Partially Prestressed Concrete Constructions[J]. Aci Structural Journal, 1954.

[129] First international symposium on concrete bridge design[J]. Am Concrete Inst Journal & Proceedings, 1969.

[130] Abeles P W, Ii E I B, Hu C H. Behavior of Under-Reinforced Prestressed Concrete Beams Subjected to Different Stress Ranges [J]. 1974.

[131] Abeles P W, Brown E. L., Hu C. H. Fatigue Resistance of Under-reinforced Beams Subjected to Different Stress range: Miner's hypothesis [J]. ACI Special Publication, 1974,237-277.

[132] Bennett E M, Chnadrasekhar C. S. Supplementary Tensile Reinforcement in Prestressed Concrete Beams [J]. Concrete, 1972, 6(10): 35-39.

[133] Joynes H W, Bennett E W. Fatigue strength of cold-worked non-prestressed reinforcement in prestressed concrete beams[J]. Magazine of Concrete Research, 1979,31(106):13-18.

[134] Harajli M H, Naaman A E. Static and Fatigue Tests on Partially Prestressed Beams[J]. Journal of Structural Engineering, 1985,111(7):1602-1618.

[135] Shahawi M E, Batchelor B D. Fatigue of Partially Prestressed Concrete[J]. Journal of Structural Engineering, 1986, 112(3):524-537.

[136] Naaman A E, Founas M. Partially Prestressed Beams under Random-Amplitude Fatigue Loading[J]. Journal

of Structural Engineering, 1991,117(12):3742-3761.

[137] 姜昭恒.部分预应力混凝土先张梁动载疲劳试验研究[J].铁道科学与工程学报, 1989(4):75-86.

[138] 杨文武.重复荷载下部分预应力混凝土构件的变形[J].铁道科学与工程学报, 1989(2):77-83.

[139] 张克波.静载和疲劳荷载作用下PPC受弯构件的挠度[J].交通科学与工程, 1990(4):59-68.

[140] 戴公连,徐名枢. 预应力、部分预应力、钢筋混凝土梁在疲劳荷载作用下挠度试验研究[J].铁道科学与工程学报,1991(3):90-100.

[141] 杨梦蛟,张澍曾. 预应力混凝土梁正截面疲劳抗裂性[J].铁道建筑,1994(4):18-21.

[142] 冯秀峰.混合配筋部分预应力混凝土梁疲劳性能研究[D].大连:大连理工大学, 2006.

[143] 章坚洋.混合配筋部分预应力砼梁正截面疲劳性能研究[D].大连:大连理工大学, 2005.

[144] 余志武,李进洲, 宋力.重载铁路桥梁疲劳试验研究[J].土木工程学报, 2012(12):115-126.

[145] 李进洲, 余志武, 宋力. 疲劳重复荷载下重载铁路桥梁中和轴变化规律研究[J]. 铁道学报, 2013, 35(6):96-103.

[146] 韩基刚.部分预应力混凝土梁疲劳性能试验研究[D].大连:大连理工大学, 2014.

[147] Yuan M, Yan D, Zhong H, et al. Experimental investigation of high-cycle fatigue behavior for prestressed concrete box-girders[J]. Construction and Building Materials, 2017, 157: 424-437.

[148] 张丽华, 贾金青. 钢绞线腐蚀对部分预应力混凝土梁疲劳寿命的影响分析[J]. 水利与建筑工程学报, 2018, 16(1): 123-128.

[149] 李岩峰, 张海峰, 颜斐斐, 等. 腐蚀环境下部分预应力混凝土桥梁结构的疲劳损伤性能研究[J]. 公路, 2016, 61(7): 187-192.

[150] 刘超豪. 部分预应力混凝土梁在大跨度双塔斜拉桥上的应用与研究[D]. 长沙:长沙理工大学, 2014.

[151] Jacob, B O'Brien, E J. European Specification on Weigh-in-motion of Road Vehicles(COST323)[C]. European Conference on Weigh-In-Motion of Road Vehicles.

[152] McCallB, VodrazkaJrWC. States' Successful Practice Weigh-in-motion.

[153] 王宁波, 任伟新, 万华平. 基于动应变的桥梁动态称重及其优化算法[J]. 振动与冲击, 2013, 32(4): 116-120.

[154] O'Brien E, Znidaric A, Ojio T. Bridge weigh-in-motion: latest developments and applications worldwide [C]// International Conference on Heavy Vehicles. Proceedings of 2590 Particle Accelerator Conference, 2008:39-56.

[155] Shental N, Bar-Hillel A, Hertz T, et al. Computing Gaussian mixture models with EM using equivalence constraints[J]. Advances in neural information processing systems, 2004,16(8): 465-472.

[156] 汪双杰, 方靖, 周荣贵,等.公路运行速度特征研究[J].中国公路学报,2010(s1):24-27.

[157] 任彦铭, 李铁柱, 孙婵. 城市主干路路段车速分布特性研究[J]. 交通运输工程与信息学报, 2013(3):98-105.

[158] 李扬海.公路桥梁结构可靠度与概率极限状态设计[M].北京:人民交通出版社,1997.

[159] Miao T J, Chan T H T. Bridge live load models from WIM data[J]. Engineering Structures, 2002, 24(8):

1071-1084.

[160] Nowak A S. Live load model for highway bridges [J]. Structural Safety, 1993, 13(1):53-66.

[161] 梅刚, 秦权, 林道锦. 公路桥梁车辆荷载的双峰分布概率模型[J]. 清华大学学报(自然科学版), 2003, 43(10):1394-1396.

[162] 朱陆陆. 蒙特卡洛方法及应用[D]. 武汉:华中师范大学, 2014.

[163] 宗周红, 李峰峰, 夏叶飞, 等. 基于 WIM 的新沂河大桥车辆荷载模型研究[J]. 桥梁建设, 2013, 43(5): 29-36.

[164] 韩万水, 闫君媛, 武隽, 等. 基于长期监测的特重车交通荷载特性及动态过桥分析[J]. 中国公路学报, 2014, 27(2): 54-61.

[165] 鲁乃唯, 罗媛, 汪勤用, 等. 车载下大跨度桥梁动力可靠度评估[J]. 浙江大学学报(工学版), 2016, 50(12):2328-2335.

[166] 肖强. 基于三车道交通流微观仿真的大跨桥梁汽车荷载响应分析[D]. 西安:长安大学, 2016.

[167] Wirsching P H. Fatigue reliability for offshore structures[J]. Journal of Structural Engineering, 1984, 110(10): 2340-2356.

[168] 中华人民共和国国家标准. 混凝土结构设计规范:GB 50010—2010[S]. 北京:中国建筑工业出版社,2011.

[169] Weiping Zhang, Xiguang Liu, Xianglin Gu. Fatigue behavior of corroded prestressed concrete beams[J]. Construction and Building Materials,2016,106:198-208.

[170] M Arockiasamy, D V Reddy, M SIvakumar, et al. Fatigue Loading and Temperature Distribution in Single Cell Segmental Box Bridges[J]. Practice periodical on structural design and consruction, ASCE, 2008, 13(3):118-127.

[171] Jeffery S. Volz, Andrea J. Schokker. Fatigue durability of partially post-tensioned concrete members[J]. Structures2009, ASCE, 2009, 1554-1563.

[172] 罗许国. 高性能粉煤灰混凝土铁路桥梁受力性能试验与理论研究[D]. 长沙:中南大学,2008.

[173] 冯秀峰, 宋玉普, 章坚洋, 等. 疲劳荷载下预应力混凝土梁中钢筋应力重分布的试验研究[J]. 建筑结构学报, 2006,27(2):94-99.

[174] 罗小勇,余志武,聂建国,等. 自密实预应力混凝土梁的疲劳性能试验研究[J]. 建筑结构学报, 2003, 24(3):76-81.

[175] 吕海燕, 戴公连, 李德建. 预应力混凝土梁在疲劳荷载作用下的变形[J]. 长沙铁道学院学报,1998, 16(1): 24-28.

[176] 宋永发,王清湘,宋玉普. 重复荷载作用下无粘结部分预应力高强混凝土梁正常使用阶段性能研究[J]. 土木工程学报,2001,34(1):19.23.

[177] Connecticut Department of Transportation. Test on prestressed concrete bridge beams-fatigue tests of the bridge beams[R]. America Storrs: University of Connecticut, December 1995.

[178] Naaman A. E. , Founas M. Partially prestressed beams under random—amplitude fatigue loading [J]. Jour-

nal of Structural Engineering, 1991,117(12):3742-3761.

[179] Christopher Higgins, William C. Farrow Ⅲ, Brian S. Nicholas, et al. High-Cycle Fatigue of Diagonally Cracked Reinforced Concrete Bridge Girders: Field Tests[J]. Journal of Bridge Engineering, ASCE, 2006, 11(6): 699-706.

[180] Higgins, C, Lee A Y, Potisuk T, et al. High-cycle fatigue of diagonally cracked RC bridge girders: Laboratory tests[J]. Journal of Bridge Engineering, ASCE, 2007,12(2), 226-236.

[181] 赵灿晖, 刘日圣, 江炳章. 重复荷载作用下无粘结部分预应力混凝土梁的抗剪强度[J]. 中国公路学报, 2000, 13(4): 42-46.

[182] 赵顺波, 赵国藩, 黄承逵. 预应力钢纤维混凝土梁斜截面疲劳性能试验研究[J]. 土木工程学报, 2000, 33(5): 35-39.

[183] Wirsching P H. Fatigue reliability for offshore structures[J]. Journal of Structural Engineering, 1984, 110(10): 2340-2356.

[184] 叶华文,徐勋,强士中, 等. 开口肋正交异性钢桥面疲劳设计参数研究[J]. 西南交通大学学报,2012(3): 379-386.

[185] 周建林,刘晓光,张玉玲. 苏通大桥钢箱梁桥面板关键构造细节疲劳试验[J]. 桥梁建设,2007(4): 17-20.

[186] 荣振环,张玉玲,刘晓光. 天兴州桥正交异性板焊接部位疲劳性能研究[J]. 中国铁道科学,2008(2): 48-52.

[187] 闫云友,宋强,黄芳玮,等. 超大孔位钢绞线斜拉索疲劳试验研究[J]. 预应力技术,2015(4):22-25 +30.

[188] 王丽,张玉玲. 大跨度斜拉桥新型构造细节疲劳性能试验研究[C]//中国钢结构协会结构稳定与疲劳分会. 钢结构工程研究(九)——中国钢结构协会结构稳定与疲劳分会第 13 届(ISSF-2012)学术交流会暨教学研讨会论文集. 中国钢结构协会结构稳定与疲劳分会, 2012(9).

[189] 苏庆田, 吴冲, 何武超. 上海长江大桥索梁锚固区疲劳试验研究[J]. 工程力学,2010(8):179-184.

[190] 周宗红, 李峰峰, 夏叶飞, 等. 基于 WIM 的新沂河大桥车辆荷载模型研究[J]. 桥梁建设, 2013, 43(5): 29-36.

[191] 韩万水, 闫君媛, 武隽, 等. 基于长期监测的特重车交通荷载特性及动态过桥分析[J]. 中国公路学报, 2014, 27(2): 54-61.

[192] Yan Donghuang, Yuan Luo, Naiwei Lu, et al. Fatigue Stress Spectra and Reliability Evaluation of Short to Medium-Span Bridges under Stochastic and Dynamic Traffic Loads[J]. Journal of Bridge Engineering, 2017, 22(12): 04017102.

[193] Yan Donghuang, Yuan Luo, Ming Yuan, et al. Lifetime Fatigue Reliability Evaluation of Short to Medium Span Bridges under Site-Specific Stochastic Truck Loading[J]. Advances in Mechanical Engineering, 2017, 9(3): 168781401769504.